数学微格教学教程

SHUXUE WEIGE JIAOXUE JIAOCHENG

谢明初　彭上观▲主编

·广州·

图书在版编目（CIP）数据

数学微格教学教程/谢明初，彭上观主编．—广州：广东高等教育出版社，2017.8 (2024.8 重印)

ISBN 978－7－5361－5870－2

Ⅰ．①数… Ⅱ．①谢…②彭… Ⅲ．①数学课－微格教学－教学研究－中小学 Ⅳ．①G633.602

中国版本图书馆 CIP 数据核字（2017）第 040900 号

出版发行	广东高等教育出版社
	社址：广州市天河区林和西横路
	邮编：510500　营销电话：（020）87553335
	http://www.gdgjs.com.cn
印　　刷	广东信源文化科技有限公司
开　　本	787 毫米×1 092 毫米　1/16
印　　张	15.75
字　　数	380 千
版　　次	2017 年 8 月第 1 版
印　　次	2024 年 8 月第 6 次印刷
定　　价	39.00 元

（版权所有，翻印必究）

前　言

新中国成立以来，我们在数学教师培养上积累了较丰富的经验，取得了显著的成绩，如十分注重数学专业知识的学习和数学素养的培养，但也存在一个比较严重的弊病：教学能力的培养与教育观念的培育未得到较好的落实。师范生毕业后在相当长一段时间内不适应中小学数学教学工作。为了改变这种状况，我国于20世纪90年代初开始，系统译介微格教学理论，并尝试运用这种方法对师范生进行数学教学技能训练。

经过20多年的实践探索，当前各师范院校普遍建成功能先进的微格实验室，微格教学已成为数学专业师范生的一门必修课程。随着微格教学的推广普及，学者专家曾陆续出版了一些学术著作或教材。这些著作或教材对当初微格教学的传播起到了积极作用，但也有明显的局限：一是未能很好地体现数学学科的独特规律，二是未能很好地反映新一轮课程改革对数学教师专业发展的要求。基于这样的认识，我们试图重新编写一本适合师范院校数学专业使用、反映数学教育理论的时代要求，符合基础教育数学课程趋势的微格教学教材。编写这本《数学微格教学教程》具有两方面的意义：一是促进数学课堂教学研究的进一步深化；二是促使数学教师教学技能训练走向科学化、规范化。

与其他同类著作或教材相比，本教材力求体现以下特色。

新颖性　进入21世纪，当今教育观念与教育思想已发生显著的变化。本书站在理论研究的前沿，运用最新的教育观点，重新论述数学教学技能。

时效性　本书针对教育部最新颁布的国家数学课程标准，结合当前我国数学教学现状，对数学教学技能进行分类。

独特性　本书反映数学学科的特点，体现数学学科的特殊性，探索数学学科自身的教育教学规律。

系统性　本书的教学案例覆盖小学数学、初中数学、高中数学，便于各层次的师范生和在职教师参考使用。

实操性　在突出微格教学的理论阐述的同时，注重数学教学技能的实训方法与效果，使本书同时成为师范生的学习参考书和教师、电教人员的训练指导书。

本书具体分工如下：谢明初撰写第一、第十二章；彭上观撰写第四、第十章；冯晓芬撰写第二、第三章；胡君嫦撰写第五、第六章；邱德兵撰写第七、第十一章；张琳琳撰写第八、第九章。全书由谢明初教授、彭上观博士统稿与审定。

编 者
2016 年 10 月

目　录

第一章　微格教学的理论基础 ………………………………………………… 1
　第一节　什么是微格教学 ……………………………………………………… 1
　第二节　微格教学的起源与发展 ……………………………………………… 2
　第三节　微格教学的步骤 ……………………………………………………… 5
　第四节　微格教学的理论阐释 ………………………………………………… 7
　第五节　微格教学技能概述 …………………………………………………… 11
　第六节　微格教学的特点与意义 ……………………………………………… 15

第二章　数学课堂导入技能 …………………………………………………… 18
　第一节　数学课堂导入技能概述 ……………………………………………… 18
　第二节　数学课堂导入技能的作用 …………………………………………… 18
　第三节　数学课堂导入技能的类型 …………………………………………… 22
　第四节　数学课堂导入技能的实施要点 ……………………………………… 38

第三章　数学课堂讲解技能 …………………………………………………… 40
　第一节　数学课堂讲解技能概述 ……………………………………………… 40
　第二节　数学课堂讲解技能的作用 …………………………………………… 41
　第三节　数学课堂讲解技能的类型 …………………………………………… 42
　第四节　数学课堂讲解技能的实施要点 ……………………………………… 50

第四章　数学课堂提问技能 …………………………………………………… 52
　第一节　数学课堂提问技能概述 ……………………………………………… 52
　第二节　数学课堂提问技能的作用 …………………………………………… 53
　第三节　数学课堂提问的类型 ………………………………………………… 56
　第四节　数学课堂提问技能的实施要点 ……………………………………… 63

第五章　数学教学语言技能 …………………………………………………… 72
　第一节　数学教学语言技能概述 ……………………………………………… 72
　第二节　数学教学语言技能的要素 …………………………………………… 74
　第三节　数学教学语言技能的类型 …………………………………………… 79
　第四节　数学教学语言技能的应用 …………………………………………… 83

第六章　数学教学板书技能 …………………………………………………… 88
　第一节　数学教学板书技能概述 ……………………………………………… 88
　第二节　数学教学板书技能的要素 …………………………………………… 89
　第三节　数学教学板书技能的类型 …………………………………………… 91
　第四节　数学教学板书技能的应用 …………………………………………… 98

第七章　多媒体应用技能 ························· 106
   第一节　多媒体课件概述 ························· 106
   第二节　PowerPoint 课件制作 ···················· 110
   第三节　GeoGebra 课件制作 ····················· 118

第八章　数学概念教学技能 ······················· 134
   第一节　数学概念教学技能概述 ··················· 134
   第二节　数学概念学习的方式 ····················· 136
   第三节　数学概念教学的环节与教学模式 ··········· 139
   第四节　数学概念教学技能的实施要点 ············· 144

第九章　数学例题教学技能 ······················· 148
   第一节　数学例题教学概述 ······················· 148
   第二节　数学例题教学的作用 ····················· 149
   第三节　数学例题教学的方式 ····················· 150
   第四节　数学例题教学技能的实施要点 ············· 160

第十章　数学活动组织技能 ······················· 171
   第一节　数学活动概述 ··························· 171
   第二节　数学活动组织技能的类型 ················· 173
   第三节　数学活动组织技能的实施要点 ············· 189

第十一章　数学课堂结束技能 ····················· 195
   第一节　数学课堂结束技能概述 ··················· 195
   第二节　数学课堂结束技能的作用 ················· 196
   第三节　数学课堂结束技能的类型 ················· 201
   第四节　数学课堂结束技能的实施要点 ············· 210

第十二章　微格教学的操作 ······················· 212
   第一节　微格教学理论的学习与研究 ··············· 212
   第二节　微格教学中教学技能的示范 ··············· 213
   第三节　微格教学示范片制作 ····················· 216
   第四节　微格教学的设计与教案的编写 ············· 219
   第五节　微格教学的反馈与评价 ··················· 227

第一章
微格教学的理论基础

第一节
什么是微格教学

微格教学的英文为 Microteaching，在我国被译为"微型教学""微观教学""小型教学"等，目前国内用得较多的是"微格教学"。微格教学是一种利用现代化教学技术手段培训师范生和在职教师教学技能的系统方法。微格教学创始人之一、美国教育学博士德怀特·W·爱伦（Dwight W. Allen）认为微格教学"是一个缩小了的、可控制的教学环境，它使准备成为或已经是教师的人有可能集中掌握某一特定的教学技能和教学内容"。微格教学实际上是向学习者提供了一个练习的环境，它使综合的、复杂的课堂教学得以分解，从而变成一些教学片断，使综合的、复杂的、受多种因素制约的教学能力的培养，变成目标清晰、可观察、可描述、可操作且单一教学技能的训练。

英国学者、微格教学的另一创始人布朗（G. Brown）说："微格教学是一个简化了的、细分的教学，从而使学生易于掌握。"简化、细分主要体现在：

（1）授课时间短。这样可减轻受训者的压力和负担，也有利于指导教师集中精力观察、评价教学。

（2）教学内容单一。只教一个概念或一个片断。

（3）训练目标单一。只关注一种技能，使受训者容易掌握，指导教师容易评估。

（4）学生人数少。一般 5～10 人。简便灵活，易于指导教师控制。

微格教学作为一种新的教学技能训练方法，具有如下几个特点：

（1）微格教学也是真实的教学。虽然微格教学是为培训教学技能而建构的一种练习环境，但它具有真实教学的一切要素和特点，仅仅是规模变小而已。

（2）微格教学是对整体课堂教学的分解和简化。分解和简化的目的是为了使受训者易于掌握教学技能和便于指导教师进行观察评估。

（3）微格教学突出某一个重点。或者练习某一教学技能，或者掌握某一教学内容，或者演示某一教学方法。

（4）微格教学使教学过程更易于控制。授课时间、学生数量、反馈和指导方法及其他因素都可以操控。

（5）微格教学能更直接、更真实地反映教学效果，从而使教学行为更容易得到改进。

微格教学的另一创始人盖奇（Cage）还指出："教育学应采用科学家剖析分子的方法来解决复杂的教学现象。"他把整堂课教学过程中的各种教学行为，分解为不同的教学技能，这些技能是优秀教师的教学策略和方法的概括与总结，对改进教师的教学工作非常有意义。然而，在传统的训练过程中，各种教学技能都是综合地出现在课堂上，初学者很难分辨和掌握。微格教学解决了这个难题，它对各种教学技能进行具体的、逐项的研究和训练，使复杂的课堂教学得以简化，并且可以依据具体情况做不同程度的简化，将教学由难变易，再由易到难，使得教学技能训练由浅入深，便于学习者全面掌握。

第二节 微格教学的起源与发展

一、微格教学的产生背景

第二次世界大战后，各先进工业国家先后转入和平恢复时期，许多军事工业开始转为民用，被战争破坏了的经济建设得以重建，工业设备和科学技术都出现了更新的气象。教育和经济发展从来都是相依的，经济发展带来了文化、教育的发展。在美国，舆论界开始关注教育，并出现了摒弃传统、改革教育的呼声。1957年，苏联成功地发射了一颗人造地球卫星，使美国朝野上下为之震惊。联邦政府组织了由科学家、教育家组成的专家小组对此进行专门的调查分析，结果认为美国科学技术落后于苏联的原因在于教育。联邦政府认为美国的教育与苏联的教育的差距可能威胁到美国的国家安全，因而有必要对教育进行干预，并给予援助。1958年美国国会通过《国防教育法》，拨出巨款用于改革数学、科学、外语等学科的教学，以及对学生的指导和资助。20世纪50年代末进行的教育改革，出现了"新数学""新科学""新社会学科"，强调提高学业程度和加强智力训练，以培养科技人才，增强美国在科学技术方面的竞争能力。这样，要素主义教育主张得势，这一派强调课程要深一些、难一些，要求提高学业标准，严格考试，拔尖培养。在师范教育这个领域也不例外，人们普遍认为培训教师的方法和内容都已十分陈旧过时，改革势在必行。教育界几乎所有人士都意识到，美国社会的各行各业都不同程度地应用了科学的新发明、新技术，但作为社会发展基础的教育却缺乏生气，处于一种相对稳定的状态。60年代初，哈佛大学实验心理学教授斯金纳（B. F. Skinner）指出："教育和其他行业比较起来，在接受科学成果和技术方面是最缓慢的一个领域，任凭现代科学技术飞速发展，唯独教育还停留在'手工业'活动阶段。"所以，以现代科学技术的应用促进教育自然就成为这次教育改革的特点。

作为教育改革的一部分，师范教育中教育方法的改革十分活跃。美国的教育学院开始开发旨在改革课堂教学中的"教师讲、学生听"的教学方法，对教师或师范生进行科学化的培训。福特集团设立了教师教育基金，奖励对开发师范教育课程和培训教师有贡献的教育工作者。

二、微格教学的产生过程

当时，在美国的师范教育中普遍实行着一种角色扮演的方法，类似于我国师范生教育实习的试教。可是，由于它缺乏具体明确的目标，又没有完整的计划与设计，所以不能达到预期效果。为了提高效率，改善培训效果，以爱伦为首的斯坦福大学教育研究中心的研究人员率先对此进行改革。教学实习前的试教（英语国家称之为"Role Play"，即角色扮演）一般要经历备课—教课—评估这样一个过程。刚刚登台讲课的师范生一般要选择某个单元或章节讲授45分钟，讲课的时候有指导教师听课，课后指导教师要提出评价意见。然而，爱伦等人发现这种做法存在以下弊端：

（1）没有任何教学经验的学生一下子就进入正式的教学环境会很难适应；

（2）对听课的学生来讲，把没有成功把握的试教强加给他们是不合适的；

（3）指导教师对轮换不停地听评学生的试教感到厌烦，很难自始至终认真地进行评估；

（4）每次试教后指导教师都能发现试教学生上课中的许多不足，但给学生指出之后，学生一般没有机会立即进行改正；

（5）提出的意见太多，试教学生不可能对提出的所有意见都给予足够的重视；

（6）试教学生对自己的教学没有直观感受，难以进行客观的自我评估。

在这样的认识基础之上，爱伦和同事开始尝试用各种不同的方法来培训学生的教学技能。实验的第一个办法叫作"教师辅助计划"，即在暑期把学生派到中小学去，让他们与在暑期代课的教师一起工作，在观察有经验的教师的教学的同时也进行一些真实的教学。但是这个办法并不理想，主要原因如下：

（1）太费时间；

（2）重点不明确；

（3）增加了暑期补习班代课教师的负担；

（4）学生经常不得不忙于许多教学以外的事情。

为弥补上述办法的不足，他们又想出了另一个办法——"教学演示"：在训练中，学生角色不是真实的中小学生，而是由参加培训的学生相互扮演并尽量模拟出真实教学的环境。为达到这个目的，他们设计了由四个学生参与的教学环境，并事先对这四个学生进行训练，让他们分别扮演四种不同类型的学生：第一种是求知欲特别强烈的；第二种是反应迟钝的，好像什么都不懂；第三种是什么都知道的，常常在教师讲解之前就已经知道了答案；第四种对什么都不在乎，总是在课堂上捣乱、说话、制造噪声、放纸飞机，甚至走出教室。

事后发现大多数训练者的讲课效果都不好，他们不能把这四个学生组织在一起，也无法约束那个什么都不在乎的学生，他们没有用另一种方法为那个反应迟钝的学生再讲一遍，也没有尝试取得那个什么都懂的学生的合作。只是在随后进行评估讨论时，受训者才知道这些学生是可以应付的。对什么都不在乎的学生，只要教师要求他不要再捣乱，他就会停止他的行径；对觉得什么都懂的学生，只要教师从正面承认他已掌握了教学内容这个事实，他就会开始合作；那个什么都不懂的学生，只要教师能用不同的方法再讲一次，他就开始接受。

爱伦等人后来又对这个方法进行了改进。师范生可以自己选择教学内容，但面对的还是那四种学生，整个教学过程由摄像机记录下来，这次师范生还是在一个人为的环境下教学，但讲授的教学内容都是真实的。与第一次实验相比，这是一个很大的改进，但结果仍然不太理想。首先，讲课的师范生觉得这种教学环境缺乏真实性，那些扮演不同类型的学生太难对付了；指导教师也感到困难重重，这些初上讲台的师范生在教学中用了许多教学技艺和技能，其中有些应用得相当好，另外一些则应用得不太好，指导教师总是不由自主地想把他们观察到的全部现象都告诉试教的学生，由于提的意见太多，师范生难以接受，也很难一下子予以纠正。其次，指导教师和师范生在观看教学录像时，很少有人能耐心地把整个教学过程再看一遍。显而易见，师范生进行课堂教学练习需要的是在一个真实的教学环境下讲授真正的教学内容。对此而言，教学时间需要缩短。当师范生给表现自然的学生讲授自己选择的教学内容，而且课堂时间大大缩短时，微格教学的雏形已经形成。1963年的夏天，爱伦及其同事开始正式用微格教学向他们的学生传授教学技能。

三、微格教学的发展与普及

微格教学自1963年提出后，很快推广到世界各地。美国及欧洲国家的师范生和教学人员对这种培训方法是一致推许的。在英国，微格教学被安排在四年的教育学士课程内，在第四学年的第一学期介绍"微格教学的概念"和"课堂交流技能"的理论和实践；第二学期教授"课堂交流和相互作用分析"。课程内容的目的有三个：帮助师范生掌握在教学过程中可能发生问题的处理方法；有关人际交流的主要沟通因素；训练在课堂上与学生交流的方法，促进反馈评价。在第四学年中，微格教学共42周，每周5学时，共计210学时，接受微格教学训练后，这些教育学士师范生再到各中学进行教育实习。

澳大利亚在20世纪70年代初注意到了微格教学对师范教育和在职教师进修的促进作用，结合部分院校的有关经验，在1972—1976年由国家投资进行了微格教学开发项目的研究。该门课不仅有完整的教学计划，而且有正式的教材。其教材是作为教育学士学位课程用的，且能适应各门学科的师范生和在职教师培训使用。教材中列出6项课堂教学技能：强化、一般提问、变化、讲解、引入和结束及高层次提问。每项技能都从教育学和心理学的理论出发加以论述。此外，还有如何管理好课堂纪律的技能。澳大利亚的大学专业课是以讲授为主，而中学的教学通常以学生活动为中心，课堂活动和讨论较多，因此，在微格教学中也强调怎样进行小组教学和个别教学的技能等。每项基本技能都配以生动形象的录像资料，教师对不同的培训对象可以有针对性地选用教材中某几项内容作为教学的重点，微格教学安排在师范生实习前后，悉尼大学和新南威尔士大学教育学院开设的课程每周4课时，上13周课，共52课时，中间有一段假期。对于在职教师的进修培训也开设微格教学实习课，时间是每周2小时，共13周，因为这些教师都是业余进修的，上课时间都安排在下午4:30—6:30。

日本大学普遍采用微格教学作为教育实习之前进行的一种训练方式，后来还逐渐把这种方法引入在职教师训练。有些大学如岩手大学，重点放在教材的编写与教具的制作技能上；东京学艺大学和香川大学则把重点放在教学技能的观摩上；长崎大学的教学技能的综合训练，在多媒体实习室中进行。

中国香港中文大学教育学院从1973年开始，采用微格教学的方法来训练学生。为加强真实性，1975—1978年间实行以真实学生作为试教过程中的听讲对象，用录像的方法记录被培训者在教室里对学生的教学过程的方法。1983年在进修的在职教师中进行了实验，证明了微格教学对在职教师的培训具有很大帮助。

中国内地由北京教育学院牵头在20世纪80年代初开始引进和介绍微格教学，20世纪八九十年代，教育部先后组织了六期国内微格教学讲习班、三期外国专家微格教学讲习班，成立了微格教学协作组，一些专家学者相继出版了微格教学的理论著作和教材。进入21世纪，随着我国改革开放的深入和经济的持续增长，以及高等教育的改革与发展，各师范院校相继建成先进的微格教学实验室并开设微格教学课程，至此微格教学已在我国全面推广与普及。

第三节
微格教学的步骤

进行微格教学训练前，首先要向学生介绍微格教学的基本理论、概念、指导思想、训练目的和作用，让学生明确为什么训练，训练什么，怎样训练，让学生做到对课堂教学技能的分类心中有数，目的明确，然后再进行单项技能训练。

微格教学一般包括如图1-1所示几个步骤：

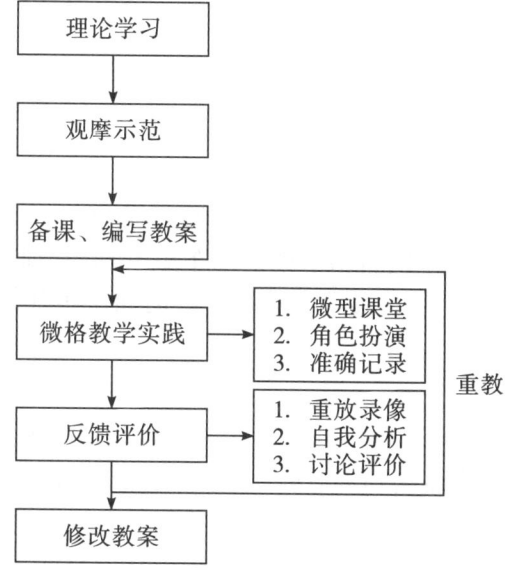

图1-1　微格教学基本步骤

一、理论学习

在培训前,必须组织学生学习某一教学技能的理论知识,让学生对该项技能有一个全面的了解,包括该技能的意义、目的、分类、构成要素、应用原则及实施要点。

二、观摩示范

针对该项技能,选择不同的角度、不同水平的示范录像,让学生观察(当然也可以进行实地课堂的教学观察),可以是正面的示范,也可以是反面的示范,可以是大学、中小学教师的示范,也可以是受训学生相互间的示范。示范内容可以是一节课的过程,也可以是课堂教学的某一片断。示范重点要突出,示范内容要多样化,要通过不同的教学范例来体现同一教学技能,在示范时指导教师要做好评论与解说。

三、备课、编写教案

结合给定教材,针对该项技能的应用,由学生自己备课,所备的课是 5~15 分钟的一个教学片断,重点考虑该项技能的运用。学生处理教材、设计教法必然受到自身对教材理解的局限,然而这不是考察的重点,它只是载体或舞台,技能的运用才是应关注的焦点。当然,若对教材理解片面甚至错误,则无法体现教学技能。对在职教师的培训,这一方面的问题少一些;而对师范生来说,则经常出现这方面的问题。因此,对师范生进行训练时,应与教育学、教学法课程学习配合,同时指导教师也要帮助师范生理解、分析教材。微格教学教案与一般教案的编写不同,对它有专门的要求,本书第十二章将予以详细讨论。

四、微格教学实践

1. 微型课堂

微型课堂主要由扮演的教师角色(被培训者,即师范生或在职教师)、学生角色(由被培训者的同学或真实学生来担任)、教学评价人员(被培训者的同学或指导教师担任)和录像设备操作人员(专业人员或被培训者的同学担任,或者自动录播系统)组成。

2. 角色扮演

在微型课堂上被培训者上某节课的一部分,练习一两种技能,所用的时间一般为 5~15 分钟。在正式上课前,被培训者要做一简短的说明,以便明确训练的技能、教学内容和教学设计的思想。

3. 准确记录

在进行角色扮演时,一般用录像的方法对教师的行为和学生的行为进行记录,以便准确地进行反馈。在不具备条件的地方也可以采用录音或文字的记录方式，但不如录像及时、真实、有效。例如，在训练教学语言技能时，录音方法也是有效的。但是若采用录像的方法，效果会更好，因为录像不仅可以提供听觉反馈，而且可以提供视觉反馈。视觉、听觉同时反馈在引起师范生的学习动机和参与意识方面起着非常重要的作用。

五、反馈评价

1. 重放录像

为了使培训者获得反馈信息，当角色扮演完成后要重放录像。教师角色、学生角色、评价人员和指导教师一起观看，以进一步观察被培训者达到目的的程度。重放录像可以在角色扮演之后立即进行，也可以在过了一段时间后进行。为了便于分析、讨论，有时需要数次重放录像。

2. 自我分析

看过录像后，教师角色要进行自我分析，检查实践过程是否达到了所设计的目标、存在哪些问题、重教应做哪些改进，并记录在自我分析表中。

3. 讨论评价

在指导教师的指导下进行集体评议。根据技能理论，评议运用是否恰当，目的是否达到，是否违背了应用原则……在讨论评价过程中既要正面肯定，也要指出存在的不足之处，但最好是提出应如何改进之类的建设性意见。评价可以是定性的，也可以是定量的。要设计一个教学评价表，评语不宜太长，评价内容不宜过多。一般情况下，正面和反面评语各两三个就足够了。

六、修改教案

根据录像，参考技能示范录像和技能理论要求，对照评估结果，由受训者自己修改教案，并准备重教，进入下一个循环。

第四节
微格教学的理论阐释

一、教学是艺术也是科学

改进师范教育的关键是如何提高师范生的能力，尤其是教学实践能力。然而，长期以来，师范院校都是以知识教学为核心，所开设的课程都是以文化基础为教学本位，即便是在实践性很强的教育学、教学法等课程中，也没有成功地解决如何培养师范生的教学实践能力的问题。造成这一现象的原因很多，而认识上的原因在于人们所持的这样一个观念，即认为"教学是一门艺术"，而"艺术是无法传授的"。这一观念直接影响到对下列问题的态度：教学应不应该教，或能不能进行实验室的研究，对师范生的教学能力能否进行科学的训练。

关于教学是艺术还是科学的争论一直持续到现在。夸美纽斯在他的杰作《大教学论》中说，他要阐明的"是把一切事物交给一切人类的全部艺术"，即教学的艺术，他把教学艺术与绘画、音乐等其他艺术学科进行类比，认为教学像其他艺术一样，应该模仿自然，适应自然。

乌申斯基也坚持把艺术这顶绚丽的桂冠授予教育，他明确指出，教育中的艺术胜于科学。按他的理由，"任何一种力求满足高度的道德要求和人的一般精神需要（即只属于人和构成人本性特征的需要）的实践活动，就已经是艺术的了。就这个意义讲，教育当然就成了最高级的一种艺术，因为它力求满足人类最伟大的要求——人的本性的完善，这不是在画布或大理石上表现出的完美，而是使人的本性本身——他的精神和肉体趋于完善，这种艺术永远是先行的"。虽然，乌申斯基的这一观点是以整个教育为出发点的，但其中必然包含教学。

现代教育学家也坚信教学是一门艺术。海特认为：教学涉及人、人的感情和人的价值观念，而这些是"科学鞭长莫及"的领域。把教学与科学类比，会使教学受到科学的目的和方法的干预。

在我国，教学是一门艺术也获得了普遍的承认。教育工作者们经常在公开的场合或所撰写的论文中对这一思想给予明确的表达或提出一定的论断，教师取得了艺术家的光荣称号，一些优秀教师的成功的教学被视为珍品，令人倾慕。

但教学艺术也有其基本特征。首先，教学艺术主要指的是教师个人的教学技艺和教学技巧，其范围主要限于教师教的一系列行为。其次，虽然课堂教学给予教师充分自由创作的余地，可以像美术家、音乐家和诗人那样，以独特的个性来发挥和施展自己的才能，但是像任何艺术活动一样，教学活动也有其固有的条理性和规律性，很适合科学地分析。

因此，教学的艺术性和科学性是同一个问题的两个方面，它们是统一的、不矛盾的。事实上，只有极个别人持孤立的见解，而大多数人则倾向于说教学既是一门艺术，也是一门科学，或者更进一步地说，教学首先必须是科学，然后才是艺术。它的基本含义可以理解为，教学的科学性是教学活动中能够被严密控制或较严密控制的部分，而教学的艺术性则是指整个课堂结构的审美性的表现，它们的关系是：教学的科学性是教学的艺术性的坚实基础，教学的艺术性则是教学的科学性的提炼和升华。

加拉格尔在承认教学也是一门艺术的前提下提出，强调教学的科学性好处更多。他把教学和外科手术相比，并指出，过去许多人之所以死去，其原因是太把外科手术看成一门艺术，而忽略了它也是一门科学。盖奇认为，问题争论的焦点并不是教学是科学还是艺术，而是能否应用科学的方法去理解教学。盖奇把教学比作医学和工程学，认为教学不仅是可教的，而且可用实验室的方法去进行系统研究。盖奇进一步指出，教学的科学基础的实质是在教与学的各种变量之间建立起联系。这种联系中有的可能只允许从一个变量到另一个变量做出。它们的因果关系越多——而且这种关系是通过实验而不是通过相关性研究得出的——那么它的科学基础就越牢固，科学基础越牢固，改进的机会就越大。盖奇的这种认识正是后来创立微格教学的思想基础。

二、斯金纳的教学理论

在微格教学出现之初，许多人都把它与斯金纳的心理学理论联系在一起，认为它是斯金纳的行为矫正法在师资培训中的应用。微格教学发展到今天，人们已不再持有这种观念，但斯金纳理论对微格教学的影响仍然是显而易见的。

斯金纳的学习理论是建立在著名的"操作性条件反射"的实验基础之上的。他在1930年开始写的一系列论文中提出一套关于行为的理论，这种理论是以他在自己独创的一种实验中对于动物行为的观察为出发点。他观察他自己特制的"斯金纳箱"里的白鼠按压杠杆的活动。白鼠在箱里自由探索，偶然按压杠杆而得到食物，经过多次反复，就形成按压杠杆而得到食物的学习行为。这种行为反应与巴甫洛夫的经典性条件反射不同，它不是由一个特殊的可观察到的外部刺激情境激发出来的，而是在没有任何可观察到的外部情境下发生的，因而斯金纳把它称作"操作性条件反射"。斯金纳认为，人的行为差不多都是操作性强化的结果。他注意到，在日常生活中，包括教育在内的各种各样的领域里，人们通过有强化作用的影响而经常改变别人反应的可能性。此外，人们通过在操作上得到强化，学会保持平衡，学会散步，学会说话，学会做游戏以及使用工具。他们每完成一套动作，强化便发生，因而就增加了重复这些动作的可能性。所以，操作性强化可以促进人们的学习行为。

在操作性条件反射过程中，有两个非常重要的特点。一个是有机体必须进行积极的反应。如果白鼠什么也不做，就无法进行强化，因此训练也就无法进行。在有机体表现出来的各种反应当中，给予其中的某种反应以强化，就可以增强那一特定的反应，这就是操作性条件反射的基本原理。另一个是强化必须在反应后及时进行，即进行即时强化。如果拖延了时间，强化的效果就会明显地减弱。还有，在动物实验中，由于按键比较小，所以白鼠做出按压按键反应的可能性很小。这样一来，虽然白鼠进行了不少自发的反应，但由于没有按键，所以一直得不到强化，最后它就会放弃进行各种自发反应，睡起大觉来。那么在这种最初学习的水平与最后学习要达到的目标有很大差距的情况下，不可能一下子就学习作为目标的行为，因此必须把学习分成一系列的小步子，然后，逐渐接近目标。例如，一开始的时候，当白鼠把头转向有按键的方向就给予强化，使这一反应固定下来，下一步，当小白鼠把爪子搭到按键上就给予强化，就这样一步一步地接近作为目标的反应。通过这一方法，学习者的某一反应受到一次强化，其出现的频率就会提高，学习过程就是这样一步一步地进行着。在各小步子的进度上由于存在着个体差异，所以每个个体都必须根据自己的实际情况安排学习进度。虽然学习进度上存在着个体差异，但是每个学习者几乎都经过同样的过程达到目标。

斯金纳对于程序教学这种传统的课堂教学方法是相当不满的。1953年11月，他作为学生家长，访问了自己女儿就读的小学，坐在教室后面听课，课后他说："我发现整个教学显得十分荒谬。那里坐着20多个十分可爱的孩子，但是那个教师却违反了我们所熟悉的学习过程的几乎所有原则和做法，虽然这不能完全归咎于她本人。"于是斯金纳开始对学校各科教学可能有的各种强化相倚联系进行了分析，想找出一种最有利于学生学习和强化的相倚联系。他设计出一种能帮助教师安排这种强化相倚联系的教学机器，还为编制程序教学制定了三条基本原则：第一，学生必须对问题随时做出积极的外显反应；第二，在学生做出外显反应时，应该立即得到及时的强化（即立即反馈）；第三，学习进行的步子要小。在三条原则中，核心是强化。1954 年春，斯金纳在美国的一所大学里做了用教学机器教学的演示。此后在不到一年的时间里，这种教学机器便很快发展起来。哈佛大学还专门建立了程序教学委员会，此后这个运动波及世界各国。

三、整体学习与部分学习

在教授一门复杂的学科或学习一种专业技能时，我们都习惯于注意每个组成部分。如学习钢琴时，在弹奏整首曲子前专门练习指法和音阶。在记忆一首长诗时，应当把这首诗分成若干个单元来一遍一遍地读，直到能够背诵为止。但是在传统教学能力的训练过程中，我们却没有运用类似的办法，也就是说，我们很少采用把课堂教学行为按照一定的标准划成若干基本单元然后逐个加以训练的方法。当然，究竟是采用整体训练方法效果好，还是采用部分训练方法效果好，这不是绝对的。教育心理学研究表明，这两种方法都有自己的特点，在教学中，应该依据具体情况灵活运用。

整体学习最显著的特点是，所形成的联想就是在学习完成时所形成的联想。而部分学习所形成的联想则是一些分散的联想。举例来说，如果选材是一个单元接一个单元来学习，那么各个联想都是在一个单元的最末一行和同一单元的第一行之间形成的。当学习完成时，一节或一段的最末行就要和下一节或下一段的第一行衔接起来。使用"部分学习"法学诗的人都有体会，每一节都能背诵时，并不一定能背整首诗，原因是不知道这些小节该怎样连接。每一节末行与首行的联想由于多次重复是很牢固的，所以必须进行多次的再学习才能建立新秩序。而把一首诗作为一个整体学习时所形成的联想就是在学习完成时起作用的联想。

部分学习的好处主要有两点：其一，"部分学习"法能使一个人在学习过程中很早就清楚地了解到他的进步情况。如果一个人用纯"整体学习"法学习一篇长的文选，从头到尾一遍又一遍地读，可能在持续一段时间后却毫不了解他从中学到了什么东西。没有这种了解作为一种动力，学习者就会失去信心，他想既然没有进步，就不再尝试了。如果分行或分节地去学习一篇文选，学习者很快就会知道他的努力成果，他学会了两行或一节并能背诵，这种了解是引起动机的一种因素，它能促进一个人继续努力。这可能是"部分学习"法本身具有的最大优点，"整体学习"法没有这种好处。其二，"部分学习"法易于按照个别单元的不同难度去改变所用的时间和力量，当使用"整体学习"法时，在较难的单元尚未完全学会之前，较容易的单元却学习过度了。

事实上将"整体学习"与"部分学习"这两种方法结合起来效果更好。如果要记忆某种材料，学习者首先把全文从头到尾看几遍。这样做，他就了解了整个材料的全貌，对文选的全部意义、叙述和一般模式都要特别注意。其次，把文选分成几个小单元，进行详细研究和默记。材料的单元应该大一些并有意义，而不要长短划一的不自然的分段。应当利用教材的自然划分，以便每部分都有尽可能大的统一性和意义，当分别学会第一和第二个"有意义单元"后，在继续学习第三部分材料之前，把前边两部分结合起来组成一个较大的单元。当全部文选按这样的划分之后，把整个材料合在一起再看几遍，复习其中所含的总意义。

这种方法可以用来学习一般课本的指定作业，借以掌握它的全部内容。首先为了概观的目的进行初步速读，接着就要逐段或逐题详细地学习材料。这种详细学习都用几倍于初步速读的时间，接着就是把全部材料作为一单元进行复习。拟定的总顺序是："全部—部分—全部"或者"预习—精习—复习"。

利用微格教学对师范生进行训练，相当于在师范生教学实践能力的训练过程中实施"部分学习"法；而传统的教育实习，相当于在师范生教学实践能力的训练过程中实施"整体学习"法。按学习理论，不能只强调一方面而忽略另一方面。在传统训练方法中，事实上只有整体学习一种形式，而微格教学则是训练教学实践能力的另一种形式。当然，强调微格教学方法的使用，并不能否定和排斥教育实习。事实上，爱伦在理论研究和实践过程中，十分强调两者结合，认为只有这样才能取得较好的教学效果。

第五节 微格教学技能概述

一、教学技能的含义

技能是通过学习获得的顺利完成某种任务的一种活动方式或心智活动方式。技能又可分为智力技能和操作技能（或心智技能和动作技能）。智力技能是指经过练习巩固下来的，接近自动化的智力活动方式，它是借助内部言语在头脑里进行的认识活动的技能，如运算、阅读等都属于智力技能。操作技能或动作技能是指通过练习巩固下来的，自动化、完善的动作活动方式，它是借助骨骼、肌肉以及相应的神经过程实现的。智力技能与操作技能是有区别的：第一，二者活动对象不同，智力活动对象是客体在头脑中的映射，是一种观念活动；操作技能的对象是具有一定物质形式的客体（实物模式或图像），具有客观性。第二，就活动的进行看，智力活动是在头脑里借助内部言语默默进行的，具有内潜性；而操作技能是在头脑外发生的，具有外显性。第三，就活动结构而言，操作技能的每个动作都不能省略、简化，必须实际地做出来；而智力技能各组成部分可高度省略、简化，甚至常常觉察不到活动的过程，具有简缩性。

教学技能作为一种特殊性的技能是指教师运用有关的知识和经验，借助一定的手段，遵循一定的规律，组织和促进学生学习的一种行为方式，它包含智力技能和操作技能两个方面的特点，是这两种技能的综合体现。一定的教学行为是通过一定的智力活动而操纵和控制的，而智力活动的获得又必须通过具体的教学操作来体现，教学行为必由这两方面共同参与。

教学技能与教学能力是两个不同的概念。教学技能的实质是一种教学行为方式，教学能力则是教师顺利完成某种教学任务的个性心理特征,当然教学技能的形成必须以一定的教学能力为前提,而教学技能又是从教育理论知识到教学能力的形成与发展的中间环节,教学技能对教学能力的提高起着重要的促进作用。

二、教学技能形成的阶段

1. 模仿阶段

这一阶段的主要任务是向学习者传授某种教学技能知识、经验,通过言语讲解和示范观摩,使学习者理解教学技能的结构及要求,并进行尝试。

2. 联系阶段

在掌握个别局部行为的基础上把个别教学行为联系起来形成一个有机整体。

3. 熟练阶段

这一阶段的特点是教学方式似乎是自动的,使教学行为从有意识向无意识转化。无须特别注意,并且教学行为有充分的稳定性。

三、教学技能形成的外因

当然,学习者自身的素质会直接影响训练的效果,这里主要考虑影响教学技能形成的外部因素。

1. 明确的训练目标

确立训练目标有三个方面的意义:一是使练习具有强烈的动机和巨大的热情;二是使学习者对练习的结果产生积极的期待;三是为检查和纠正提供依据。

2. 有效的示范指导

在训练教学技能时,学习者不能观察自身的教学行为,难以看清教学行为的表象,因此,有人从旁指点、评价就非常重要。具体办法有:用言语进行指导;指导教师边做示范边指导;利用视听手段进行指导。但是不同的方法效果也不同。

3. 及时的评价反馈

要使学习者知道每次训练后的结果。学习者如能及时知道每次教学训练的效果,并对效果有所分析,就可以对自己的教学行为做出合适的评价,从而集中精力克服困难、改正错误,巩固正确的行为方式。

四、教学技能的基本要求

单项教学技能是课堂教学的一个组成部分。虽然不同的教学技能有不同的具体体现,但所有教学技能都必须满足课堂教学的基本要求。

1. 目的性

学习是对行为方式的培养和改变,而教学目标就是对课堂教学所要改变的学生的行为予以描述。教学目的根据其抽象程度可分为两个层次：

第一，指导性目的。指导性目的是根据教育方针和学科特点规定的教学工作的整体要求。在课程标准和教学计划中都有这样的要求。如数学教学应该发展学生逻辑思维，语文教学应该培养学习的阅读能力，等等。在教学中必须经常考虑指导性的教学目的，因为指导性目的经常影响课堂教学计划。

第二，具体教学目的。具体教学目的是对一堂课的要求做出的明确而具体的规定。在表述具体教学目的时经常使用一些有确切意义的词语，如"会写""会说""会求""理解""掌握""区分""解决"等。

教学目的除了按抽象程度划分之外，还可以按心理学的理论来划分。第一是认知性的教学目的，涉及思维、知识、问题解决、认知和智力；第二是情感性的教学目的，涉及学生的兴趣、态度、价值观念的发展变化。

当然，各种教学目的之间是相互依赖的，区分各种教学目的有利于教学过程的分析和设计，有利于在单项教学技能训练过程中克服教学的片面性。

2. 适应性

所谓适应性指教学行为必须始终与教学内容、学生水平相适应。教学要立足于学生实际的知识和智能水平，教学内容、要求应该是学生经过一定的努力可以达到的。否则，教学技能的训练就会与整体课堂教学相脱离。学生的实际一般是指知识基础、接受能力、心理特征和实际效果。教学中要努力做到：充分估计学生的认知水准，了解他们的知识结构，选择与其特点相适应的教学内容和教学方法，使教学的深度、广度和速度符合学生的最近发展区。要研究学生在不同年龄阶段上身心发展的特点和规律，通过各种途径，激发学生的热情、思维和积极性，防止出现被动的小、慢、差、费偏向。在学生知识增长的进程中，应该随时注意学生接受能力的变化，教师要善于适应这种变化，根据这种变化来调整自己的教学计划，并结合新的需要、新的实际进行教学。

3. 启发性

学生的积极性是掌握知识的前提。教学的每一环节都应该注意启发学生的思维，调动学生的学习积极性。第一，要激发学习动机，根据不同教材和不同学生的特点培养学生兴趣，注意理论联系实际；第二，要提出启发性问题，打开思路，活跃课堂气氛；第三，要引导学生动脑、动口、动手，进行创造性的学习；第四，要教会学生懂得怎样学习；第五，发扬教学民主，鼓励提出不同见解，引导和帮助学习，注意向学生学习。

4. 教育性

教学不仅仅是关于知识的传授，而且还要通过教书达到育人的目的，教师的每一个教学行为必然会把各方面的知识连同自己的思想、主张、情感一并传授给学生，在教学中对学生的意识倾向性形成起着潜移默化的作用。教师要有意识地根据既定的内容，通过各个环节，力图使学生在掌握知识的同时得到思想的启迪，形成一定的品格。

5. 科学性

教学技能离不开科学性。离开科学的态度和科学的思想，教学技能就会遭到歪曲。教师针对课堂教学采取的一切措施必须以经过科学证明正确的结果为基础。在教学技能的训练过程中应坚持做到：第一，必须把教育科学理论看成是支配课堂教学活动的法则，反对把课堂教学理解为主要产生于自发性灵感，应该把它看成是绝大部分可以被认识、计划和检查，即可以被学会和研究的现象。第二，传授内容必须准确无误，符合相应学科经过证明是正确的结论。第三，教学内容要按照一定的系统和一定的顺序教给学生，这个系统是科学体系的反映，这个顺序是保证每个学科内部的概念、课题和章节互相联系，以及各学科互相联系的顺序。

五、教学技能的分类

教学技能的分类是一个重要的理论问题。由于教学行为的复杂性以及研究者所持的文化价值观念的不同，各国学者对教学技能的认识有很大的差异。例如美国爱伦博士就把教学技能分为提问、强化与控制、例证、教学辅助手段、课堂结构、合作学习、学习原则等7类。而英国学者布朗则把教学技能分为讲解技能、提问技能、组织技能、听的技能、反应技能等类型。澳大利亚学者特尼则把教学技能分为强化、提问、变化、讲解、导入、结束、高层次提问等类型。我国学者孟宪恺则把教学技能分为导入技能、语言技能、提问技能、讲解技能、变化技能、强化技能、演示技能、结束技能、课堂组织技能等。在参考以上各种分类的基础上，结合师范生的特点，本书着重介绍数学课堂教学的导入、讲解等10类教学技能。

我们认为教学技能的分类有一定的随意性，它不可能达到严格科学意义上的分类的标准。尽管如此，在分类过程中还是要坚持以现代教育教学理论、心理学理论指导，并遵循以下原则：

1. 针对性

教学技能的分类要考虑受训者的年龄、知识、经验的特点，如职前和职后、本科与专科的要求不同，因而教学技能的类型、层次、水平也不尽相同。

2. 实用性

对教学技能的分类的目的是帮助受训者掌握这些技能。因此，衡量教学技能分类的一个重要标准就是看分类后是否有利于受训者掌握。

3. 便于示范

传统的教学示范一般是通过观摩整个课堂教学的过程来进行的。由于示范者的个人教学风格、独特的教学方法和技巧的综合运用，观摩者很难准确把握和学会示范者所示范的教学技能。因此，将课堂教学进行分类后，一定要使技能具有可观测、可操作的特点，使观摩者对教学的感受更直观具体。

4. 便于评价

传统的课堂教学评价往往流于空泛，对讲课人没有什么实际指导意义。对教学过程的分解和简化后，要力求做到使听课人更容易有针对性地对教学行为进行评价，评价的意见更具体、确切，且有具体指导建议。

第六节
微格教学的特点与意义

一、微格教学的特点

微格教学自出现以来,以较显著的培训效果受到各国教育界的重视。它具有以下的几个特点。

1. 知行合一

教育学、心理学与教学论为微格教学及实践活动提供了理论指导。微格教学中的示范、备课、编写教案、角色扮演、反馈和讨论等一系列活动,使教育教学理论得到具体的贯彻和体现。理论与实践的紧密结合,充分体现了"知行合一"的思想,提高了师范生对教学法课程的学习兴趣。

2. 目的明确

由于一次教学(角色扮演)所用时间短,学生人数少,只集中训练一两个教学技能,训练目的可以制定得更加明确具体,这有利于判断受训者是否达到了培训的目的以及找出他们训练中的不足。同时,易于控制的练习的教学环境为实现训练目标提供了有利的条件。

3. 重点突出

受训者在较短的时间内练习一两个教学技能(如导入技能、提问技能),突出了重点。他们可以把注意力集中在重点上,可以通过反馈对各自的表现做细致观察,进行深刻而有建设性的讨论和研究。

4. 反馈及时

当一节微型课结束后受训者可以通过放录像(或录音)进行自我分析和互相评价,找出教学中存在的优点和不足。在指导教师和其他同学的讨论中,受训者还可以获得更广泛的改进意见,如果需要,可以把有争议的片断用暂停、重放等方法把"问题"提出来。

5. 自我教育

由于使用了新的信息记录技术——录音和录像,受训者可以作为"第三者"来观察自己的活动。在许多情况下,人们自己认识到的不足之处最容易得到改正。

6. 利于创新

在讨论中,受训者可以根据大家的意见完善并改进自己的方案及其实践的讨论,或对同一技能的使用提出新方案。受训者通过对教案及其实践的讨论和改进,逐渐加深对某一技能的理解和掌握,丰富了教学技能的应用方法。

7. 减小压力

在微格教学中，师范生或在职教师不会有太大的心理压力。因为试教不会对扮演学生的人产生不良影响，他们不必为影响正常的教学而担心。这种训练为师范生将来的教育实习打下了基础，增强了他们的自信心，减轻了他们在学习中的心理压力。

二、微格教学的意义

（一）微格教学是培训教师职业技能的重要手段

在师范教育中，问题的关键是如何使学生获取他今后所要从事的教师职业技能。长期以来师范生的培养模式基本是：教师们进行课堂教学；师范生完成书面作业；进行课堂讨论；教育见习和实习。

许多教育工作者认为：师范教育专业培养的学生毕业后之所以不适应中小学教育教学工作，其原因不仅在于师范生在校期间没能掌握扎实的文理知识，而且在于各院校在教育专业课程和教学方法上存在问题，使师范生所学的教育教学理论和方法与中小学实际严重脱节，缺乏解决实际问题的能力。在科学技术飞速发展的时代，师范生在校期间不仅要掌握广博坚实的基础知识和较高的文化修养，同时要学会善于从事各种教育教学活动，成为教学方面的"临床专家"，就像医生那样能对教育的各种问题进行"分析""诊断""开处方"。在培养教师的专门职业技能方面，师范教育明显存在以下不足：

第一，所开设的课程是一种以"教养"为本位的学科基础课程。这妨碍了新兴学科和边缘学科的引进，忽视了师范生教学技能与教学态度的培养和训练，使师范课程的内容陷于极其狭窄的框框之中。

第二，未能有计划、有组织地实施教师技能的各种训练。在师范教育中，这种训练主要委之于教育实习，教育实习的实施，实质上由实习学校负责，而实习本身，采取的也是一些盲目的、陈旧的方法或方式。师范生所学到的抽象理论几乎在教育实习中派不上用场。

第三，师范教育的训练目标不明确。迄今为止，我们只提"教师的专业性"的抽象的概念，但"教师的师范性标准"一直没有搞清楚。师范生的专业培养也是不确定的。如关于职业技能问题，师范生要掌握哪些技能，掌握到什么程度，尚没有统一的认识。

利用微格教学训练师范生的教学技能是改革师范教育的一个重大举措，它除了帮助师范生学习教育教学技能外，还可以用来实施在职培训和继续教育。在通常情况下，一个人经过几年的教学之后，在教学中就会形成一种属于自己的风格，并习惯于使用特定的教学方法和教学技能，即俗称的"职业高原期"，教学水平难以进一步提高。在一些最优秀的教师身上有时也会出现这种情况。微格教学可以使这一问题得以解决。

（二）微格教学是研究和开发教学技能的工具

1. 微格教学便于理科教学的复杂性

教学行为不仅是教师与学习者的相互作用，而且也包括与整个教学环境的相互作用，是处于极其复杂的关系中构成的。然而，运用微格教学的手段可以将其中各种因素进行归类，并对各种行为进行科学分析，减少教学的复杂性对认识和理解教学的障碍。

2. 微格教学便于教师实验新方法

由于在正式的课堂教学中，教师的教学必定要受课程标准、教学计划、教学时间的局限以及为学生所承担的责任的支配，教师很少能放心大胆地、不断地、反复地进行教学改革的实验。教师在设想出一些方法和技能后，必须经过充分的思考和论证才可以使用到实验中，在微格教学的环境下则不然，任何新方法、新技能的实验，即使在最后未能达到预期目的或效果，也不会对学生造成任何形式的损害，大大地降低了教育实验的风险。

3. 微格教学便于分析研究教学行为

在观察教学的个别时点上，教学行为是瞬间就从观察者的视野中消失的。对于成功和失败的教学行为，单凭记忆和测验，要充分地进行分析研究是困难的。但微格教学有这方面的长处，它对教学行为进行录像，为教师的言语行为及非言语行为提供了充足的、全面的记录材料，可供长期分析和研究。

4. 微格教学便于学习者践行"知行合一"

教学行为是一类复杂的、微妙的而且视觉因素占有重要意义的行为，主要用语言去灵活运用它是有困难、有限制的。师范生或在职教师即使接受了有关教学行为的理论性阐述，要把它的内容与自身的教学行为结合起来，也是极其困难的，利用微格教学可以克服这一困难。

第二章 数学课堂导入技能

第一节 数学课堂导入技能概述

数学课堂导入技能是数学教师在课堂上采用各种教学媒体和各种教学方式，引起学生注意、激发学习兴趣、产生学习动机、明确学习方向和建立知识间联系的一类教学行为方式。导入这一意图性行为广泛地运用于上课之始，或者用于开设新学科、进入新单元和新段落的教学过程。所谓"导入"，包括"导"和"入"两部分，分别理解为"教师引导"和"学生进入"，即"教师引导学生进入某种教学情境"，也即在新的教学内容或教学活动开始前，引导学生进入学习状态的教学行为。

课堂导入技能虽然只是运用于教学过程的开始阶段，但它是基于教师对整个教学过程、学生实际知识水平及理解能力的通盘考虑，熔铸了教师的教学风格、教育智慧以及专业素养，反映了教师的教学观念，是评价一名教师教学能力的重要指标，是教师专业素质的综合体现。

第二节 数学课堂导入技能的作用

一堂课的导入在整个课堂教学中是十分重要的一环，良好的课堂导入是一堂课成功的关键。俗话说："好的开始是成功的一半。"学生一堂课的学习欲望及其学习效果，与教师两三分钟的导入有很大的关系。课堂教学的导入，犹如文章的"凤头"、乐曲的"引子"、戏剧的"序幕"，负有酝酿情绪、集中注意力、渗透主题和带入情绪的任务。精心设计的导入能打动学生的心弦，生疑激趣，促成学生情绪高涨，步入求知欲振奋的状态，有助于学生获得良好的学习效果。运用正确的方法导入新课，可以发挥以下作用：

一、激发学生学习兴趣，引起学生学习动机

每个人都会对他感兴趣的事物给予优先注意和积极探索，并表现出心驰神往。例如，对美术感兴趣的人，对各种油画、美展、摄影都会认真观赏、评点，对好的作品进行收藏、模仿；对钱币感兴趣的人，会想尽办法对古今中外的各种钱币进行收集、珍藏、研究。心理学研究表明，兴趣是带有倾向性的心理特征，是认识某种事物或某种活动的心理倾向和动力，它可以使人在认识过程中产生愉快情绪，从而增强认识事物的主动性、积极性。学生对学习这一行为的兴趣，有利于学生自觉、积极地进行思考、探索。例如，一个人对跳舞感兴趣，他就会主动、积极地寻找机会去参加跳舞活动，而且在跳舞时感到愉悦、放松和乐趣，表现出积极而自觉自愿。而兴趣是在需要的基础上发展起来的。皮亚杰指出，兴趣，实际上就是需要的延伸，它表现出对象与需要之间的关系，因为我们之所以对于一个对象产生兴趣，是由于它能满足我们的需要。[①]

新课的开始，如果教师就针对学生的年龄特点、心理特征以及实际知识水平，精心设计好导入的方法，使学生产生急迫解决当前问题的热烈情绪，激发学生对新知识的渴望，便能激发学生浓厚的学习兴趣，使他们愉快而主动地进行学习，并产生坚韧的毅力，表现出高昂的探索精神，收到事半功倍的效果。所以，"善导"的教师，在教学之始，总是千方百计地诱发学生的求知欲，引起学生的学习兴趣，使学生产生一种力求认识世界、渴望获得知识、不断追求真理的冲动。

学习动机是直接推动学生学习的内在动力，是激发学生进行学习活动、维持已引起的学习活动，并使学习行为朝向一定目标的一种内在过程或内部心理状态。当学生获得学习动机后，就会积极做好准备，集中精力在学习上。只有使学生清晰地意识到所学知识的意义和作用，才能使他们产生学习的自觉性，迸发出极大的学习热情。所以，"善导"的教师，在教学之始，很重视阐明将要学习的知识在工农业生产、国防、科学研究和生活中的重要意义。

认知冲突是人的已有知识和经验与所面临的情景之间的差异所导致的冲突。认知冲突会引起学生产生新奇和惊讶，从而引起学生的兴趣，激发学习动机。认知冲突的设置还可以帮助学生明确学习任务，确定学习方向，凝聚思维焦点。所以，"善导"的教师，善于设计各种"认知冲突"，充分利用学生的好奇、好问、好动等心理特征，制造认识冲突，创设悬念，使学生产生企盼、渴知、欲答不能、欲罢不忍的心理状态，由此激发学生的求知欲，引发学生的积极思维。

【例 2-1】相似三角形的导入教学

教师："学了这一节，不上树就可以测出树高，不过河就可以量出河宽。"

（学生对教师的说法露出不敢相信的神情）

简短的几句话激起了学生强烈的学习愿望，一个个跃跃欲试，急切地等待教师揭开"谜底"。简短的课堂导入，即可激发学生的学习兴趣，引起学生良好的学习动机。

---

① 章凯. 兴趣发生机制研究的进展与创新 [J]. 心理科学，2003（2）：364-365.

二、引起学生对所学课题的关注，传达教学的意图

注意是信息加工的心理机制之一，它是心理活动对一定对象的选择性和指向性。在课堂上，学生的注意力有利于对知识的感知，从而更容易地理解、掌握知识。有研究表明，注意力水平高的学生往往学业成绩也高，而注意力集中时间短，则是学生上课分心的主要原因。良好的课堂导入，能在上课之始，形成良好的课堂学习气氛，唤起学生的注意，使他们迅速地进入学习情境，产生学习的意向，利于教师传达教学意图。因此，在教学之始，要给学生较强烈的、新颖的刺激，帮助学生收敛课前的各种其他思维活动，将学生的注意力迅速地指向课题，为完成新的学习任务做好准备。教师以通俗易懂的语言传达教学意图，这种教学意图包括建立学习目标、指出方向（将以什么方式进行学习）、勾画教学内容的轮廓。

【例 2-2】常量和变量的认识的导入教学[①]

上课铃响了，还不见老师来，大约过了三分钟，老师来了。

师：对不起，老师迟到了，同学们一定想知道老师迟到的原因吧，那是因为在来学校的途中，突然发现摩托车没油了，于是就去加油站加油。在加油过程中我发现显示器上一件很有趣的事情（边讲边画显示器），只有 5.94 元/升这格是一动不动的，而另外两个小格子里的数字却在不停地变，这两个数字表示什么呢？

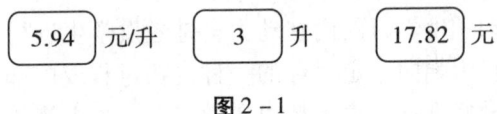

图 2-1

生：一个表示油量，一个表示金额。

师：为什么这两个数字要一起跳动呢？

生：因为加油时，油量发生变化，金额也跟着发生变化。

师：在加油过程中，单价为 5.94 元/升，保持不变，我们把它叫作"常量"，油量和金额会发生变化，我们把它叫作"变量"，这就是我们这节课要学习的内容。

老师利用学生的"八卦心理"，引起学生对他迟到原因的关注，创设问题情境，自然地将学生的思维指向本课内容——常量和变量的认识。

三、铺设知识桥梁，温习旧知建构新知

著名的美国教育心理学家奥苏贝尔指出，"影响学习的唯一重要因素，就是学习者已经知道的东西，要探明它，并据此进行教学"。数学学科的知识逻辑性很强，新知识都是以旧知识为基础发展而来。教师在讲授新知识之前，如果先组织学生复习已有的知识和经验，或者在和学生一起运用已有的知识对各种数、形、式进行观察的过程中形成

[①] 闫桂琴，崔克忍. 中学数学教学论［M］. 北京：北京师范大学出版社，2010：168.

"问题情境",出现新的需求与原有认知水平的"冲突",造成学生心里想求通而未能达其意,口欲言而未能达其词的情境,然后再来学习新知识、新技能,就易于调动学生心理中的积极因素,迅速进入学习状态。通过实例、实验的观察导入,可为思维(分析、综合、抽象、概括等)加工做铺垫。

【例 2-3】整数减分数的导入教学

师:如果你有 3 张 1 元人民币,你去买 2 千克货物,每千克 0.3 元,你怎样付钱?

生:我给营业员 1 张 1 元人民币,他找给我 0.4 元。

师:为什么不把 3 元都付给营业员呢?

生:那样营业员要先退给我 2 元,然后又找给我 0.4 元,很麻烦。

教师对学生鼓励:对,我们不能做那样麻烦的事。

(接着,教师在黑板上写出两道算式:$4-\dfrac{3}{8}$,$7-\dfrac{5}{12}$)

师:那么你们会算这样的题吗?

这里,教师联系学生的生活经验,把新知蕴含于其中,使学生明白了整数减分数的算法和算理。

四、创设情境,培养学生探究事物的习惯

好的新课引入,常常是由教师精心设计,为学习新知识、新概念、新原理和新技能做引子和铺垫。提供隐藏规律性的材料,让学生通过对实例的观察导入,经过分析、综合、抽象和概括等思维加工,利用已有的经验和知识去探索,或构想新概念,或寻求新定理、新公式、新方法、新思路。这样的过程进行多次,日积月累,学生就会养成钻研问题、探究事物的良好习惯。

【例 2-4】一次函数性质的导入教学[①]

师:上新课之前,同学们先来解决一下这道题。(在黑板上或多媒体上展示题目)

已知一次函数 $y=2x+1$,画出这个一次函数的图象。

已知点 $(-1,a)$ 在这个一次函数的图象上,求 a 的值。

已知点 $(-1,a)$ 和 $\left(\dfrac{1}{2},b\right)$ 在这个一次函数的图象上,试比较 a 和 b 的大小。你能想出几种方法?

(学生思考、做题 5 分钟)

师:好了,同学们一起来回答一下怎么画这个一次函数的图象。

生 1:取两个点,然后连成直线就可以了。

师:那怎么计算 a 的值呢?

生 2:把点的坐标代入直线方程就可以算得 $a=-1$。

师:很好!那怎么比较 a 和 b 的大小呢?

---

① 曾大洋. 如何上好一堂数学课[M]. 上海:华东师范大学出版社,2009:7-9.

生3：像第2问一样，分别把点的坐标代入直线方程就可以算得 $a = -1$，$b = 2$，$b > a$。

师：算得一清二楚，这是很多同学的做法，还有其他方法吗？

生4：还可以在这个一次函数的图象上找到横坐标分别为 -1 和 $\frac{1}{2}$ 的点所对应的纵坐标，不用求出来，比较纵坐标的高低就行了。

（投影仪展示生4的解答）

师：这是非常好的方法啊，直接利用图象上两点的位置就可以比较 a 和 b 的大小了。

师：那么，如果没有这个一次函数的图象呢？我们能不能根据一次函数的关系式比较 a 和 b 的大小呢？学习了本课的知识——一次函数的性质，你们就能回答这个问题了。下面请同学们探索由上述习题解答引出的问题。（多媒体展示题目如下）

（1）用文字表述一次函数 $y = 2x + 1$ 图象的变化趋势。

（2）函数 $y = 2x + 1$ 图象上的"这种变化趋势"怎样用变量 x 和 y 的相互关系来表述？

①先对自变量 x 取几个值，再求出对应的因变量 y 的值。

②比较你所取的这些自变量的值的大小关系，再比较与之对应的因变量的值的大小关系，它们之间有什么必然的联系？请写出你的发现。

③再换几个数值试一试，看看是否还有这种必然的联系。

④请你归纳总结一次函数 $y = 2x + 1$ 中变量 x、y 的变化规律。

（3）再换一个与 $y = 2x + 1$ 同类型的一次函数（例如 $y = 3x + 2$，$y = x + 4$ 等），看一看这个一次函数的变量及其图象是否也有类似的规律（称为一次函数的性质）。

（4）归纳总结：先写出这类函数（$k > 0$，$b > 0$ 的一次函数）的一般关系式，再写出它的性质。

在这个案例中，教师为了让学生认识学习一次函数的必要性，激发学生进一步学习的欲望，教师在一次函数性质问题的情境教学中，先出示一道能用学生已学过的知识解决的数学习题，意在承上启下，即通过它复习一次函数图象的画法，明确"一次函数 $y = kx + b$（$k \neq 0$）图象上的点（x，y）都满足关系式 $y = kx + b$（$k \neq 0$）；满足关系式 $y = kx + b$（$k \neq 0$）的 x、y 所对应的点（x，y）都在一次函数 $y = kx + b$（$k \neq 0$）的图象上"。又由它引出拓展延伸的探索问题。

第三节
数学课堂导入技能的类型

课堂导入的方法和形式是多种多样的。用什么样的导入方式，要依据教学的任务和内容、学生的年龄特征和心理特征，灵活地加以运用。绝不能采用某种固定的模式，也不能机械照搬套用。不同的学科、不同的教材、不同的学生要采用不同的导入方法。数学课堂导入技能，常用的有如下几种：

一、直接导入

直接导入，是教师向学生直接阐明学习目的和要求、主要教学内容及教学程序等的导入方法。教师简练、明快的讲述或设问，是直接导入成功的关键。

【例 2-5】乘除法的关系的导入教学

师：我们做过很多乘除法的题目，到底什么叫乘法？什么叫除法？乘除法之间有什么关系呢？今天我们在已学过的知识的基础上来学习"乘除法的关系"。

【例 2-6】弧度制概念的导入教学

师：以前我们研究角的度量时，规定周角的 $\frac{1}{360}$ 为 1 度的角，这种度量角的制度叫角度制。今天我们学习另外一种度量角的常用制度——弧度制。本节主要要求是：①了解弧度制的产生，理解弧度制的概念，熟练运用弧度的定义解决问题；②掌握角度制与弧度制的换算，并熟练地进行换算操作。

直接导入的方法简单、用时少、开门见山、和盘托出，能使学生对所学知识一目了然。但是，这种方法比较单调，缺乏激情，因而不易激发学生学习数学的兴趣。在低年级教学中应尽量少用或有控制地使用。

二、经验导入

经验导入，是教师从学生已有的生活经验和现实素材出发，通过生动的讲解、谈话或提问，引起学生回忆而自然地导入新课的方法。

【例 2-7】有理数加法的导入教学

师：小明在一条东西走向的跑道上向东行走，先走了 20 米，又走了 30 米，他现在位于原来的哪个方向？与原来位置相距多少米？

生：小明现在位于原来位置的东方，与原来位置相距 50 米。

师：小明在一条东西走向的跑道上，先走了 20 米，又走了 30 米，他现在位于原来的哪个方向？与原来位置相距多少米？

生：小明行走的方向不明确，要确定小明的方向和距离要知道两次运动的方向。

师：很好！你已经注意到了要明确两次运动的方向，那怎么做呢？

生：分类讨论！有可能两次都是向东运动，也有可能两次都是向西运动。

师：还有其他可能的情况吗？

生：还有可能第一次向东运动，第二次向西运动或者第一次向西运动，第二次向东运动。

师：非常好！谁来总结一下这四种情况的结果？

生：①若第一次向东走 20 米，第二次向东走 30 米，则小明现在位于原来位置的东方，与原来位置相距 50 米；

②若第一次向西走 20 米，第二次向西走 30 米，则小明现在位于原来位置的西方，与原来位置相距 50 米；

③若第一次向东走 20 米，第二次向西走 30 米，则小明现在位于原来位置的西方，与原来位置相距 10 米；

④若第一次向西走 20 米，第二次向东走 30 米，则小明现在位于原来位置的东方，与原来位置相距 10 米。

师：那我们怎么用不同的算式直接体现这四种情况呢？这就是本节课要学习的内容了——有理数加法。

应用经验导入，需要教师了解学生的学习、生活情况，注意平时的培养和积累。如组织、引导学生观察大自然，深入工厂、街道、农村了解社会，以丰富学生的学习、生活经验，为学习提供必要的感性材料。

三、旧知识导入

旧知识导入，是一种根据已知探索未知的导入方法。科学知识是系统连贯的，新知识是在一定的旧知识的基础上发展而来的，接受新知识需要学生具备一定的知识基础，如果学生对已学过的知识忘记了，或模糊不清，接受新知识就会发生困难。旧知识导入主要是利用了新、旧知识之间的逻辑关系，即旧知识是新知识的基础，新知识是旧知识的发展与延伸，从而找出新、旧知识之间的联结点，由旧知识的复习迁移到新知识的学习，从而导入新课。教育学家苏霍姆林斯基说："教给学生借助已有知识获得新知识的方法，这是最高的教学技巧。"孔子也说："温故而知新，可以为师矣"。我们通常所说的复习导入、练习导入、类比旧知识导入等均可归入旧知识导入，这种导入也是最常用的新课导入方法。这种导入方法使学生感到新知识并不陌生，便于将新知识纳入原有的认知结构中降低学习新知识的难度，易于引导学生参与学习。

简言之，旧知识导入，就是从回顾旧知识、做练习、做类比等复习旧知识的教学活动开始，为新知识提供支撑点来导入新课的方法。

【例 2-8】双曲线的定义及标准方程的导入教学

师：同学们还记得椭圆的定义是什么吗？椭圆的标准方程又是什么呢？

（学生口述椭圆的两个定义和标准方程，教师利用投影仪把椭圆的定义、标准方程和图象放出来）

师：椭圆的两个定义虽然都是由轨迹的问题引出来的，但所采用的方法是不同的。定义二是在认识上已经把椭圆和方程统一起来，在掌握了坐标法基础上利用坐标方法建立轨迹方程，这是通过方程认识轨迹曲线。定义中设定的常数 $2a$，$|F_1F_2|=2c$，它们之间的变化对椭圆有什么影响？

生：当 $a=c$ 时，相应的轨迹是线段 F_1F_2。当 $a<c$ 时，轨迹不存在。这是因为 a、c 的关系违背了三角形中边与边之间的关系。

师：如果把椭圆定义中的"平面内与两个定点 F_1、F_2 的距离的和"改写为"距离的——差（这里的破折号表示讲授时语速要慢，以留时间给学生回答）"，那么点的轨迹会怎样？它的方程又是怎样的呢？

（师生共同做一个简单的实验，请同学们把准备好的实验用具拿出来，一起做实验。教师把教具挂在黑板上，同时板书：平面内与两个定点 F_1、F_2 的距离之差为常数的点的轨迹是什么曲线？边画、边操作、边说明）

师：做法是适当选取两定点 F_1、F_2，将拉锁拉开一段，其中一边的端点固定在 F_1 处，在另一边上截取一段 AF_2（$<F_1F_2$），作为动点 M 到两定点 F_1 和 F_2 的距离之差。而后把它固定在 F_2 处。这时将铅笔（粉笔）置于 M 处，于是随着拉锁的逐渐打开，铅笔就徐徐画出一条曲线；同理可画出另一支，如图 2–2 所示。

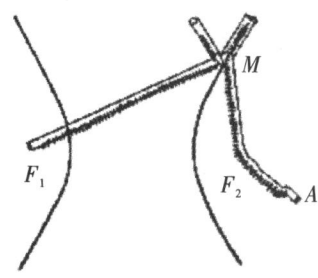

图 2–2

师：通过这个实验，你们发现了什么？

生：所画的曲线不是椭圆，是两条相同的曲线，只是位置不同。其原因都是应用平面内与两个定点的距离之差 $|MF_1|-|MF_2|$（或 $|MF_2|-|MF_1|$）是同一常数的条件画图的。

师：所画出图象与椭圆完全不同，能说出属于哪一类曲线吗？

生：属于双曲型曲线。

师：很好！我们把这类曲线就叫作双曲线。我们思考以下几个问题：

问题一：$|MF_1|$ 和 $|MF_2|$ 哪个大？

生：不一定。当点 M 在双曲线右支时，有 $|MF_1|>|MF_2|$，当点 M 在双曲线左支时，$|MF_1|<|MF_2|$。

师：问题二：点 M 与点 F_1、F_2 距离之差是否就应是 $|MF_1|-|MF_2|$？

生：未必是。也可以是 $|MF_2|-|MF_1|$。

师：如何表示这两种情况？

生：若要同时表示这两种情况，正确的表示是 $||MF_1|-|MF_2||$。无论哪种情况总是成立的。

师：问题三：点 M 与点 F_1、F_2 的距离之差的绝对值与 $|F_1F_2|$ 的大小关系怎样？

生：由三角形的两边之差小于第三边可知，应是小于 $|F_1F_2|$。否则作不出图形。

（在上述讨论的基础上，引导学生概括出双曲线的定义，教师板书课题）

（学生试叙述，教师协助完成）

双曲线的定义：平面内与两个定点 F_1、F_2 的距离的差的绝对值是常数 $2a$（$a>0$ 且 $2a$ 小于 $|F_1F_2|$）的点的轨迹叫作双曲线。这两个定点叫作双曲线的焦点，这两个焦点间的距离叫作焦距，记作 $2c$（$c>0$）。

使用旧知识导入，教师一定要摸清学生原有的认知水平，要精选导入的内容，使之过渡自然。

四、直观导入

直观导入是指教师利用实物、教具（挂图、模型、图表、投影片、幻灯片、电影、录像等），引起学生的兴趣，引导学生进行观察、分析，再从观察中提出问题，创设研究问题的情境的导入方法。这种导入方法建立在直观的基础上，引导学生通过各种感官直接或间接地感知具体事物的形象，使学生获得鲜明的表象，进而提出新问题，从解决问题入手，自然地过渡到新课的学习；同时又有利于学生由形象思维过渡到抽象思维，为学生抽象思维的形成奠定感性的认知基础。

数学教学的直观手段分为感官直观与思维直观两个层次，这是由数学的特点和数学的认知特点所决定的。从数学教材的内容所呈现的逻辑结构来看，较高级的抽象层次是建立在较低级的抽象层次基础上的；从认知的角度讲，也要先从对客观事物的直接认识出发，形成对教材内容逻辑结构的把握。

（一）感官直观层次的直观手段

1. 实物直观

实物直观是指在教师的指导下，让中学生直接接触大自然，获得对大自然的直接感知，从中抽象出所需学习的数学概念，形成鲜明的表象。实物直观有利于学生牢固地掌握特定的基本概念或基本方法，形成学习后续知识的牢固基础。[1]

【例2-9】直线与圆的位置关系[2]

师：同学们，大家还记得唐代诗人王维的《使至塞上》这首诗吗？里面有一句名句：大漠孤烟直……

生：长河落日圆。

师：很好！大家能不能简单地描绘一下"长河落日圆"的画面呢？

生：太阳在河面上缓缓落下。

师：这幅画便是"长河落日圆"的写照，给我们展现了黄河映衬着落日的残红之美。

师：在数学中，我们可以把远处横卧的长河视为一条……

生：直线。

师：临近河面逐渐下沉的一轮落日可以被看作是一个……

生：圆。

师：那么，当落日逐渐下落的时候，这个"圆"与"直线"的交点的个数会出现几种不同的情形呢？

---

[1] 张磊. 数学教学技能导论 [M]. 广州：暨南大学出版社，2015：27-28.

[2] 潘炎. 演绎"长河落日圆"之意蕴 呈现数学教学之精彩："直线与圆的位置关系"的教学设计与反思 [J]. 数学学习与研究，2014（21）：28-29.

生：有3种。
师：分别是怎样的3种？能画出草图吗？
生：

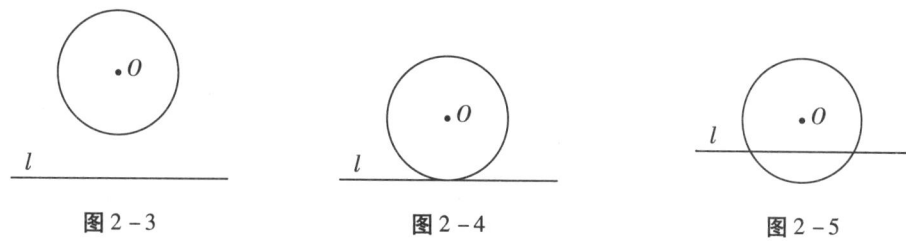

图2-3　　　　　　　图2-4　　　　　　　图2-5

另外，在教师的指导下，中学生利用所学的理论解决实际问题，从而巩固所学知识，对所学知识达到更深刻的掌握。从这种意义上讲，它也应该被视为实物直观手段。实物直观具有鲜明性、生动性和真实性，有利于学生确切地理解教材、掌握教材，有利于提高学生的学习兴趣和积极性，能激发学生的求知欲，使学生更快地掌握知识，也不易忘记。实物直观的缺点是事物的本质特征难以突显、内部不易细察。

2. 模型直观

在数学课程中，由于理论的理想性，直接观察现实世界现象有时就显得不够，不足以抽象出相应的概念和关系，因而就产生了模型这种直观教具。模型直观也叫教具直观，是直观教学的类型之一，是指为学生感知实际事物的模拟性形象提供感性材料的直观方式，如观看图片、图表、模型、幻灯片、录像、电影等。模型直观可以摆脱实物的局限性，根据教学目的对实物进行模拟、放大、缩小、突出重点，可以变静为动或变动为静，把快变慢或把慢变快，也可以变死为活、变远为近，从而把难以呈现的对象在学生面前呈现出来。模型直观还可以使抽象难懂的东西变成具体的、易认识的东西。利用模型直观，既可以使学生通过模拟大自然的状态的方法间接地认识大自然，又有利于学生从他们习惯的生活经验和常规思维转向与他们所学习的科学知识相适应的经验和思维，即理论思维过渡，有利于训练学生的思维，使其摆脱偏见和谬误。[1]

【例2-10】 求长方体的表面积

教师拿出一个长方体模型，放到讲台的右上角，让学生观察模型。

师：长方体有几个面？哪些面看得见？哪些面看不见？为什么？

教师挪动长方体的位置，学生再观察。

师：能看到几个面，为什么？

教师拿出挂图，与模型相对照，图上所画的与模型中的哪些面相对应？图中哪些面看不见，哪些面看得见？

教师在黑板上画出长方体的直观图，要求每个学生也画出一个长方体的图。指出哪些面看不见，哪些面看得见。

对照长方体和正方体的模型和挂图，我们如何来求它们的

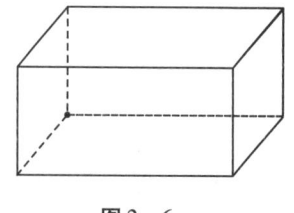

图2-6

---

[1] 张磊. 数学教学技能导论 [M]. 广州：暨南大学出版社，2015：28.

表面积呢?(点题)

板书:长方体表面积的求法。

直观导入应当注意:让学生观察的内容必须与要讲的新知识有密切联系,使学生为解决观察中产生的疑问而产生学习新知识的强烈要求。

(二)思维直观层次的直观手段

1. 数学语言直观

语言直观是实物直观和模型直观的一种辅助形式,一般指在教学中使用形象化的语言描述。数学语言是逻辑性很强的语言,通常根据所使用的主要词汇,将数学语言分为三种:文字语言、符号语言和图象语言。图象语言是数学的直观语言,它不同于实物的直观感知,而是通过抽象思维加工和概括后的产物。它形象、直观地表达数学概念、定理和法则,往往使整个思维过程变得易于把握。同时,语言直观可以不受客观条件限制,即不受时间、地点、设备的限制,但它不如实物直观感知那样鲜明、完整和稳定,它容易暗淡、动摇、中断,甚至不正确。教师在进行直观教学时,要根据教学的目的和要求,从教学内容的实际出发,结合学生身心发展的特点,才能有效地提高教学质量。[1]

【例2-11】函数的单调性[2]

师:这是一张表示某市一天24小时内的气温变化图。气温θ是关于时间t的函数,记为$\theta = f(t)$。请同学们观察这个气温变化图,说明这个气温变化图的变化趋势(上升或下降趋势)。

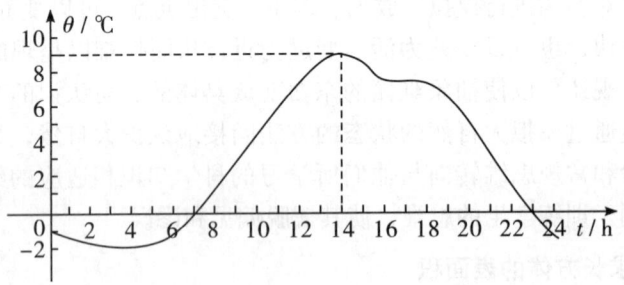

图2-7

生1:在区间$[0, 4]$上,图象呈逐渐下降趋势;在区间$[4, 14]$上,图象呈逐渐上升趋势;在区间$[14, 24]$上,图象呈逐渐下降趋势。

师:同学们观察得很仔细。那么同学们还记得初中时是怎么描述"图象呈逐渐上升趋势""图象呈逐渐下降趋势"的吗?

生2:单调性。

生3:图象呈逐渐上升趋势$\Leftrightarrow$数值y随x的增加而增加;图象呈逐渐下降趋势$\Leftrightarrow$数值y随x的增加而减小。函数的这种性质被称为函数的单调性。

---

[1] 张磊. 数学教学技能导论[M]. 广州:暨南大学出版社,2015:28-29.
[2] 文卫星. 文卫星数学课赏析[M]. 上海:华东师范大学出版社,2012:42-44.

师：同学们再看下面三个函数的图象，并说出函数的单调性。

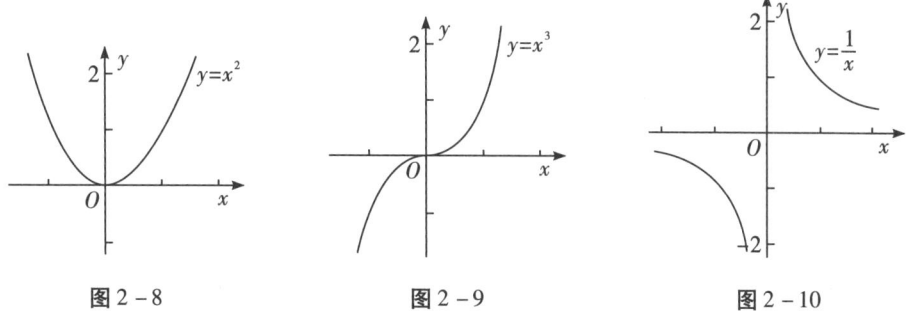

图2-8　　　　　　　图2-9　　　　　　　图2-10

生：对于函数 $y=x^2$，在区间 $(-\infty, 0]$ 上，y 随 x 的增加而减小；在区间 $[0, +\infty)$ 上，y 随 x 的增加而增大。对于函数 $y=x^3$，在区间 $(-\infty, +\infty)$ 上，y 随 x 的增加而增大。对于函数 $y=\dfrac{1}{x}$，在区间 $(-\infty, 0)$ 和区间 $(0, +\infty)$ 上，都有 y 随 x 的增加而减小。[也有学生说，对于函数 $y=\dfrac{1}{x}$，应该是在区间 $(-\infty, 0) \cup (0, +\infty)$ 上，y 随 x 的增加而减小]

师：每次都说 y 随 x 的增加而增加或 y 随 x 的增加而减小，你们有什么感觉？

生：啰唆。

师：能否简化一下？

生：能否说 y 随 x 的增加而增加的函数为增函数，y 随 x 的增加而减小的函数为减函数？

师：依你所见，图2-8既是减函数也是增函数？

生：$y=x^2$ 在区间 $(-\infty, 0]$ 上是减函数，在区间 $[0, +\infty)$ 上是增函数。$y=x^3$ 在区间 $(-\infty, +\infty)$ 上是增函数。对于函数 $y=\dfrac{1}{x}$，在区间 $(-\infty, 0)$ 和区间 $(0, +\infty)$ 上，都是减函数。[也有学生说，对于函数 $y=\dfrac{1}{x}$，在区间 $(-\infty, 0) \cup (0, +\infty)$ 上是减函数]

师：也有人说，对于函数 $y=\dfrac{1}{x}$，在区间 $(-\infty, 0) \cup (0, +\infty)$ 上是减函数，对吗？说明理由。

生：不对。当 $x=-1$ 时，$y=-1$，当 $x=1$ 时，$y=1$，y 不是随着 x 的增加而减小的。

师：对。由此看来，同一函数的增减性不仅与函数值有关，还与自变量所在区间有关。现在能确切地描述函数的增减性吗？

生：函数 $y=f(x)$ 在区间 D 上随着 x 的增加而增加（减小），则称函数 $y=f(x)$ 在区间 D 上为增函数（减函数）。

师：上述是增（减）函数的文字表述，它有利于理解但不利于推理。能用数学符号给出增（减）函数的定义吗？

生：函数 $y=f(x)$ 在区间 D 上有定义，对 D 上任意的 x_1、x_2，当 $x_1<x_2$ 时，都有 $f(x_1)<f(x_2)$ [或 $f(x_1)>f(x_2)$] 成立，则称函数 $y=f(x)$ 在区间 D 上是增（减）函数。

2. 模式直观

与借助视觉感官的模型直观不同，模式直观借助抽象思维的层次而展开。大自然具有秩序，人的思维过程则具有层次性，从比较具体的思维逐步过渡到更加抽象的思维。于是，在较高层次的思维过程中，我们可以利用较低层次的直观形象作为背景，构建推理模式。一般来说，所谓模式直观，是指以相对具体的、先前已经熟悉的、具有普遍协调感的、容易接近的模式作为背景，帮助学生进一步把握和理解更加抽象、更为深刻的思维对象。模式直观广泛存在于理性思维的过程中，许多思维策略都起源于某种模式直观。[①]

【例 2-12】 数学归纳法[②]

师：我们班有 48 名同学，有 48 个学号。第 1 号是女同学，第 2 号是女同学，第 3 号是女同学，……第 25 号还是女同学，按照这个规律排下去，咱班就都是女生了。

（话音未落教室里就热闹起来了，女生们高兴地看着男生在笑，男生们在"抗议"：老师啊，请不要忽略我们的存在好不好？）

师：看来刚才这种从特殊到一般的归纳是不对的，犯了以偏概全的错误。从这儿我们得到两个结论：

(1) 我们班学号 1~25 号的都是女同学；

(2) 我们班都是女同学。

第 (1) 个结论是正确的。结论的内容是根据学号在前 25 的事实所做的完全概括，没有越出已知事实，因此是正确的。这种推理方法叫作完全归纳法。

第 (2) 个结论是不正确的。因为学号为 26 号的是男生，这种根据部分事实推出更加一般的事实的推理方法叫作不完全归纳法。由不完全归纳法得到的结论不一定正确。

请再看下面的例子：

师：张先生的儿子姓什么？（有的说按传统习惯，姓氏在男性亲属中具有"遗传性"，张先生的儿子应该姓张。有的说，不一定，按法律规定他儿子也可以随母亲姓）

师：大家说得有道理。假如他儿子姓张，要使他以后的各代子孙都姓张，需要满足什么条件？

（学生讨论后认为，要保证他以后各代子孙都姓张，一是他家各代一定要有男孩，二是男孩必须随父姓。然后请一个学生发言）

生：以后各代都有男孩，且都子随父姓。

师：对，子随父姓，代代相传。但在目前计划生育政策的条件下，一般人很难保证做到（当然也没有必要做到），但"圣人"能做到吗？（部分学生对圣人是谁，一时不理

[①] 张磊. 数学教学技能导论 [M]. 广州：暨南大学出版社，2015：28-29.

[②] 文卫星. 文卫星数学课赏析 [M]. 上海：华东师范大学出版社，2012：115-117.

解,做出提示:中国的圣人是谁?)

生:孔子。

师:孔子的第79代孙子有的现居住在海外,按目前情况判断,孔子的79代孙子及以后的各代孙子都姓孔,这话对吗?

生1:对,因为生活在中国内地以外的华人不受计划生育政策的影响,且有子随父姓的习惯,至于每代都有男孩,根据遗传学规律,应该不成问题。

师:我们能从这个生活中的问题中提炼出什么?设法把它抽象成数学问题。(学生讨论,教师参与,当多数学生形成结论时,请学生回答)

生2:人的代数是自然数,因而这是一个与自然数有关的命题,对某个自然数 n_0 成立(相当于孔子这一代姓孔),若能保证对 n_0 以后的自然数都成立(相当于孔子的儿孙后代都姓孔),就可以说对从 n_0 起的所有自然数,命题都成立(至此,引入数学归纳法的定义已经水到渠成)。

五、实验导入

实验导入,就是通过教师的实验演示或学生的实验操作来导入新课的方法。

学生在学习之始的心理活动特征是好奇的,要求解惑的心情急迫,在学习某些章节的开始,教师可演示具有启发性、趣味性的实验,或让学生自己进行实验操作,使学生在感官上承受大量色、嗅、态、声、光、电、动和静诸方面的刺激,同时提出若干思考问题,巧布疑阵。

【例2-13】不等式的证明——分析法

师:前面几节课,我们学习了证明不等式的几种方法,如比较法、公式法、综合法等。今天,我们还要向大家介绍一种方法,不过,大家先别着急,先看老师做个实验。(演示)我这里有一杯糖水,来,大家尝尝,甜不甜?(找几名学生品尝)

师:甜不甜?

生:不太甜。

师:好,我们再加一勺糖,重新尝尝。

生:比刚才甜了。

师:好,这是我们生活中经常遇到的现象。大家想想,这里面蕴含着什么数学知识?

[以下引导学生得出不等式 $\frac{a}{b} < \frac{a+m}{b+m}$ ($a<b$, a, b, $m \in \mathbf{R}^+$),并进行后续教学]

【评析】不等式的证明是高中数学的难点之一,学生常常感到枯燥、乏味。此案例中教师通过一个具体的活动,让学生感受到了不等式在实际生活中的应用,激发了学生的学习兴趣,形成了进一步探究的欲望。在实际教学中,应用实验导入新课时,教师要注意选择合适的实验内容,使学生对实验内容既感兴趣,又易于在课堂上操作,同时与新课题又紧密联系。

【例2-14】认识三角形——三角形三边关系

【课前准备】课前让学生准备好5根细木棍,长度分别是6,8,10,14,15。

师：什么叫三角形？

生：由不在同一直线上的三条线段首尾顺次连接所组成的封闭图形叫作三角形。

师：通过前面的学习，我们知道一个三角形由三条线段组成，那么是否以任意三条线段为边都能组成一个三角形呢？

（有些学生马上脱口而出"能围成三角形"，有些则摇摇头说"不一定"，也有少数学生沉默不语）

师：下面，大家拿出准备好的木棍，按下列四种情形去组构三角形，看能否组成三角形，并观察其形状。

(1) 6, 8, 10；(2) 6, 10, 14；(3) 6, 8, 14；(4) 15, 6, 8

通过观察这一简便的操作活动，学生们大为震惊，认识到不是任意的三条线段都能组成一个三角形，那么具备什么条件的三条线段一定能组成一个三角形呢？这时学生迫切需要解决问题的心理要求极为强烈，为接下来的探索活动奠定了基础。

【评析】这个导入设计操作性强，不仅学生很感兴趣，而且富有启发性。学生通过操作，积极思考，能体会到几组数据中蕴含的三角形的三边关系。在实际教学中，还可以结合具体内容，运用故事导入、悬念导入等其他方式激发学生的学习兴趣。

六、设疑导入

所谓设疑导入，就是通过编拟符合学生认知水平、形式多样且富有启发性的问题，引起学生回忆，联想并渗透本课学习目标、研究的主题来导入新课的方法。

疑是思之始，学之端。"学贵有疑"。"疑"是学生思维的积极表现，又是探索问题的动力。南宋理学家朱熹在《朱子语类》中指出："读书无疑者，须教有疑，有疑者，却要无疑，到这里方是长进。"陆九渊在《陆九渊集》中也说："小疑则小进，大疑则大进。"向学生提出恰当的疑问，往往能刺激学生的好奇心，激发学生的兴趣，调动学生学习的积极性。而且，数学本身就是在提出问题和解决问题的过程中发展的。因而向学生提出问题，让学生产生疑问，是引入新课的一种好方法。[①]

【例2-15】余弦定理

师：我们都熟悉直角三角形的三边满足勾股定理：$c^2 = a^2 + b^2$，那么非直角三角形的三边关系怎样呢？锐角三角形的三边是否 $c^2 = a^2 + b^2 - x$？钝角三角形中钝角的对边 c 是否满足关系 $c^2 = a^2 + b^2 + x$？假如有以上关系，那么 $x = $？

【评析】教师从这个具有吸引力和启发性的"设疑"引入了对余弦定理的推证。

【例2-16】立体几何"球冠"

师：由三个平行平面截一个球恰好把球的一条直径截成四等分，试问：截得球面的4部分面积大小如何？

（教师留2分钟给学生观察议论，学生一般猜测两头面积比较小，中间的两"圈"

[①] 毛晓明. 浅谈新课标下数学课堂教学中的导入技能 [J]. 新课程（上），2013（2）：39.

面积比较大）

教师这时却肯定地说："这4部分面积是一样的，都是球面积的$\frac{1}{4}$。"

师：这难道不可能吗？两头看起来确实好像比较小，中间的圈要比较大，可是它们的面积相等却是事实！让我们来学习今天的内容——球冠。

【评析】通过这个内容的学习，同学们自己就可以解开球的4部分的面积为什么相等的谜。学生带着这个疑团来学习新课，不仅能提高注意力，而且这个结论也将使学生经久不忘。

七、悬念导入

悬念导入就是教师运用"悬念"的手法，给学生留下悬念性的问题而导入新课的方法。布鲁纳认为，"教学过程是一种提出问题和解决问题的持续不断的活动"。有经验的教师经常设计一些学生急于解决，但运用已有知识和方法一时无法解决的问题，形成激发学生探究知识的悬念而引入课题。

【例2-17】相似三角形的判定

师（教师讲故事时利用多媒体展示情境图片）：古希腊有个哲学家泰勒斯旅行到埃及，在一个晴朗的日子里，埃及伊系神殿的司祭长陪同他去参观胡夫金字塔，泰勒斯问司祭长："有谁知道这金字塔多高？"司祭长告诉他："没有人知道，古书中没有告诉这个。"泰勒斯说："我可以根据自己身高测出塔的高度。"众人感到惊讶。说完，泰勒斯随即从白长袍中取出一条结绳，在他的助手的帮助下很快测出塔高131米。

故事讲完了，学生们都产生了疑惑，兴致很高。

接着教师问："谁能说出他是怎样测出塔的高度的？"

学生们面面相觑，回答不出，这时教师顺势利导，告诉学生：下面将要学习的"相似三角形的判定方法"就能帮助回答这个问题。

【评析】等学完新课后，师生再回过头来思考泰勒斯测量金字塔高度的原理。这样一个持续的问题情境贯穿于整个课堂教学，激发了学生的思维，提高了学生学习的兴趣，同时也培养了学生应用数学知识解决实际问题的意识。

【例2-18】二元一次方程组

师：康熙微服南巡经过扬州，碰到一个牛贩子跟两个差役在争执。牛贩子跟一个差役说："你买了我2头牛、3匹马，应付我26两银子。"又跟另一个差役说："你买了我1头牛、3匹马，应付我22两银子。现在你们总共只付我40两银子，那怎么了得？"可是那两个差役蛮不讲理，拒不给钱。康熙见此情景，便站出来说："买卖公平，天经地义。"两个差役见出来一个管闲事的，就蛮横地说："那你说说每头牛和每匹马的单价。"康熙低头沉思了一会儿，就说出了牛和马的单价。两个差役虽然很是惊诧，但还是拒不给钱。最后，康熙拿出玉玺，两个差役吓得连连磕头谢罪并补上银两。

（听完这个故事，学生们对康熙能如此迅速地计算出牛和马的单价都感到无比惊讶）

师(不失时机地问):你们想知道他是怎样快速解决的吗?今天,就让我们一起来做"皇帝",给两个差役上一节数学课。(根据故事内容提出问题,让学生自主思考,调动他们探究问题的热情,并培养学生独立思索问题的能力。通过角色扮演,探究学习,层层引导,列出方程式,从一元一次方程过渡到二元一次方程的学习)

接下来通过分析对问题的解决方法,展开对二元一次方程组的认识与学习。

悬念导入时悬念的设置要适度。不悬会让学生一眼望穿,则无念可思;太悬会使学生无从下手,也就会无趣可激;只有在悬中寓实,才能引起学生开动脑筋、琢磨思考,兴趣盎然地去探索未知。

八、故事导入

故事导入法就是运用讲故事的形式导入新课的方法。根据青少年的心理特点,以与数学内容有关的故事作为导入,能激起学生对将要学习内容的极大兴趣,激发他们的求知欲,特别是对学习热情较差的学生更起作用。故事导入法是深受低年级学生欢迎的导入方法之一。在故事导入中,有的故事可以唤起学生的生活经验,从中抽象出数学知识;有的是通过故事的形式引导学生去解决生活中的一些简单数学问题。故事导入法能给数学课增加趣味性,帮助学生展开思维,丰富联想,使学生很自然地进入最佳学习状态。

教师可通过具体描述生活中熟悉的事例;介绍新颖、醒目的趣闻;讲述妙趣横生的典故及联系紧密的动人故事等方式导入新课。这种导入可避免平铺直叙之弊,收寓教于趣之效。

【例2-19】被除数、除数的末尾有"0"的有余数除法

师:同学们,现在老师给大家讲一个"八戒分桃"的故事。一天,猪八戒到花果山去玩,恰好孙悟空不在家。八戒便带着20只小猴子去摘了90个又大又红的桃子。八戒对小猴子们说:"按理,你们每人分得4个桃子,剩下一个就给俺老猪吧!"他怕小猴子们不相信,还列了一个算式给小猴子们看:$20\overline{)90}\atop{\underline{8}}\atop{1}$处有算式$\begin{array}{r}4\\[-3pt]\end{array}$,小猴子们看过算式,便高兴地拿着桃子跑开了。悟空回来后知道了这件事,便斥责八戒不老实,欺骗不懂事的小猴子。八戒吓得连连求饶:"下次再不敢,猴哥饶命啊!"小猴子们都弄糊涂了。直到悟空把其中的道理讲给他们听,它们才知道上当了。

学生们被故事吸引住了,教师顺势提问:

八戒在计算时用到了除法的什么性质?

八戒列的式子和上节课学的有什么不同?

八戒分得对吗?

悟空讲了一个什么道理给小猴子们听?

等学完这节课的内容,你们就知道了。(板书课题)

九、游戏导入

游戏导入法就是通过与新知识有关的游戏而导入本节课题的导入方法。

心理学家弗洛伊德指出,"游戏是由愉快原则促动的,它是满足的源泉"。游戏是儿童的天堂,做游戏可以满足他们爱动好玩的心理,使注意力不但能持久、稳定,而且注意的紧张程度也较高。在游戏中,儿童的情绪始终很高涨,并在愉快的气氛中进行着。在数学教学中,游戏也是一种很好的教学活动形式,因为游戏的特点符合儿童好动、好奇的心理特点和年龄特征,尤其适合低年级教学的需要。它能使学生的思维一直处于活跃状态,并能集中他们的注意力,激发其学习兴趣。

【例 2-20】随机事件与概率

师:同学们,老师现在手中有红、黄、白 3 个乒乓球。这 3 个乒乓球除了颜色不一样,大小形状都相同。现在,请问同学们,你们喜欢哪种颜色的球呀?

(有的同学喜欢红球,有的同学喜欢黄球,还有的同学喜欢白球)

师:我们接着用这 3 个乒乓球做一个游戏:把这 3 个乒乓球放在一个空盒子里,摇一摇。然后请一个同学上来摸出一个球,看是不是他喜欢的那种颜色的球。

有谁愿意上来玩这个游戏呀?

生:我!我!

师:小明同学,你喜欢什么颜色的球呢?

生:我喜欢黄色球。

师:好,那现在请你闭着眼睛摸出一个乒乓球。

(小明没摸到黄色球)

师:有点可惜呀,小明摸出了一个红色球。不过没关系,同学们,我们再给小明一次机会好不好?

生:好!

师:好,那老师再给你一次机会,让你再摸一次,第二次你可要加油哦。

……

十、数学史导入

数学史导入是指教师在开展教学活动前,利用数学历史上的一些故事、趣闻、名人名题等来创设生动幽默、富有人情味和启迪性的问题情境,激发学生的好奇心,从而唤起学生的求知欲,使学生能够积极主动地投入到即将开始的数学学习与探究活动中去。

【例 2-21】对数概念[①]

1. 问题引入

问题 1：请计算下面的式子（不使用计算器）。

(1) 32×256　　(2) $4\,096 \div 128$　　(3) 16^3　　(4) $\sqrt{16\,384}$

教师活动：请学生回答计算结果并谈谈计算的感受。

学生活动：计算并发表感受（计算量大）。

历史上，科学家也曾经遇到相同的问题！

背景介绍：在 16 世纪，随着哥白尼"日心说"的盛行，天文学也蓬勃发展。欧洲人渐渐热衷于地理探险和海洋贸易，特别是地理探险需要更准确的天文知识，需要对庞大的"天文数据"进行快速和准确的计算。但那时候还没有计算机，人们迫切需要找到一种方法提高运算效率。那该怎么办呢？

设计意图：通过一组运算量较大的计算题使学生产生认知障碍，结合对数产生的历史背景，使学生体会到现实生活对数学发展的推动作用，激发学生寻找新的运算方法的动力。

2. 探究发现

问题 2：阅读下列资料，回答问题。

1714 年，德国数学家斯蒂菲尔研究了下面表 2-1 的两行数：

表 2-1

0	1	2	3	4	5	6	7	8	9	10	11	12	13	14
1	2	4	8	16	32	64	128	256	512	1 024	2 048	4 096	8 192	16 384

请大家想一想，斯蒂菲尔会发现其中的什么规律呢？

学生活动：思考并发现规律。

教师活动：（归纳结论）若设第一行的数为 n 的话，那么第二行对应的数则为 2^n。

问题 3：后来，英国数学家纳皮尔受到这个表格的启发，发现了可以利用这个规律来简便计算问题 1 中的题目！同学们，你们知道他是怎么做的吗？

学生活动：思考问题并进行猜想。

教师活动：肯定学生的发现，并总结纳皮尔的发现。第一列数的加减运算结果与第二列数的乘除运算结果之间存在着对应关系。例如，要计算 32×256，则计算其对应的第一行的数 5 和 8 的和得到 13，再找到 13 对应的第二行的结果 8 192 即可。

引导学生给出简化算法：

$32 \times 256 = 2^5 \times 2^8 = 2^{5+8} = 2^{13} = 8\,192$；

$4\,096 \div 128 = 2^{12} \div 2^7 = 2^{12-7} = 2^5 = 32$；

$16^3 = (2^4)^3 = 2^{12} = 4\,096$；

[①] 江灼豪，张琳琳，何小亚. 基于数学史的对数概念教学设计 [J]. 中学数学研究，2015 (9)：10-13.

$\sqrt{16\,384} = (2^{14})^{\frac{1}{2}} = 2^7 = 128$。

问题4：这四个式子的运算方法有什么共同特点吗？

学生活动：思考问题，并尝试做出回答。

教师活动：补充学生的想法，共同特点：把每个要运算的数转化为 2^x。这样就可以将整数的乘法、除法、乘方和开方转化为对应指数的加法、减法、乘法和除法，起到简化运算的作用。

设计意图：在学生尚未形成对数的概念时，先给出一组比较特殊的数字，通过寻找规律并将其运用到化简计算的探究过程，使学生初步体会到对数在化简一些复杂计算时的作用。

3. 变式思考

问题5：把问题1的第（1）问改成 132×156，还能否用同样的方法解决呢？

学生活动：可能质疑原来的方法行不通，也可能想到利用非整数的指数幂。

教师活动：根据前面的分析，要判断能否用同样的方法，就要看132和156能否写成 2^x。由指数函数的图象和性质可知，指数函数 $y=2^x$ 的值域为 $(0, +\infty)$，对于132和156，都存在唯一对应的 x 值。

通过几何画板的动态展示，将132和156分别表示成 2^x，再用同样的方法即可解出近似解。

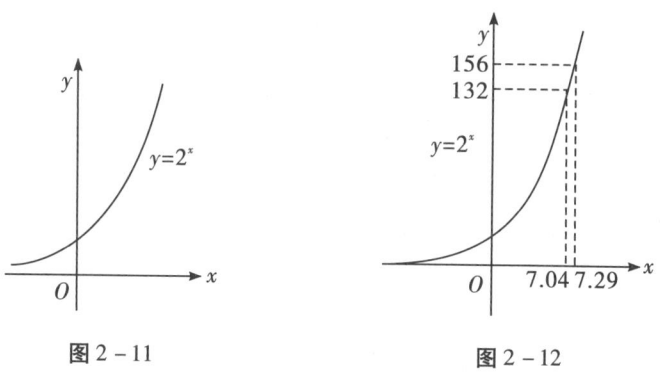

图 2-11　　　　　图 2-12

这就给了当时的科学家一个启示：如果制作出了足够多组数的表格，就可以利用它来计算类似的问题了。而历史上许多数学家为了这项工作奉献了毕生的精力。

背景介绍：纳皮尔花了20多年的时间编制出这样的表格，不过他选取的底数不是2，而是一个较复杂的数。后来英国数学家布里格斯专程拜访了纳皮尔，建议将底数改为10，符合人们使用十进制的习惯。布里格斯花了大量的时间和精力，终于在1617年编制了以10为底的表格，以供人们计算较大的数据。

表 2-2 就是布里格斯所编制的表格（部分示例）。

表 2-2

N	以 10 为底	N	以 10 为底
1	0.000 000 000 000 00	8	0.903 089 986 991 94
2	0.301 029 995 663 98	9	0.954 242 509 439 32
3	0.477 121 254 719 66	10	1.000 000 000 000 00
4	0.602 059 991 327 96	11	1.041 392 685 158 22
5	0.698 970 004 336 02	12	1.079 181 246 047 62
6	0.778 151 250 383 64	13	1.113 943 352 306 83
7	0.845 098 040 014 26	…	…

注：编制这种表格的关键，就是对于每一个 N（$N>0$），令 $N=10^x$，再把 x 表示出来。

设计意图：对算式进行变形，激发学生继续思考的动力。回顾数学史上对数表的发明，使学生了解数学家在解决问题的过程中所做的努力，培养学生锲而不舍的探究精神和科学态度。

数学史对揭示数学知识的来源和数学发展的规律，激发学生的学习兴趣都有着特殊的、不可替代的作用。适当地引入数学史知识，有利于激发学生学习数学的兴趣。浓厚的学习兴趣能够有效地诱发学生的学习动机，促使学生自觉地集中注意力，全神贯注地投入到学习活动中；浓厚的学习兴趣能帮助学生在繁重的学习过程中抑制疲劳，产生愉快情绪。

第四节
数学课堂导入技能的实施要点

各种不同的导入类型，在设计和实施中，需符合一定的要求，才能导之有方。

一、导入要遵循针对性，切忌漫无目的

导入要针对教材内容，明确教学目标，抓住教学内容的重点、难点和关键点，从学生实际出发，抓住学生年龄特点、知识基础、学习心理、兴趣爱好等特征，做到有的放矢。"导"是辅助，"入"才是根本。导入要有助于学生初步明确将要学习什么，怎么学，为什么学。要针对教学内容的特点与学生实际，采用适当的导入方法。

二、导入要体现启发性，切忌导而不入

如果设计的导入不能启发学生积极思考，学生是很难进入角色的。积极的思维活动是数学课堂教学成功的关键，因此，富有启发性、趣味性的导入才能引导学生发现问题，激发学生解决问题的强烈愿望，能营造愉快的学习氛围，促使学生自主进入探求知识的境界，起到抛砖引玉的作用。

三、导入要富有趣味性，切忌枯燥乏味

"兴趣是最好的老师。"兴趣可以激发一定的情感，可以唤起某种动机，可以引导学生成为学习的主人。可以说，把握好每节课起始阶段激发兴趣的契机，学生的学习效果就有了一半的保证。

四、导入要讲究多样性，切忌千篇一律

导入应根据不同的教学内容、教学对象和课型，灵活多变地采用各种方法，做到巧妙、新颖。固定单一的导入方法会使学生感到枯燥、呆板，这就要求教师除了有精湛的演讲技艺外，还必须有丰富的资源和广博的知识。这样，教师才能灵活运用各种各样的导入方法，从而使导入更加活泼，更加引人入胜。

五、导入要注意时效性，切忌拖沓冗长

课堂导入作为课堂教学的前奏曲，虽然是课堂教学的一个重要环节，但并不是中心环节，只是为中心环节做铺垫。所以，课堂导入的时间不宜过长，否则会影响新课的教学。教师在课堂导入阶段应言简意赅，用最少的话语，花最少的时间，取得最好的导入效果。因此，导入的过程要紧凑，导入时间控制在 3～5 分钟为宜。

○实践与反思

1. 课堂导入有什么作用？
2. 选一段导入课的录像，说出该课属于哪种类型；在导入过程中，教师是如何体现导课技能要求的。
3. 选择一个教学片断，对导课技能进行微格实践，并说明：
（1）教学目的是什么？
（2）为什么选用这种类型的导入？
（3）请结合导入的原则，对自己的导入课进行评价。

第三章
数学课堂讲解技能

第一节
数学课堂讲解技能概述

语言是人类最重要的交际工具，也是思维工具。语言是以语音为物质外壳，以词汇为建筑材料，以语法为结构规律而构成的体系，是一种特殊的社会现象。人类文明的发展，在很大程度上是由于人们具有借助语言进行创造性思维，分享经验、交流思想和传播知识的能力；倘若没有语言，文明简直无从谈起。教师作为传道、授业、解惑者，要对学生进行思想教育和知识传授，当然不能不借助语言这一工具。

讲解技能就是教师运用语言向学生传授知识和方法、促进智力发展、表达思想感情的一类教学行为。讲解技能在教学中的广泛运用源远流长，从两千多年前孔子的"私学"和柏拉图的"学园"，延续至今，讲解成了教学的最基本的手段。它之所以一直受偏爱，是因为它在较短时间内能较简捷地传授大量的知识；可以方便、及时地向学生提出问题，指出解决问题的途径；教材中微观、抽象的内容，可以通过教师的讲解帮助学生理解和掌握，讲解为教师传播知识提供了充分的主动权和控制权。它是教师进行教学、教育活动所不可缺少的手段。即使在当今现代技术大量应用于教学领域的时候，也不能忽视和削弱讲解技能在教学中的重要作用。实践证明，教师对教学内容，对学生对象，对事物的思考、分析和判断是否正确、深刻，都集中在他的语言表达上显示出来。总之，准确、流畅、清晰、生动的描述，循循善诱、层层推理、点点入微的讲解，可使学生晓之以理、动之以情、导之以行。

讲解的实质是建立新知识与学生原有知识经验之间的联系。新旧知识的获得，主要依赖认知结构中适当的观念，并通过新旧知识的相互作用，说明新旧知识的关系，填补学生原有经验与新知识之间的沟缝以及剖析新知识本身各要素之间的关系，是讲解的主要任务。讲解有两个特点：其一，在主客体知识传播中，语言是主要媒体。因此，培养内部组织语言能力（"想"好"为什么说""对谁说"以及说明的意向与要点）、快速语言编码能力（注意储备口语词汇，懂得语法规范）、运用语言表情达意的能力（善于运用语言、语调、语速、语量的变化表情达意，令人爱听，使之动听），是讲解好的前提。

其二,知识传授中由主体转向客体,具有单向性,学生常处于被动地位。讲解的特点如图 3-1 所示。

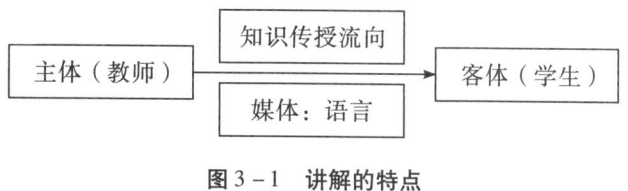

图 3-1 讲解的特点

第二节
数学课堂讲解技能的作用

数学课堂讲解的首要作用是引导学生在原有认知结构的基础上,感知、理解、掌握新概念、新原理,并能应用新旧知识解决新问题。在教学过程中,使用讲解的手段解释教材、说明图表、解答疑难等,可帮助学生明了得出结论的思维过程和探讨方法,提升学生的认识能力(如观察力、思维力、想象力等)和实践能力(如运算能力、实验操作能力、设计能力等)。使用讲解的手段还可以向学生讲解相关的古今数学文化,培养学生的学习意志和审美情趣。具体来说,数学课堂讲解技能有如下作用:[①]

一、高效、省时地传授基础知识

古往今来的教学实践证明,在课堂讲解中,教师起主要作用,教师把学生所要学习的内容以系统的形式呈现给学生,使学生在短时间内获得大量的信息,最终让学生理解重要事实,形成概念、原理、规律和法则等系统的知识体系。用时短、容量大、效率高是课堂讲解的一大特点,它方便及时向学生提出问题并讲解问题,为教师传授知识提供了充分的主动权和控制权,这都是讲解之所以能成为成功的课堂教学中屡试不爽的重要手段的原因。现代课堂的有效教学对教学的高效性需求更是有增无减。

二、全面、深刻地揭示内在本质

《义务教育数学课程标准(2011 年版)》明确指出,数学教学活动必须建立在学生的认知发展水平和已有的知识经验基础之上。教师应激发学生的学习积极性,向学生提供充分从事数学活动的机会,帮助他们在自主探索和合作交流的过程中真正理解和掌握基本的数学知识和技能、数学思想和方法,获得基本的数学活动经验。学生由于掌握的知识有限,未能形成系统的知识体系,所以在对待新知识时就无法从联系的高度出发,把握新知识与旧知识之间内在的本质联系,因而也就不能行之有效地理解和掌握新知识。

---

① 张磊. 数学教学技能导论[M]. 广州:暨南大学出版社,2015:136-137.

此时，教师的讲解就显得十分重要。教师的讲解需联系教材和学生的实际，利用富有启发性的讲解来揭示本质联系，使学生充分提取原有数学认知结构中的相关知识，明确学习所要达到的目的和要求，透过现象看本质，完成对新知识的理解和掌握。

三、科学、准确地诠释重难点

数学课堂教学过程是为了实现数学教学目标而展开的，准确把握教材中的重难点，是完成教学目标的基础和前提。特级教师支玉恒说："那种把教材所有内容事无巨细都钻得深而透的做法，并非聪明之举，如果进而把这些东西都纳入教学计划当中，则更是弊多利少。面面俱到其实面面不到。浅尝辄止，水过地皮湿式的教学，是绝对不可取的。因此，吃透教材，首先是吃透教材的重点内容。"那么，哪些是教材的重点和难点内容呢？又该怎样来消化理解这些重难点呢？这就需要教师在课堂教学中通过讲解来指出。学生通过教师的讲解引导，提取原有数学认知结构中的相关知识，把新的学习对象同化于原有数学认知结构中去，从而产生新的思维，理解并吸收新知识。这些无不归功于教师对教学内容重难点的准确诠释。

四、疑处解疑地引发学习兴趣

古之师者有云，"疑是思之始，学之端"，"于不疑处有疑，方是进矣"。疑可以激发学生自主探索的意识。当学生集中精力、情绪饱满地去挑战问题时，学习效率最高，同时在无形中强化了学习兴趣。在自学及预习新知识的过程中，学生往往因思维的局限而被动、麻木地去接受课本的概念和理论，缺乏主动探究的热情。教师在数学课堂讲解活动中，总会不时向学生追究概念中相关要素的来龙去脉，以及这样定义的原因。学生听讲时，便会循着教师的引导，逐步解决疑问，不知不觉中既培养了学习能力，又掌握了新知识，从而对学习产生更浓郁的兴趣。教师在设置悬念和讲解疑问时，要根据教材的特点，吸引学生的注意力，促使学生渴望与追求新知，激发探究新知的激情，提高学习兴趣。

第三节
数学课堂讲解技能的类型

讲解技能的类型可依据不同的标准、层次进行划分。结合我国的实际情况，数学课堂讲解技能可分为描述式、解释式、原理中心式、问题中心式等类型。下面对以上类型的特征和范例分别加以阐述。

一、描述式

描述式又称叙述式或记叙式。描述的任务在于使学生对描述的数学概念、原理、问题等的结构、要素、属性、发展和变化,有比较形象、具体的感知,或有一定深度的认识。根据描述方式不同,描述又可分为以下三种。

1. 概要性描述

即对数学概念、原理、问题等的特征、要素做概述。对这类描述要充分运用生动、形象的口头语言,引用有关数据、资料,要注意揭示数学概念、原理、问题等的结构、各层次间的关系。

【例3-1】 无理数[①]

(教师在上"无理数"一课前,先做了一个大骰子作为教具)

师:同学们,这是什么?

生:骰子!

师:它有什么用处?

生:玩游戏时用!

师:是的,玩游戏时要用到它。但是除了玩游戏外,它还有什么用处?

生:……

(面对大家的沉默,教师没有立即给出回答。他请两位同学上台,让一位同学在讲台上掷骰子,另一位同学在小数点后面记录骰子掷出的点数。所有的同学都聚精会神地看他俩的表演。随着骰子的一次次投掷,点数一点点记录,黑板上出现了一个不断延伸的小数:0.13154265123……)

师:好!暂停!同学们,如果骰子不断地掷下去,那么我们在黑板上能得到一个什么样的小数呢?它有多少位?

生:能够得到一个有无限多位的小数。

师:是无限循环小数吗?

生:不是。

师:为什么?

生:点数是掷出来的,并没有什么规律。

师:不错。这样得到的小数,一般是一个无限不循环的小数。这种无限不循环小数,与我们已经学过的有限小数、无限循环小数不同,是一类新的数,我们称它为"无理数"。这就是我们今天要学习的主题。

【评析】如果没有事先制作的教具演示,没有学生上台自己动手操作,教师的"无理数"概念讲解就显得苍白无力。对于这些比较抽象的数学概念,在解释时要考虑学生的可接受程度。

2. 程序性描述

按数学概念、原理、问题等的发展过程、步骤一步步地描述。此种描述要注意数学概念、原理、问题等发展的阶段性,抓住数学概念、原理、问题等发展的关键点。

[①] 王晓军. 数学课堂教学技能与微格训练[M]. 杭州:浙江大学出版社,2011.

【例 3-2】直线与平面垂直的判定

师：如果现在要你将一根旗杆笔直地立在操场上，怎么办呢？怎么验证此时旗杆就是和地面垂直呢？

师：将地面看成一个平面，旗杆看成一条直线，问题就转化为如何判定一条直线与一个平面垂直的问题。

生甲：可以应用前面所学的直线与平面垂直的定义解决，让旗杆与地面内的所有直线都垂直。

生乙：我不同意他的说法，原因是怎样才能找到地面上的所有直线呢？

师：到底怎样来判定直线与平面垂直呢？通常定义可以作为判定依据，同学们刚才也讨论了，若利用线面垂直的定义（如果一条直线与平面内的任意一条直线都垂直，则这条直线与该平面垂直）直接判定线面垂直，需要验证平面内的所有直线与已知直线垂直，这显然不现实。那么是否有更加简便易行的方法呢？我们自然想到的是减少平面内的直线条数，但我们至少可以减少到几条呢？

师：我们不妨先来看看一条直线的情形。如果已知直线与一个平面内的一条直线垂直，那么这条直线与该平面垂直吗？大家可以把笔当作直线，桌面看成平面，动手操作一下。（板演）

生：不垂直。

师：那两条可以吗？

生：不行。如果这两条直线平行就不行。

师：那两条直线相交的时候呢？

我们说，将书本竖直立于桌面上时，书脊与桌面是垂直的。而且我们发现书脊与书本和桌面的交线都垂直，这些交线也是桌面内的交线。有多少条这样的交线？

生：有多少张纸就有多少条。

师：老师现在将三张纸片对折，做了一个简单的"书"的模型。那么现在"书脊"与桌面垂直，而且书脊垂直于桌面六条交线。

师：（抽掉两张纸）现在呢？"书脊"与桌面垂直吗？"书脊"与桌面多少条交线垂直？

生：垂直，两条。

师：老师在抽掉纸片的时候，"书脊"是没有动的，所以"书脊"依然垂直于桌面。

到现在，我们发现平面内一条直线与已知直线垂直不能得到线面垂直，平面内两条相交直线与已知直线垂直可以得到线面垂直。一定可以吗？我们再来做一个实验。同学们拿出事先准备好的三角纸片，沿点 A 翻折一条折痕，交 BC 于点 D。

（教师边讲解边演示，学生小组交流、操作。教师在学生中找一个斜交的情况。把 BD 固定在桌面上，$\triangle CAD$ 部分绕 AD 旋转，使 BD、CD 都在桌面上）

师：在旋转的过程中，AD 在动吗？（演示）

生：动。

师：此时 AD 与桌面垂直吗？

生：不垂直。

师：为什么？

生：因为 AD 不垂直 BD、CD。根据线面垂直的定义，AD 不垂直于桌面。

师：那怎样折才能保证 AD 垂直于桌面呢？（接着，学生很自然地将 AD 折成 BC 的高）

师：（拿了一个学生折成高的情况的模型）AD 垂直桌面吗？

生：垂直。

师：为什么？（学生陷入思考）

师：我们再来回答这三个问题。①在旋转的过程中，AD 在动吗？（演示）②此时 AD 与桌面垂直吗？③为什么？

生：在旋转过程中 AD 没有动；一直与桌面垂直；因为 AD 在旋转，所以 AD 垂直桌面上所有的直线，AD 垂直于桌面。所以，直线与平面内两条直线垂直即可。

师：请同学们用数学语言总结一下刚才的结果，得出直线与平面垂直的判定定理。

生：一条直线与一个平面内的两条相交直线都垂直，则该直线与此平面垂直。

按数学概念、原理、问题等的发展顺序描述，要避免前后不分，顺序混乱；根据数学概念、原理、问题等的特点、重点来描述，这样得到的印象才会比较深刻。

3. 例证式描述

举出有代表性的、人们比较熟悉的、具有说服力的例证具体描述数学概念、原理、问题等。

【例 3-3】 注水池注水问题

学生在解决有关往水池里注水的问题时，会认为水池一边开进水管，一边开出水管，不论经过多长时间，都不会注满水池。在教学时，教师可以不急于讲解，而是引导学生寻找生活中类似的实例。

（1）追及问题。客车每小时行 40 千米，小汽车每小时行 50 千米。现在客车在小汽车前 25 千米的地方，同时沿笔直的公路行驶，多长时间小汽车能追上客车？

（2）储蓄问题。爸爸每月工资 420 元。妈妈每月工资 300 元。每月平均支出 450 元，余下的钱存在银行，几个月后能购买一台价格 1 350 元的电视机？

通过小汽车追上客车、家庭每月收支情况的实例，学生就容易弄明白，只要进水量大于出水量，经过一段时间水池就一定能注满水。[①]

二、解释式

解释式又称说明式或翻译式。通过讲解将未知与已知联系起来。按解释的内容不同又可分为：

1. 意义解释

主要对数学概念、原理、问题等进行"是什么"的解释。

[①] 郑毓信. 善于举例 [J]. 人民教育，2008 (18)：42-44.

【例3-4】一元二次方程

师：我们学习过方程的概念，哪位同学可以告诉老师，什么是方程？

生1：含有未知数的等式。

师：对。我们还学习了一些简单的方程，比如一元一次方程。哪位同学可以给出一元一次方程的定义？

生2：含有一个未知数，而且未知数的最高次数是1的等式。

师：对。那它的一般形式可以怎样表示呢？

生2：$ax+b=0$，$a\neq 0$。

师：根据我们对一元一次方程的理解以及其一般式，请同学们看黑板上的等式。

[板书：（1）$x^2=4$；（2）$5x^2+3x+4=0$；（3）$(x-1)(x-2)=8$]

师：它们与一元一次方程有什么相同点和不同点？

2. 翻译性解释

主要对数学符号或概念的内涵解释清楚，同时对概念的外延通过举例、对比等的方式解释清楚。例如，对数学中"+，-，×，÷，≥，≤"等符号的解释。

【例3-5】真分数、假分数、带分数的讲解教学片断

师：分子比分母小的分数叫作真分数，如$\frac{1}{3}$，$\frac{3}{4}$等。

师：分子比分母大或相等的分数叫作假分数，如$-\frac{4}{4}$，$\frac{7}{4}$等。

师：分子不是分母的倍数的假分数，可以写成整数和真分数的合成数，叫作带分数，如$\frac{9}{4}\to 2\frac{1}{4}$，$\frac{7}{4}\to 1\frac{3}{4}$等。

3. 结构说明

主要指对数学概念、原理、问题等的结构进行解释说明。例如，对数学定理的文字语言、符号语言、图象语言、应用、关键点、注意点等方面进行解释说明。

【例3-6】线面垂直的判定定理

文字语言：一条直线与一个平面内的两条相交直线垂直，则该直线与此平面垂直。

符号语言：$\left.\begin{array}{l} m\subset\alpha \\ n\subset\alpha \\ m\cap n=O \\ l\perp m \\ l\perp n \end{array}\right\} \Leftrightarrow l\perp\alpha$

图象语言：

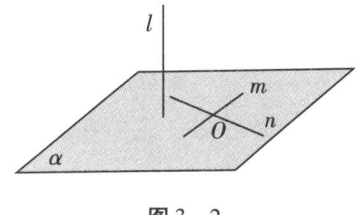

图 3-2

应用：证明线面垂直。

关键点：在平面内找出两条相交直线与已知直线垂直。

注意点：(1) 平面内两条直线必须相交；(2) 已知直线与平面内两条相交直线必须垂直。

4. 比较性说明

为了把当前的数学概念、原理、问题等说明白，通过与学生已知的、具体的、熟悉的数学概念、原理、问题等做比较来进行讲解，向学生传授知识的行为方法。

【例3-7】二元一次方程组的解法①

体育节快到了，篮球是初一（2）班的优势比赛项目，为了取得好成绩，他们想在全部22场比赛中得到40分。已知每场比赛都要分出胜负，胜队得2分，负队得1分，那么初一（2）班应该胜、负各几场？

师：看到题目，我们首先就是审题。上节课我们学习了二元一次方程组的定义和设两个未知数建立二元一次方程组。根据上节课所学内容，应该怎么来设呢？

生：设胜 x 场，负 y 场。

（教师板书）

师：接着怎么列方程呢？

生：依据全部22场比赛可列：$x+y=22$……①；

再由得到40分可列：$2x+y=40$……②。

（教师板书）

师：做到这里，我们这个问题解决了没有？

生：没有，还得解出未知数的值。

师：对，我们之前有没有学过怎么解这样的方程呢？

生：没有。

师：换个角度，我们能否用我们之前学过的设一个未知数建立一个一元一次方程来解决呢？（转化思维提问，启发式提问）哪个同学可以回答？（示意学生回答）

生1：（学生举手）设胜 x 场，负 $22-x$ 场。

$2x+(22-x)=40$ ③

解得：$x=18$

---

① 张磊. 数学教学技能导论 [M]. 广州：暨南大学出版社，2015：144-145.

负有 22 - 18 = 4 场

生：应该胜 18 场，负 4 场。

（学生边回答，教师边板书）

师：回答得很正确。（对学生回答进行简单的评价）以上两种方法都可以解决这个问题，它们之间有一定的联系。（短暂停顿）我们再来看一下方程③和方程②，是不是很相似呢？

（学生们表情疑惑）

师：方程③的左边有 $2x$，方程②的左边也有 $2x$。再来看一下方程③和方程②的右边都等于 40。唯一不同的是，方程②有两个未知数 x 和 y，而方程③只有一个未知数 x。那么我们再看一下方程②中 y 表示什么？

生：负的场数。

师：再看方程③中 $(22 - x)$ 表示什么？

生：负的场数。

师：也就是说，它们表示的关系是相同的。那么能否将二元一次方程组通过变形变成一元一次方程呢？我们看到，二元一次方程组中的第一个方程 $x + y = 22$ 可以写成 $y = 22 - x$，此时把第二个方程 $2x + y = 40$ 中的 y 换成 $22 - x$，这个方程就化为一元一次方程 $2x + (22 - x) = 40$。

（教师由此切入，讲解消元思想）

解释、说明性讲解，一般适用于初级的、具体的、事实性的知识。对于高级的、抽象的、复杂的知识，仅用解释、说明的方法还是不够的。

三、原理中心式

原理中心式讲解，即以概念、规律、原理、理论为中心内容的讲解。它是数学教学中最重要、最基本的技能。如果按照讲解的逻辑方法来分，又可以分为归纳中心式和演绎中心式，它们的一般模式为：

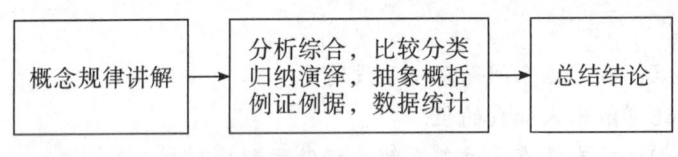

图 3-3

原理中心式讲解，从一般性概括的引入开始，然后对一般性概括进行论述、推证，最后得出结论，又回到一般性概括的复述。一般性概括是指对概念、规律、法则、原理、理论的表述、论证和推证，即运用分析、比较、演绎、归纳、类比、抽象、概括等逻辑方法。在推证过程中，还要提供有力的证据、例证和统计材料，而后得出结论。论述和推证的过程也就是揭示现象与本质、个别与一般、事物要素之间、已知与未知之间，一个事物与其他事物的内在联系和关系。

1. 归纳中心式

【例 3-8】反比例函数的图象

(通过复习正比例函数关系为引入反比例函数关系做铺垫)

判断下列关系是否成正比例，为什么？

(1) $y=6x$ 是正比例函数，它的图象是什么？

(2) $y=6x+1$ 是一次函数，它的图象是什么？它与 $y=6x$ 的关系怎样？

(3) 一个长方体的体积是 $100\ cm^3$，它的长是 $y\ cm$，宽是 $5\ cm$，高是 $x\ cm$，试写出用高表示长的函数关系，并写出自变量 x 的取值范围，判断它的图象是不是一条直线。

师：在"导入"的第（3）题中，用高表示长的函数关系式为 $y=\dfrac{20}{x}$，其中自变量的取值范围为 $x>0$，它的图象不是一条直线，这类函数不同于正比例函数和一次函数，例如，$y=\dfrac{6}{x}$，$y=\dfrac{-6}{x}$ 等都是这一类函数。小学曾学过，如果两个相关联的积是常数，则这两个量成反比例关系，那么我们是否把函数 $y=\dfrac{20}{x}$ 叫作反比例函数呢？

一般地，函数 $y=\dfrac{k}{x}$（$x\neq 0$，k 为常数）叫作反比例函数，其自变量 x 的取值范围是 $x\neq 0$ 的实数，y 的取值范围是 $y\neq 0$ 的实数，一般式为 $y=\dfrac{k}{x}$（$k\neq 0$），也可以写成 $y=kx^{-1}$（$k\neq 0$）。

这是归纳中心式讲解，由一两个特例引出一般性的结论，教师的讲解言简意赅，一语中的，没有半句废话。

2. 演绎中心式

【例 3-9】乘法分配律

师：两个数的和与一个数相乘，等于把两个加数分别与这个数相乘，再把两个积相加，这叫作乘法分配律，可表示为：$(a+b)\times c=a\times c+b\times c$. 这一规律是怎样得到的呢？

师：我们先来思考这样一个问题，如果做一张桌子需要 10 元、一把椅子需要 5 元，那么做 4 张桌子和 4 把椅子共需要多少元？

生：先算出做一套桌椅需要多少元，再算出做 4 套桌椅一共需要多少元。

$$(10+5)\times 4=60\ (元)。$$

先算出做 4 张桌子和 4 把椅子分别需要多少元，再算出一共需要多少元。

$$10\times 4+5\times 4=60\ (元)。$$

上述两种算法相同，所以 $(10+5)\times 4=10\times 4+5\times 4$。

以此类推，还可以看到

$(18+7)\times 8=18\times 8+7\times 8$；

$10\times(7+9)=10\times 7+10\times 9$。

这就是说，任意两个数的和与一个数相乘，等于把两个加数分别与这个数相乘，再把两个积相加,这也就是乘法分配律。

以上两个例子的讲解应与板书、问答、演示等其他技能相互配合,才能取得较好的效果。

四、问题中心式

问题中心式讲解即以解答问题为中心的讲解。"解答"即由未知到已知的认识过程。认识中方法的选择和具体问题的解决,都离不开知识和思维能力。问题可能是一个练习题,也可能是带有实际意义的课题。问题中心式讲解,常带有一定的探究性,在讲解中注意体现启发性,善于利用迁移规律启迪学生积极思维。当然,要取得好的效果,还需把讲解与其他技能结合起来才会更加有效。问题中心式讲解的一般模式如图3-4所示。

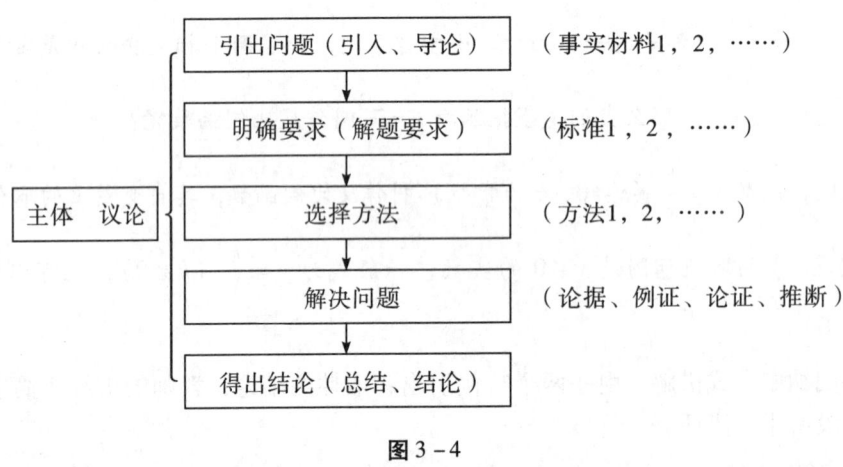

图 3-4

【例3-10】 一辆汽车每小时行35千米,5小时行多少千米?

[事实材料] $v=35$ 千米/时,$t=5$ 小时

[要　　求] 解 $s=?$

[选择方法] 利用速度、时间和路程的关系:路程=速度×时间。

$$s=v \cdot t=35 \times 5=175（千米）$$

[结　　论] 汽车5小时行了175千米。

第四节
数学课堂讲解技能的实施要点

一、讲解结构要条理清晰

在确定教学目标、分析教学内容的重点和难点、明确新旧知识之间相互联系的基础

上，理清知识结构和学生的思维发展顺序，提出系列化的关键问题，形成清晰的讲解框架。这样讲解条理清楚，能启发学生思考。

二、讲解语言要准确生动

语言准确就要求正确运用术语，用学生能理解的词汇，不用未经定义的术语。注意句子的完整、措辞和发音的准确，同时还要注意语言技能的应用，声音、语调、语速、表情、手势等有机的配合，讲解才会生动有趣，并取得好的教学效果。

三、讲解要有启发性

要把直观、具体的现象、事件，通过分析、综合、抽象和概括，升华为理性的概念和规律。孔子的"不愤不启，不悱不发"值得我们借鉴。这句话告诫教师们讲解要留有一定的思索余地，要把握讲解的时机，凡对重要内容做本质论述时，尽量创设"愤""悱"的教学情境。

四、讲解要善于使用例证

例证是进行学习迁移的重要手段，例证能将熟悉的经验与新的知识、概念联系起来。举例的数量并不在多，关键是所举的例子与新知识之间具有实质性的非人为的逻辑联系，并要对此联系做透彻的分析。所举例子最好涉及不同的情境，以加深学生对知识的理解。

五、讲解要重视反馈调控

在讲解中，教师要善于通过观察学生的表情、行为和操作，留意学生的非正式发言，向学生提出问题或给学生提出问题的机会，收集讲解效果的反馈信息，弄清学生的理解程度，并及时调整讲解的程序和方式，以达到教学目标。

○实践与反思

1. 谈谈数学课堂讲解技能在数学课堂教学中的作用。
2. 观看一段自选的数学课堂讲解技能的视频，谈谈在这段教学过程中，教师是如何运用讲解技能的。
3. 选择一个教学片断，对讲解技能进行实践，并说明：
（1）教学目的是什么。
（2）如何选用讲解类型方法。
（3）请结合讲解的实施要点，对自己的讲解进行反思和评价。

第四章
数学课堂提问技能

第一节
数学课堂提问技能概述

提问技能是教师引出一个信号以激起学生的言语反应的一种行为方式,它是教师在课堂教学中进行师生交流的一种重要教学技能。① 具体来说,数学课堂提问技能,是指教师在数学课堂教学中,根据学生已有的知识或者经验,对学生提出问题,并引导学生经过思考,促进学生参与学习,了解他们的学习状态,启发思维,让学生理解和掌握知识,发展思维能力的一种教学技能。

对提问的研究由来已久。希腊哲人苏格拉底就曾在课堂教学中运用过提问的方法。我国古代教育家孔子在教学中常常用一些巧妙的提问,引导学生进入"愤""悱"的境界。南宋的朱熹曾说:"读书无疑者,须教有疑,有疑者,却要无疑,到这里方是长进。"法国作家巴尔扎克也说过:"打开一切科学的钥匙都毫无疑义的是问号。"我国现代教育家陶行知也论述道:"行是知之始,学非问不明。"

提问在课堂教学中应用非常广泛。早在1912年心理学家史蒂文斯(Stevens)就在他的一份报告中指出,教师们大约平均每天要提问395个问题。② 我国学者陈桂生也指出:"课堂提问可算是成千上万教师每日每周都在做的事,这类最平常、最带有普遍性的问题,才是教育研究中最不可忽视的课题。"③

数学课堂提问技能可以与其他各种教学技能相互渗透,在课堂教学中交互使用。例如,在讲授法中,以问题构成讲授的手段,以问题形成反馈;在讨论法中,更是以问题为核心,以提出问题展开讨论;在探究法中,更是让学生自主发现并提出问题,且在探究过程中结合提问技能引导学生进行猜想、实验和论证。这些都说明,教师必须熟练掌握提问技能。能否恰到好处地提问,是衡量教师教学能力的一个重要尺度。

---

① 陈成祖,谢明初. 微格教学基本理论与实践 [M]. 广州:新世纪出版社,1995:67.

② STEVENS R. The question as means of efficiency in classroom instruction:a critical study of classroom practice [M]. New York:Teacher College Press, 1912.

③ 陈桂生. 漫话"满堂问" [J]. 教育发展研究,2001 (7):86 - 87.

第二节
数学课堂提问技能的作用

问题是数学的心脏。问题也是启发学生思维的动力，数学课堂教学的实质就是师生双方共同设疑、质疑、释疑、解疑的过程，是以问题解决为核心展开的。在新课程改革中，问题意识已引起各方的广泛关注，各版本教材都在不同程度上重视对问题的设置，正如人教A版高中数学教材在"主编寄语"所言："看过问题三百个，不会解题也会问。"[①]

在数学课堂教学中，提问至少有如下作用。

一、引起注意，激发动机

提问可以刺激学生的求知欲，调动学生的学习热情。学生长时间在课堂上听课，往往会出现注意力不集中的现象。教师的适时提问，可以唤醒学生的心智，终止学生在课堂上的杂念、私语、小动作，把学生的心理活动集中到特定的问题上来。同时，巧妙的提问也能够活跃课堂气氛，使学生的注意力得以较长时间地维持。实践证明，当教师提出问题时，学生的注意力往往处于高度集中的状态，因为每个学生都有可能会被问到，每个学生都不想因答不上来而陷入尴尬的境地。因此，提问能吸引学生的注意力，促使他们产生学习的动力。

【例4-1】"圆的概念"教学提问[②]

教师：为什么车轮要做成圆形的？

学生：（一致回答）能滚呀！

教师：为什么不做成正方形的呢？

学生：因为正方形不能滚。

教师：为什么不做成"扁圆"形呢？这种形状也能滚呀？

【评析】这里第一个问题"为什么车轮要做成圆形的"是一个中心问题。它起促进引起兴趣、激发动机的作用。教师将这个中心问题采用一种比较的思维方法分解成两个辅问题，即"为什么不做成正方形"和"为什么不做成扁圆形"。"正方形"是"圆形"的另一个极端，而"扁圆形"则是两极端的一种中间状态。用"正方形"来理解"圆形"是"相反相成"，而用"扁圆形"——"椭圆"来理解"圆形"则是"相辅相成"。从数学上来看，"正方形"的一些性质包含在"圆"的性质之中；当椭圆长短轴相等时就是圆，因此"正方形""圆""椭圆"既有区别又有联系。为了进一步让学生通过"扁

[①] 彭上观. 看过问题三百个 不会解题也会问：从新增栏目看人教A版高中数学新教材问题设置的特色[J]. 数学通报，2005（6）：16.

[②] 田万海. 数学教育学[M]. 杭州：浙江教育出版社，1999：92.

圆形"来理解"圆形",教师为了更突出从"圆"与"扁圆"的理解中的统一性到"圆"与"扁圆"的理解中的对立性,教师又提问如下:

教师:如果车的轮子是扁圆形,在平路上行驶会出现什么情况呢?

这样就可以把圆的本质凸显出来。这里就是将生活中的"为什么"和"怎么样"在不断的反思性思维活动中牵引出数学中的"是什么"来。

二、引导思考,启发思维

思维始于问题,没有问题就没有认知的困惑,也就没有思维。问题就是矛盾,提问就是摆矛盾,而解决矛盾的过程就是思维的过程。提问可以使学生明确学习的方向,逐一解决问题进而达成目标。因此,提问需要有明确的目的,具有导向功能。德国著名教育家第斯多德指出:"一个差教师奉送真理,一个好教师则教人发现真理。"教师的提问,有助于启发学生的思维,"学起于思,思起于疑",教师提出的疑问,能激起学生的认知冲突,激起学生认知结构内的矛盾,能使学生的求知欲由潜在状态转入显现状态,刺激学生去想问题、研究问题,通过自己的思考去解决问题和获取知识。

【例4-2】"百分数的认识"的提问[①]

在学生初读课题后,教师让学生说说有什么问题,在此基础上,教师梳理如下几个问题:

什么是百分数?

百分数和分数有什么不同?

有了分数,为什么还需要百分数?

【评析】上述几个问题,涵盖了百分数的意义、特征、作用、适用范围,并力图沟通新旧知识之间的联系,能引起学生的思考,启发学生思考。

三、反馈评价,调节教学

关于一个课题或者一个知识点的教学是否达到教学目标,教师可以通过向学生提问,借以获得反馈,从而针对学生和自己教学过程中存在的问题,对症下药,调整教学策略,调节教学进度,提高教学效果。譬如,教师提出问题后,很久没有学生回答,或者只有极少数学生能答对,那就可能是教师提的问题不到位。学生难以回答,或可能是提出的问题太难,超越了学生的认知水平,学生回答不了。通过提问,以及学生的回答情况,教师可以反思自己的教学,改善后续的教学。同时,学生也可以通过答问,较快获得教师的评价反馈,在学习中不断审视自己,改进学习方式方法,促使后续的学习更有成效。[②]

---

① 刘全祥. 提大气问题,做大气的数学教师 [M]. 上海:上海教育出版社,2015:7.

② 罗新兵,李三平. 中学数学教师教学技能 [M]. 西安:陕西师范大学出版社,2012:42.

【例 4-3】 函数概念教学[①]

在学习函数的概念后，教师可以有目的地给出一系列如常数函数、分段函数、隐函数、Dirichlet 函数等函数形式的具体实例，请学生判断是不是函数，并说明理由。通过这些问题，可以了解学生对相关内容的理解、掌握程度，从而为后续的教学提供依据。

四、激励参与，促进交流

课堂教学的理念是以学生的发展为本。教师的有目的的提问，可以激发学生参与课堂教学的主体意识，促进师生、生生的相互交流。

首先，教师的提问为学生提供一个展现自我的平台。让学生展露才华、陈述观点、发表见解，能锻炼学生的口头表达和语言组织能力，还能提高学生的竞争意识、课堂反应的灵敏性。无论是学生的答问还是质疑，都可以培养他们的思维能力、口头表达能力和书面表达能力，尤其是口头表达能力。在提问中，这个转化过程可分为三个阶段：一是发出信息，即教师以简明的数学语言提出问题；二是接受信息，即学生按照教师的要求，理解题意，进行思考，寻找答案；三是反馈信息，即学生用自己重新组织的口头语言回答教师的提问，陈述自己的见解，也就是即席讲话。可见，教师的提问对培养学生的主体意识和参与意识，是一种很好的方法。

其次，教师的提问促进了学生交流并凸显了学生的主体意识。提问有助于促进课堂交流，沟通感情，发扬民主。通过提问，还能诊断学困生学习的困难所在，促使他们积极参与教学活动，提高学习兴趣，建立积极的自我观念，提升自我表现的欲望。现代教学论研究表明，认知过程和情感过程是合理的学习过程中学生存在的两个密不可分的心理过程，而后者往往被忽略。因此，为提高学生的参与度，教师需注意协调人际关系，以情感因素调节学生的心态。

【例 4-4】"摆火柴棒"的实践操作及提问[②]

搭一个正方形需要 4 根火柴棒，如图 4-1 所示的方式。问：搭 2 个正方形需要＿＿根火柴棒，搭 3 个正方形需要＿＿根火柴棒。

图 4-1

(1) 搭 10 个这样的正方形需要多少根火柴棒？
(2) 搭 100 个这样的正方形呢？你是怎样得出答案的？
(3) 如果用 x 表示所搭的正方形的个数，那么搭 x 个这样的正方形需要多少根火

[①] 孙连众. 中学数学微格教学教程 [M]. 北京：科学出版社，1999：122.
[②] 王秋海. 数学课堂教学技能训练 [M]. 上海：华东师范大学出版社，2008：184.

柴棒？

【评析】本案例从学生的实际出发，通过自己动手操作、探索、思考，寻找出一般的规律，对于各类学生都有积极的意义。尤其是后三个问题的设计，由简单到复杂，由特殊到一般，将学生由数字引向字母，从具体到抽象，步步深入，环环相扣，激励学生。

第三节
数学课堂提问的类型

提问是师生双方共同参与的活动。关于提问的分类，从不同的视角有不同的分类。例如，从教师提问的时间来分，可以分为预设性提问和生成性提问；① 从教师提问的目的来分，可分为激趣性提问、激疑性提问、铺垫性提问、探究性提问和巩固性提问。

本书从实用角度出发，从认知的水平、提问的方式两个维度来阐述数学课堂提问的类型。

一、从认知的水平看数学课堂提问的类型

如下侧重从认知水平分类的角度来看待提问技能的类型。该分类操作性强，易于理解，便于训练。布鲁姆等人1956年出版的《教育目标分类学（第一分册）：认知领域》中把认知领域的目标分为六个亚领域，即记忆、理解、应用、分析、综合和评价。根据这六个亚领域把课堂提问分为：记忆型提问、理解型提问、应用型提问、分析型提问、综合型提问和评价型提问。

（一）记忆型提问[②]

在数学教学中，用提问的方式让学生回忆学过的数学概念、数学规律、数学定理等知识，以达到对知识的再现和确认，为获取新知做准备。这类提问，通常是新授课的基础及铺垫，为学习新知提供必要的条件。记忆是认知领域的最低水平，但对学习新知也是必要的。其提问的主要形式为说出、写出、复述、举例说明、什么叫作等等。

【例4-5】

1. 三角形有多少条边？多少个角？
2. 什么叫作函数的单调性？
3. 讲完绝对值定义后问："$-3, 0, \pi$"的绝对值分别等于多少？
4. 举例说明什么样的角是圆周角。

记忆型提问属于对基本事实的提问，思维层次低，在提问中应适当注意该类提问所

---

① 王光明. 新理念数学教学技能训练[M]. 北京：北京大学出版社，2014：86-88.
② 罗新兵，李三平. 中学数学教师教学技能[M]. 西安：陕西师范大学出版社，2012：43.

占的比重。一般在课程开始或对某一问题论证的初期使用记忆型提问,为学习新知识提供材料,准备依据。

(二) 理解型提问

这类提问要让学生对已知信息进行内化处理后,能用自己的语言对数学知识进行表述、解释和组合,对所学的概念、定理等进行比较,解释其本质区别。主要考查学生对知识的理解、掌握程度,已超越对知识的回忆和描述,促进学生领会和组织已学知识,重建认知结构。此类提问所要求的认知水平比记忆型提问向前进了一步,但仍然属于较低水平的提问。其主要表现形式为概述、比较、区别、推断、分类等。

【例 4-6】

1. "2"是质数还是合数?
2. 圆柱体怎样由矩形变化而来?
3. 方程"$x^2+y^2+Dx+Ey+F=0$"表示的轨迹是什么?什么时候表示圆?为什么?
4. 比较中位数、众数、加权平均数有什么区别。

(三) 应用型提问

这类提问考查学生将学过的知识应用到新的和具体的情境中去解决问题的能力,包括将数学概念、原理、定律、法则、规律等应用到实际中,解答数学试题,绘制图象和图表,正确使用程序或者方法,等等。与前两种提问相比,应用型提问对学生有更高的要求,它不仅要求学生记忆、理解所学知识,内化到自己的认知结构中,而且还要进行识别、选择、加工、整理,将内化的知识外化出来,以解决新的问题。这种提问一般在学习新概念、公式、法则、定理后进行。其主要表现形式为计算、解答等。

【例 4-7】

1. 画出图 4-2 中各多边形的所有对角线,并指出各有多少条对角线。n 边形共有多少条对角线?

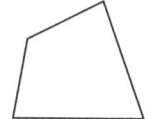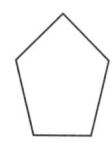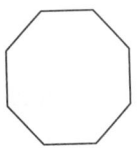

图 4-2

2. 甲船自港口 A 出发,乙船在离港口 A 距离 7 km 的 B 处,正驶向港口 A,又得知乙船的速度是甲船的 2 倍,航向构成 120°角,两船的最近距离是多少?

3. 一只红铃虫的产卵数 y 和温度 x 有关,现收集了 7 组观测数据列表如表 4-1 所示,你能建立 y 与 x 之间的回归方程吗?①

---

① 吕世虎,等. 中学数学课程标准与教材研究 [M]. 北京:高等教育出版社,2015:143.

表 4-1

温度 x/℃	21	23	25	27	29	32	35
产卵数 y/个	7	11	21	24	66	115	325

（四）分析型提问

这类问题要求学生从整体出发，把材料分解成部分以了解它的组织结构，包括对各组成部分的辨认（因素分析）、对各部分之间相互关系的分析（相关分析）、对各部分组合起来的原理法则的识别（系统分析）等。具体表现：把复杂问题分解为简单问题，理清已知和未知，找到从已知到未知的可行方法。课堂教学中的分析型提问，充分体现了教师的启发引导作用，通过提问将学生思维一步一步引向深入，带动学生分析问题，让学生从中习得分析问题的方法，从而提高数学思维能力。其主要表现形式为分析、找原因、做结论等。

【例 4-8】

1. 为什么三角形的内角和是 180°？
2. 向一杯水中加一定量的糖，糖加得越多，糖水就越甜。你能运用所学的数学知识解释这一现象吗？
3. 既然已经有"方程的根"的概念，为什么还要提"函数的零点"？
4. 某次会议上有 8 个人参加，规定会议之前每 2 个人要握一次手，问：一共握了多少次手？

（五）综合型提问

综合型提问是指把事物的各个部分、各个方面、各种要素、各个阶段连接成整体，找出它们相互联系的规律的提问。这类提问主要考查学生能否把之前已学的各种零散的知识组合成一个整体，形成体系，因而对学生的能力要求较高。其主要表现形式为归纳、设计、组织等。

【例 4-9】

1. 判断三角形相似的条件有哪些？
2. 6 根等长的火柴最多可以组成多少个三角形？
3. 请归纳椭圆、双曲线、抛物线的定义、方程、性质之间有什么样的区别和联系。
4. 在平面直角坐标系中选一点 $A(-3, 2)$，作点 A 关于 x 轴的对称点，得到点 B，作点 B 关于 y 轴的对称点，得到点 C，点 A 和点 C 有什么关系？把点 A 的坐标换成其他数，再试一试，你能利用对称点坐标的关系说明你发现的规律吗？

（六）评价型提问

评价型提问是指按一定的准则，让学生通过分析、讨论、评价优选解法，对事物进行比较、判断、评价的提问。这类问题未必有标准答案，属于开放型提问，评价的标准是学生自身的价值观念。其主要表现形式为评价、判断、说出价值等。

【例4-10】

1. 欲将一个棱长4 cm的立方体分割成64个小立方体,你将怎样分割?
2. 汤姆的家距学校800 m,玛丽的家距学校300 m,问:汤姆家和玛丽家相距多远?
3. "晚会奖品"问题①:在一次晚会上,6份相同的奖品被藏起来。请李明和王佳2位同学一起去找这些奖品,直到6份奖品全部被找到。请问2位同学找到奖品数量的可能是多少?请你解释为什么王佳不可能恰好比李明多找到1份奖品。
4. 世界杯比赛场次问题②:2010年世界杯,共有8个小组(A组:南非、墨西哥、乌拉圭、法国;B组:阿根廷、尼日利亚、韩国、希腊;C组:英格兰、美国、阿尔及利亚、斯洛文尼亚;D组:德国、澳大利亚、塞尔维亚、加纳;E组:荷兰、丹麦、日本、喀麦隆;F组:意大利、巴拉圭、新西兰、斯洛伐克;G组:巴西、朝鲜、科特迪瓦、葡萄牙;H组:西班牙、瑞士、洪都拉斯、智利)参加,如果你要观摩所有的比赛,你会关心哪些问题?
5. 在图4-3的平行四边形中,你能找出哪些三角形是全等的?

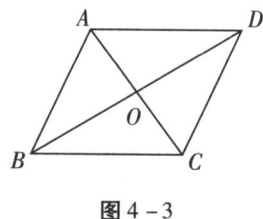

图4-3

二、从提问的方式看数学课堂提问的类型

从提问的方式,可将提问分为对问、齐问、自问、直问、曲问、正问、反问、追问和联问等。

(一) 对问

对问,就是教师提出问题,请个别学生回答。这种提问,是具有很强的教学针对性、易检性、可控性的对问,不仅仅表现为提问和回答,更是交流与探讨、演说与倾听、欣赏与评价。

【例4-11】"拆项法因式分解"提问片断③

师:请同学们用不同的方法分解 x^6-1 的因式。

生1:$x^6-1=(x^3)^2-1=(x^3+1)(x^3-1)=(x+1)(x-1)(x^2+x+1)(x^2-x+1)$

---

① 教育部. 义务教育数学课程标准:2011年版[S]. 北京:北京师范大学出版社,2012:130.
② 方均斌,蒋志萍. 数学教学设计与案例分析[M]. 杭州:浙江大学出版社,2012:157-158.
③ 程广文. 数学课堂提问研究[D]. 上海:华东师范大学,2003:126-127.

生 2：$x^6 - 1 = (x^2)^3 - 1 = (x^2 - 1)(x^4 + x^2 + 1) = (x+1)(x-1)(x^4 + x^2 + 1)$

师：为什么答案不相同呢？

[这样一问，立即会引起学生的兴趣，使学生思维活跃起来，每个学生会努力做出自己的解释和理解，对上面两式的"差异"的理解，有的学生解释为运算的错误，有的学生可能会解释为 $(x^4 + x^2 + 1)$ 与 $(x^2 + x + 1)(x^2 - x + 1)$ 之间有相等的关系。所以有学生继续问问题]

生 3：也许 $(x^4 + x^2 + 1)$ 还能继续分解下去，会得到 $(x^2 + x + 1)(x^2 - x + 1)$。

（为了鼓励学生的这种理解，教师可以继续沿着可能正确的方向提问）

师：你能验证你的这个猜想吗？

生 4：只要利用多项式乘法公式就可以验证。

（至此，学生们是如何理解学生 1 和学生 2 的结论的过程就展示出来了，也就是理解了 $x^6 - 1$ 的分解问题。）

（二）齐问

齐问就是教师问，全班一齐回答。这种提问的优点是：方便、省时、易操作。缺点是：盲目性，课堂纪律难以控制。

【例 4-12】 "抛物线的概念"提问片断[①]

师：前几节课我们学习了椭圆、双曲线的概念，同学们还记得这两种曲线的定义吗？

（学生很快回答了这两种曲线的第一定义）

师：能把这两种曲线的定义统一起来吗？

生：平面内与一个定点的距离和一条直线的距离的比是常数 e，当 $0 < e < 1$ 时点的轨迹为椭圆，当 $e > 1$ 时的轨迹是双曲线。

师：那么，当 $e = 1$ 时又会是什么轨迹呢？

（学生们议论纷纷）

师：今天我们就来学习当 $e = 1$ 时的轨迹——抛物线。

通过师生的齐问，教师能较快地凝聚全体学生的注意力，让学生在主动参与的教学环境下学习，能很好地提高数学课堂教学效率，激发学生的学习兴趣。

（三）自问

自问就是教师精心设计问题，将问题提出来后，并不要求学生作答，而是教师自问自答。它能吸引学生的注意，并给学生制造了悬念。自问常用于数学的复习，它不是知识的简单重复，而是着眼于培养学生的多向思维能力，以利于知识的巩固提高。自问还常用于新课引入，其作用是设置悬念，激发学生的学习兴趣和求知欲。

[①] 王晓军. 数学课堂教学技能与微格训练 [M]. 杭州：浙江大学出版社，2011：125.

(四) 直问和曲问

1. 直问

直问就是开门见山,直截了当地提出问题。

【例 4-13】

"什么叫最简分数?""什么叫正方形?"等都是直问。

2. 曲问

欲问甲问题,而佯问乙问题,学生在回答乙问题中甲问题自然得到解决,这就是曲问。曲问有助于学生澄清杂念,疏通思路,使学生沿着奇道曲径抵达知识的高深层次。

【例 4-14】

学习"垂线段最短"时,可提问:"你们在跳远时,老师怎样来测量你们的成绩?"这样既让学生掌握了"垂线最短"这一概念,又使学生了解到数学知识在实际生活中的应用。

【例 4-15】

学习"异面直线"的概念后,可提问:"分别在两个平面内没有公共点的两条直线是异面直线吗?"这种拐弯的提问,学生思维也要转个弯才能得到问题的答案,久而久之,学生的思维能力得到提高。

(五) 正问与反问

正问就是从问题的正面设问,而反问则是从问题的反面设问。
正问和反问结合往往加深对知识的理解,使学生抓住事物的本质。

【例 4-16】

教学"圆的概念"后,教师向学生提问:"什么叫作圆?"这是正问。如果教师进一步问:"球是不是圆呢?"这是反问。

【例 4-17】

教师先问"棱形是不是平行四边形"后接着又问"平行四边形是不是棱形",也是正问和反问的例子。

(六) 追问和联问

1. 追问

追问,就是对某一内容或者某一问题,为了让学生弄懂弄通,往往在一问后又再提问,穷追不舍,直到学生能正确解答为止。

【例 4-18】"溶液浓度问题"教学片断

在讲解应用题"要把浓度为 95% 的酒精 600 毫升,稀释成浓度是 75% 的消毒酒精,需要加入多少毫升的蒸馏水?"时可以这样进行提问:

师：问题是什么？

生：求加入多少毫升蒸馏水。

师：稀释前溶液是多少？

生：600 毫升。

师：要求加入多少水，必须求出什么？

生：稀释后的溶液量。

师：稀释后的浓度是多少？

生：75%。

师：要求稀释后的溶液量还缺什么条件？

生：稀释后的溶质。

师：根据题设条件能否求出稀释后的溶质？

生：能。

师：怎样求？

生：只需求稀释前的溶质。

2. 联问

联问，就是对某一知识内容或者某一要研究的问题，设计一组问题链，问问相接，环环相扣，使学生在弄清了每个知识点之后，又能从整体上把握知识的内在联系及结构。

【例 4-19】"探究二元一次不等式（组）表示的平面区域"问题链设计[①]

设计问题链教学：

目标弱化：二元一次不等式表示什么图形呢？我们先从二元一次不等式 $x-y<6$ 的解集开始研究。

问题 1：二元一次方程 $x-y=6$ 的解集是什么图形？

问题 2：在平面直角坐标系中，所有的点被直线 $x-y=6$ 分成几类？

问题 3：如何判断点在直线上？

问题 4：以不等式 $x-y<6$ 的解为坐标的点与直线 $x-y=6$ 有怎样的位置关系？

（提出问题后，接着教师用多媒体，结合图形，让学生思考后，组织他们讨论，猜想，验证如问题 5）

问题 5：以不等式 $x-y>6$ 的解为坐标的点在哪里呢？

[引导学生探究，验证：当 (x, y_1) 是直线 $x-y=6$ 上的点，则 $x-y_1=6$。当 $y_1>y$ 时，点 (x, y) 是否满足 $x-y>6$？]

问题 6：那么请大家在图象上看一下（教师多媒体演示），此时点在直线 $x-y=6$ 的左下方，还是在它的右下方？

学生回答：在直线的左下方。

教师分析：只要 $y_1>y$，点 (x, y) 都满足 $x-y>6$，此时，点 (x, y) 都在直线的左下方。因此，我们可以得到一个结论，满足 $x-y>6$ 的点应该都在直线 $x-y=6$ 的左

[①] 王晓军. 数学课堂教学技能与微格训练 [M]. 杭州：浙江大学出版社，2011：134-135.

下方。同样，我们可以发现满足 $x-y<6$ 的点应该都在直线 $x-y=6$ 的右上方。

问题7：从特殊到一般地，在平面直角坐标系中，直线 $Ax+By+C=0$ 的两侧分别为 $Ax+By+C>0$ 和 $Ax+By+C<0$？（多媒体演示）

问题8：怎样判断二元一次不等式 $Ax+By+C>0$ 表示的平面区域在直线 $Ax+By+C=0$ 的哪一侧呢？

（学生领悟：既然在直线 $Ax+By+C=0$ 的同一侧，$Ax+By+C$ 符号都一样，只要验证一个点就行了）

采用联问，既调动了学生的思维活动，促进学生积极思考，解疑释惑，深化理解，同时，也使学生从问题的内在逻辑联系对知识的认识有一个整体的印象。

虽然问题可以按照不同的分类标准分为各种不同体系，每种体系下有不同的类型，但在数学课堂教学中，提问并不能局限于某一特定的类型，而是应该交替使用各种类型，从而提高教学的效率。

第四节
数学课堂提问技能的实施要点

为了最大限度地发挥课堂提问的功能，让教师教得轻松，让学生学得愉快，课堂提问应遵循一定的原则，并关注以下应用的要点。

一、重点突出，讲究目的性

教师设计问题时，应服务于教学目标、服务于教学内容。每个问题的设计，都是为了实现特定的教学目标、完成特定的教学内容的手段。脱离了教学目标、教学内容，为提问而提问的做法不可取。同时，提问还需抓住教材的关键，于重点、难点处设问，以便集中精力突出重点，突破难点，避免从"满堂灌"到"满堂问"。

【例4-20】

1. 为什么每一个函数都是一种关系？（目的：概念的分析）
2. 当 x 不等于 0 时，为什么 x^0 定义为 1？

为什么 lg 2016 与 lg 0.2016 的尾数是一样的？（目的：事实的领会）

3. 分数 $\dfrac{3}{\sqrt{3}}$ 的分母有理化第一步是什么？

如果用 l_1 表示方程 $y=mx+b$，那么与 l_1 垂直且与 y 轴交于 $(0,d)$ 的直线 l_2 的方程是什么？（目的：技能的计算）

4. 两条直角边分别为 100 m 和 80 m 的一直角三角形空地与一个各边均为 100 m 的等边三角形空地，哪个空地的面积大？（目的：原理的运用）

二、难易适中，讲究科学性

提问的科学性是指提问内容的科学性和提问叙述的科学性。问题涉及的内容正确反映数学及其客观规律，问题叙述的语言必须准确、严谨。科学性还表现在难易适中。提问过易，缺乏启发性，学生感到乏味而不愿意回答；提问过难，会出现"启而不发，问而不答"的尴尬场面。因而，教师需要根据大多数学生的实际设计出有一定难度的问题，让多数学生"跳一跳，能摘到桃子"。难度过大的题目，注意设计一系列小步子的问题做铺垫。

【例 4-21】

国外流传这么一个有趣的故事，大意是：小女孩从学校回家，高兴地告诉爸爸（数学家）今天学习集合，父亲惊奇地问："理解了吗？"孩子说："很好理解。"孩子介绍的学习过程是这样的：老师首先请男孩子站起来，说这就是男孩子的集合。问大家明白了没有，大家都说明白了。然后，让女孩子站起来，白人孩子站起来，黑人孩子站起来……，依次说明这就是女孩子的集合，白人孩子的集合，黑人孩子的集合……听完孩子的介绍后，父亲问女儿："全世界的土豆（或匙子）能否组成一个集合？"孩子想了想回答说："不能！除非它们都站起来。"

【评析】从提问的角度来看这个故事，那就是"教师"通过提问来介绍集合，"父亲"通过提问来了解教学效果。由于教师在举例时，所有例子均有"站起来"这个特征，导致了教学过程中非本质属性泛化，"女儿"误把"站起来"认作概念的一个本质属性。

三、源于生活，讲究趣味性

一方面，单一、呆板的提问，是学生的催眠曲，不能激发学生回答问题的积极性。联系生活实际、生产实际，从学生较为熟悉的日常现象、生活经验中提炼出充满情趣、别致新颖的问题，能激起学生浓厚的学习兴趣和探究欲望，能促使学生积极思考、认真讨论、主动回答。另一方面，对学生熟知的内容，教师要不落俗套，善于变换提问的角度，设计精巧、生动有趣的提问，让学生有新鲜感，有探究欲。但同时，需要避免认为数学只是一种有趣的活动的误解。为了吸引学生的兴趣，把注意力和大量时间都放到相应的活动或情境中，而没有集中于其中的数学内容，这是一种本末倒置。[①]

【例 4-22】"四种命题"教学片断[②]

在引入"四种命题"时，通过 Flash 动画演示一个故事情节：

有一个主人很热情地约了 4 个朋友一起过生日，结果只有 3 个朋友赴约。主人见人没来齐，便说："该来的没来。"结果，有一个朋友走了。主人又说："不该走的走了。"

---

① 郑毓信. 数学教育哲学的理论与实践［M］. 南宁：广西教育出版社，2008：29.
② 张春凤. 如何构建趣味飞扬的数学课堂［J］. 高中数理化，2015（22）：24.

这时另一位朋友也走了。主人见情形不对，对剩下的这位朋友说："我又没说他。"结果3个全走了。

【评析】通过故事的引入，较容易吸引学生的注意，调动学生参与新课的学习，为学习四种命题奠定基础。

【例4-23】"古典概型"教学片断[①]

在"古典概型"的教学中，掷1枚均匀的硬币，可能出现的结果有2个，即正面朝上或反面朝上；掷2枚均匀的硬币，可能出现的结果有多少个？掷1颗均匀的骰子，可能出现的点数有多少个？上面实验的公共特征是什么？

【评析】在问题提出之后，教师作为课堂的引导者，带领学生进行数学活动，在学生有疑问的地方进行适当指导，这样的教学增加了学生的参与度，促进学生对数学的探究，加深了学生的理解。

四、循循善诱，讲究启发性

启发性是数学课堂提问的灵魂。缺少启发性的提问是蹩脚的提问；富有启发性的提问，是激发学生积极思维的信号。不分巨细，处处皆问的做法应当避免。同时，也要避免单纯的判断性提问，多用疑问性提问、发散性提问、拓展性提问等能有效促进学生积极思维的提问形式，让学生受到启发，思维品质得到培养，智力水平得到提升。

【例4-24】波利亚的"怎样解题表"之"拟订计划"[②]

"怎样解题表"是波利亚在分解解题的思维过程中得到的，看似很平常的解题步骤或方法，其实却已包含几代人的智慧结晶和经验总结。在这张包括"弄清问题""拟订计划""实现计划""回顾反思"四大步骤的解题全过程的解题表中，对第二步"拟订计划"的分析是最为引人入胜的。他把寻找并发现解法的思维过程分解为5条建议和23个具有启发性的问题，它们就好比是对寻找和发现解法的思维过程进行分解，使解题的思维过程看得见，摸得着，易于操作。以下摘取其中的"拟订计划"部分，以飨读者：

- 你以前见过它吗？你是否见过相同的问题而形式稍有不同？
- 你是否知道与此有关的问题？你是否知道一个可能用得上的定理？
- 看着未知数！试想出一个具有相同未知数或相似未知数的熟悉的问题。
- 这里有一个与你现在的问题有关，且早已解决的问题，你能应用它吗？
- 你能不能利用它？你能利用它的结果吗？为了能利用它，你是否应该引入某些辅助元素？
- 你能不能重新叙述这个问题？你能不能用不同的方法重新叙述它？
- 回到定义去。
- 如果你不能解决所提出的问题，可先解决一个与此有关的问题。你能不能想出一

[①] 王建磐. 中国数学教育：传统与现实 [M]. 南京：江苏教育出版社，2009：92.

[②] 波利亚. 怎样解题：数学教学法的新面貌 [M]. 涂泓，等译. 上海：上海科技教育出版社，2002：IX-X.

个更容易着手的有关问题？一个更普遍的问题？一个更特殊的问题？一个类比的问题？你能否解决这个问题的一部分？仅仅保持条件的一部分而舍去其余部分，这样对于未知能确定到什么程度？它会怎样变化？你能不能从已知数据导出某些有用的东西？你能不能想出适合于确定未知数的其他数据？如果需要的话，你能不能改变未知数和数据，或者二者都改变，以使新未知数和新数据彼此更接近？

· 你是否利用了所有的已知数据？你是否利用了整个条件？你是否考虑了包含在问题中的所有必要的概念？

五、随机应变，讲究灵活性

教学有法，教无定法。课堂教学是千变万化的，教师提出问题后，学生的回答出现这样或者那样的问题是正常的，学生对问题不理解，或者答不上来也是常有的事，教师需有足够的思想准备，要冷静并随机应变，实现预设与生成的有机结合。

【例 4-25】教学的随机应变①

教师对"三角形内角和定理"做了一个精心的设计，殊不料"突发事件"屡屡发生。

师：如图 4-4，用橡皮筋构成△ABC，其中顶点 B，C 为定点，A 为动点。放松橡皮筋后，点 A 自动收缩，产生一系列的三角形：△A_1BC，△A_2BC，△A_3BC，…，请观察其内角和会产生怎样的变化。

（教师的主观意图是让学生看到：∠B→0°，∠C→0°，∠A→180°，既孕育了极限的思想，又诱发出最终结论。但是，学生发言了）

生 1：内角和等于 180°。

师：好，说说你是怎么观察出来的。

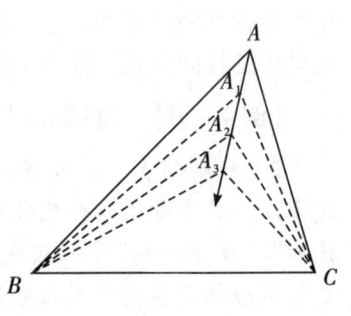

图 4-4

生 1：我不用观察。小学时老师已经教过，三角形的内角和等于 180°。

（教师有点失落，但立即又根据已经发生的情况，舍去"发现结论"的启发，立即转入"结论证明"的发现）

师：是的，小学是介绍过三角形的内角和等于 180°，但没有证明。因为实验可能会有误差，无穷个三角形也不能逐一实验。所以，我们要找出一个证明。

生 2：（举手回答）通过图 4-4 我看到，当 A 点趋向于 BC 时，∠B、∠C 趋向于 0°，∠A 趋向于 180°，所以，这个图形启示我们，三角形的内角和等于 180°。同时，这个图形还告诉我们，命题怎么证明。

师：（很高兴）你说说证明。

生 2：设三角形的内角和为 x，在 BC 上取一点 D，连 AD，得△ABD 与△ACD，如图 4-5，有：

---

① 罗增儒. 课堂提问的作用 [J]. 数学教师，1998（1）：17-18.

$\angle A_1 + \angle B + \angle D_1 = x$,

$\angle A_2 + \angle C + \angle D_2 = x$,

相加：$\angle A + \angle B + \angle C + (\angle D_1 + \angle D_2) = 2x$。

但 $\angle A + \angle B + \angle C = x$,

$\angle D_1 + \angle D_2 = 180°$,

故 $x + 180° = 2x$,

得 $x = 180°$。

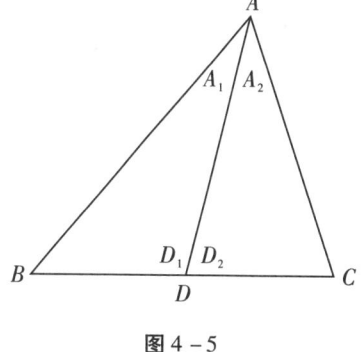

图 4-5

（这完全出乎教师的意料，一时间自己也弄不清正误。既无法立即表态，又不能表现出犹豫，明智的选择是甩给学生）

师：证明出来了，同学们好好看一看，做得对不对？

（学生沉默片刻后，有表示认可的，但没有表示反对的。确实，一旦承认三角形的内角和为定值，整个证明就没有毛病。但三角形内角和为定值并未证明。教师利用这段甩给学生的宝贵时间想通了，图 4-4 的设计给学生造成这样的印象：$\triangle A_1 BC$，$\triangle A_2 BC$，$\triangle A_3 BC$，…的内角和为常数。其实，极限为 180°，其变化过程可以单调上升，也可以单调下降，还可以是摆动的，教师决定修改设计）

师：是的，仔细核对每一步都推理有据、计算准确。但是，为什么 $\triangle ABC$，$\triangle ABD$，$\triangle ACD$ 的内角和都为 x 呢？

一方面，课本中没有这样的定理，因此，还要先证"三角形的内角和为定值"。

另一方面，如果我们证出了"三角形的内角和等于 180°"，那么"三角形的内角和为定值"也就自动成立了，因此，两个命题是可以互推的。现在，让我们暂时按下这个思路，重新回来看看 A 点沿着 BA 方向运动的情况，如图 4-6 所示。

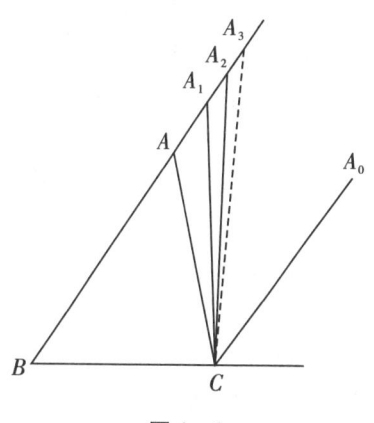

图 4-6

当点 A 变为 A_1，A_2，A_3 时，$\angle A$ 变小，$\angle C$ 变大；当 $\angle A \to 0°$ 时，一瞬间产生出平行线 $CA_0 // BA$。由同旁内角等于 180° 知，$\angle C \to 180° - \angle B$。这时可猜想 $\angle A + \angle B + \angle C = 180°$，并且，除了 A_0 外，变化过程中的任一点 A'，都有：$\angle BA'C = \angle A'CA_0$。

同学们，在这个变化过程中，你们看到了什么？

生 3：看到了三角形内角和为常数，这个常数就是 180°。因为 $\angle A + \angle B + \angle C = \angle ACA_0 + \angle B + \angle C = 180°$。

［教师如释重负，并且认识到，前后两种设计，表面上好像只有点 A 运动方向不同，而实际上，前一设计没有反映定理的实质（归结为直线重合），后一设计与平行公理联系起来，既提供定理的发现，又提供定理证明的发现］

六、注重方法，讲究针对性

针对性有两层含义：一是不同阶段提不同程度的问题；二是所提问题恰好是学生的疑难之处。故教师在提问时，需针对问题本身及学生的实际，选择恰当的问题呈现方式和提问方式，使所提问题学生乐于思考、乐于回答。提问时，可用直接提问法、情境导入法、讨论过渡法、练习介入法等，但不管用哪种方法，教师都要事先精心设计，避免盲目行事。

另外，提问的时机要把握恰当，该问时则问。善于捕捉学生的"愤悱"状态。在学生"心欲知而不得，口欲言而不能"时，不失时机地用问题的钥匙开启学生思维之门，寻找学生思维的最佳突破口。教师提问时，也要注意语言表达，语音语调、轻重快慢等要根据课堂教学的实际情况灵活变化，使提问的针对性更强，提问效果更佳。

【例4-26】比较下列两组提问方式

第一组：
A. 在这个表达式中你能约去什么式子吗？
B. 这个式子的分子和分母有没有一个公因式可约去？

第二组：
A. 观察这个图形，你能发现什么？
B. 观察这个图形，你能找出具有相似关系的两个三角形吗？

【评析】各组中"B"的提问更有针对性，更明确。

七、面向全体，讲究多样性

教师的提问，要面向全体学生。一是教师需要采取多样化的提问方式，二是教师需安排多样化的学生回答问题。问题需吸引所有学生都能积极参加思维活动，这要求教师必须根据教学目的、要求及学生实际设计难度适中、梯度合理的问题，然后根据问题的难易，有目的地选择提问对象，促使每一个学生用心回答问题，使他们都能在自己已有的知识水平上努力回答出来。不能只提问少数优生而置大多数学生不顾，更不能把学困生弃于一边，最终导致他们的思维能力越来越差，学习成绩每况愈下。因此教师提问要注意面的分布，根据问题的难度，选择合适的应答对象，同时，提问个别同学时，也要提醒其他同学认真倾听。

【例4-27】提问的方式，需考虑大多数学生的感受

有经验的教师经常这样说："现在请某某同学回答，其他同学听他回答得对不对，然后说说自己的看法。"这样就照顾了大多数的学生，无论是被叫到回答者，还是听者都能集中注意力，积极思考。

【例4-28】提问的内容，需考虑到不同层次的学生

在讲授象限角概念时，可以这样提问[1]：

对一般的学生可提问"若 α 是第一象限角，则 $-\alpha$ 是第几象限角？若 α 是第二象限角，则 $-\alpha$ 是第几象限角？"的问题。

对优秀的学生可提问诸如"若 α 是第一象限角，则 $\alpha + 30°$ 是第几象限角？$\dfrac{\alpha}{2}$ 是第几象限角？"的问题。

这要求教师不仅要备好课，还要"备"好学生，对学生的学习情况了如指掌。

【例4-29】设置的提问，需考虑难度的渐进、多样

在"函数最值"的习题课，可设置如下问题[2]：使问题层层递进，步步深入。

提问1：下面四个命题中哪个正确？

(1) $x + \dfrac{1}{x} \geq 2$；

(2) $x^2 + \dfrac{4}{x^2} \geq 4$；

(3) 函数 $f(x) = \sqrt{x^2 + 4} + \dfrac{3}{\sqrt{x^2 + 4}}$ 的最小值为 $2\sqrt{3}$；

(4) 函数 $f(\alpha) = \sin \alpha + \dfrac{1}{\sin \alpha}$，$\alpha \in \left(0, \dfrac{\pi}{2}\right)$ 的最小值为2。

提问2：函数 $f(x) = \sqrt{x^2 + 4} + \dfrac{3}{\sqrt{x^2 + 4}}$ 的最小值是多少？

[前面的提问激发了学生探究的热情，教师再点拨利用均值不等式的条件，换元研究函数的性质，令 $t = \sqrt{x^2 + 4}$，$t \in [2, +\infty)$，问题归结为求函数 $g(t) = t + \dfrac{3}{t}$ 在 $[2, +\infty)$ 上的最小值，利用单调函数的定义加以解决]

提问3：如何把上题的函数变换一些数字使其最小值为 $2\sqrt{3}$？

提问4：讨论函数 $f(x) = x + \dfrac{k}{x}$ ($k > 0$) 在 $(0, +\infty)$ 上的单调性，启发学生画出草图。

（经过记忆型提问、理解型提问阶段后，以应用型提问将所学知识和规则运用于新的环境）

提问5：已知函数 $y = x + \dfrac{a}{x}$ 有如下性质：如果常数 $a > 0$，那么该函数在 $(0, \sqrt{a}]$ 上是减函数，在 $[\sqrt{a}, +\infty)$ 上是增函数。

(1) 如果函数 $y = x + \dfrac{2^b}{x}$ ($x > 0$) 在 $(0, 4]$ 上是减函数，在 $[4, +\infty)$ 上是增函

---

[1] 邵光华. 论数学课堂教育合理性提问 [J]. 数学通报，1993 (11)：2.
[2] 徐小芳. 高中数学课堂有效提问的策略与评价 [J]. 中学数学月刊，2008 (9)：17.

数，求 b 的值。

(2) 设常数 $c \in [1, 4]$，求函数 $y = x + \dfrac{c}{x}$ ($1 \leq x \leq 2$) 的最大值和最小值。

(3) 当 n 是正整数时，研究函数 $g(x) = x^n + \dfrac{c}{x^n}$ ($c > 0$) 的单调性，并说明理由。

八、准确评价，讲究反馈性

教师要认真听取学生的回答，及时给予准确的评价。提问是一种双向反馈、双向调控的教学活动，教师及时准确的评价是反馈强化的前提和基础，反馈强化是提高教学质量的关键。教师的评价对学生来说，就是一种反馈信息，可使学生强化知识，改正错误，找出差距，促进努力。学生的回答对教师来说也是一种反馈信息，可使教师掌握情况，改进教法，找出差距，提高质量。

【例 4-30】

代数课上，教师向学生提了这样一个问题[①]：

"x 同 $-x$ 比较，哪个大？"

一个同学站起来不假思索地说："当然 x 大，x 是正数，$-x$ 是负数，正数当然比负数大。"

"我看 x 不一定比 $-x$ 大。这两个数到底是哪个大是不定的。这要看 x 取什么值。当 x 取正值时，x 比 $-x$ 大；当 x 取负值时，x 比 $-x$ 小；当 x 本身是零时，x 和 $-x$ 相等。"另一个同学站起来反驳道。

教师在听了第二个同学的回答后很满意，说："后面这位同学回答得很好。"

然后教师又问前面回答的那位同学："你现在懂了吗？"

"懂了！"学生毫不犹豫地回答。

"既然你懂了，那我再问你一个问题：x 和 $2x$ 比较，哪个大？"

"$2x$ 大。因为 x 只有一个，$2x$ 是两个 x，所以 $2x$ 比 x 大。"

这里教师并没有满足于学生的"懂了"的回答，而是继续发问，结果发现学生并没有从前一个学生的回答中受到启发，并没有达到他希望的举一反三的效果。

【评析】教师问学生"懂了吗"，目的是想看他是否从前面学生的回答受到启发，并迁移到其他问题上，会比较含有字母的两个数的大小。而对学生而言，他理解的"懂了"可能是听懂前面同学对这个问题的解释，或者是懂了这道题目，至于会不会解决类似的问题，并不是他考虑的重点。教师提问检查的目的，是为了促进学生对知识的理解，启发学生学习，而不是想获得一个简单的"懂"或"不懂"。

如果教师听到学生答"懂了"后，能进一步细化，提出如下问题[②]：

"既然你懂了，你能说一下他是如何比较这两个数的大小的？"

"你能说出你出错的原因在哪里吗？"

[①] 湛蓊才. 课堂教学艺术 [M]. 长沙：湖南师范大学出版社，2000：86.

[②] 温建红. 数学课堂有效提问论 [M]. 北京：中国科学技术出版社，2015：87.

"要比较两个含有字母的数的大小，关键在什么地方？"

通过这些细化的提问，懂与不懂很具体地展现在教师面前。同时，教师可以发现，学生懂了什么，不懂什么，不懂的原因在哪里。然后，将这些信息反馈给自己，对自己的教学做出反思，调整教学策略。这样提问检查的目的就达到了。

○ 实践与反思

1. 观看一段数学课堂录像，思考如下问题：
（1）他提出的问题成功吗？
（2）他提出的问题有效吗？
（3）他提问的时机恰当吗？
（4）有没有需要改进之处？
2. 设计数学课堂教学提问技能的教案。
（1）选定课题，设计数学课堂提问微格教学教案。其中包括：教学目标、技能训练目标、教师教学行为、教学媒体的运用、运用提问技能的类型、期望学生的行为和时间分配。
（2）在课堂教学的各个环节中，几乎都会用到提问，提问技能训练的教案可以是课堂教学中的一个环节或者多个环节，不能将提问技能训练的教案写成完整的40分钟一节课的教案。
3. 训练数学课堂提问技能。
（1）选取中小学数学教材中的一段内容，选择适当的提问技能类型进行微格教学设计。
（2）以小组的形式在微格室进行训练，并进行视频录像。
（3）结合数学课堂提问技能评价单（表12-6、表12-7），对录像进行评价和反思。
（4）收集反馈意见，修改教案，反复录像与评价，直到熟练掌握。

第五章
数学教学语言技能

第一节
数学教学语言技能概述

教学语言是一种专业语言,是教师在课堂上根据教学任务的要求,针对特定的学生对象,使用规定的教材,采用一定的方法,在有限的时间内,为达到教学目标而使用的语言。教学语言是教师传递教学信息的媒体,是教师在教学过程充分发挥个人的创造性,正确处理教学中的各种矛盾,正确有效地把知识(信息)传递给学生,使学生与教学环境保持平衡,最大限度地调动学生学习的积极性,并在一定程度上有审美体验的一种教学手段。

数学教学语言则是以数学符号为主要词汇,以数学公理、定理、公式等为语法规则构成的一种教学语言。数学教学语言是在数学知识的产生、发展和运用过程中逐渐形成的,是数学内容经过归纳、概括、抽象的一种表达形式。

因此,数学教学语言技能,简而言之,就是教师用数学教学语言向学生传递信息、提供指导、培养学生思维、促进学生建立良好数学个性品质等方面的语言行为方式的一种技能。数学教学语言技能并不独立存在于数学教学之外,而是与数学、与数学教学活动同时存在的,它是一切数学教学活动(如传授知识和技能、培养能力和方法、表达思想感情、激发学习热情等)最基本的行为方式。数学教学语言技能是可描述、可观察、可培训的具体教学行为。因此,数学教学语言技能可通过学习来掌握,在练习实践中得到巩固和发展。

教师课堂教学语言,在一定程度上反映了教师的水平能力,显示出教师的形象,更直接影响教学的实际效果。正如苏霍姆林斯基所指出:"教师高度的语言修养,在极大的程度上决定着学生在课堂上脑力劳动的效率。"马卡连柯也说过:"同样的教学方法,因为语言不同,就可能相差二十倍。"因此,掌握数学教学语言技能、提高数学教学语言水平,是教师在数学课堂教学取得成功的先决条件。

数学教学语言技能在教学过程中的主要功能有以下几点：

1. 传递教学信息

数学教学语言是信息的载体，是最直接的交流工具。它能准确、清晰地传递教学信息。条理清楚、出口成章、针对性强、言简意赅、用语严谨的数学教学语言，学生愿听、爱听，感觉真切，这有利于学生接受各种知识技能。

2. 形成学科语言

语言是思想的直接体现，数学学科的产生、发展和应用都离不开数学语言。教师运用的数学教学语言，对学生逐步形成学科语言起到至关重要的作用。学生知识表面化的根源，往往是在数学语言的学习中，语义处理和句法处理之间搭配不当。学习形式与内容的脱节，实际上就是数学语言符号、公式和它们所表示的东西脱节。

3. 锻炼数学思维

形象、生动、富有启发性的数学教学语言，能使学生的智力得到发展，能力得到培养。高效率的说明、讲述、推理和论证，要求听讲者思维敏捷、有预见性，在听的过程中，辨析能力、记忆能力、想象能力可以得到锻炼。在愉快和谐、充满智慧、积极紧张的课堂教学氛围里，学生积极主动思考，分析、综合以至理解、掌握所学的内容，从而使思维能力、分析能力、判断能力得到有效提高。

4. 吸引学生注意

生动的数学教学语言能吸引学生的注意，激发学生的学习兴趣和积极性。在数学课堂教学中，通过数字语言的熏陶，学生会受到思想的启迪，获得美的享受。

5. 发展教师思维

不断提高数学教学语言技能，可以促进教师思维品质的发展。语言信息是思维的原料，思维的过程就是信息加工的过程。语言越丰富，思维加工也就越有效。通过数学教学语言技能的训练，教师增加了数学语言信息的储备，锻炼了快速选词组句的能力，这对思维的敏捷性、准确性也是很好的培养。数学教学语言还是表达思想感情的工具。教师正是运用语言要素组成词语来表情达意，以便让学生理解这种思想的；同时，数学教学语言也是教师思想的反馈，有了这种反馈，有助于修正、补充教师的思想。语言和思维就是这样一种辩证的关系：数学语言能力的提高，有助于数学思维品质的发展；数学思维品质的提高，又有助于运用数学语言的管理发展。二者是相互促进的。所以，数学教学语言技能的训练，是对教师的一种很好的思维训练。

第二节
数学教学语言技能的要素

数学教学语言技能由基本语言技能和数学教学特有的语言技能构成。

一、基本语言技能

（一）语音

语音是人的发音器官发出来的有一定意义的声音，是语言的表现形式，是语义的依托。在教学中，对语音的基本要求是要规范，即要用普通话语音来讲话，要求教师发音准确、吐字清晰，不使用地方口音。有的数学教师由于带有方言、方音，吐字不清，说数字"10"和"4"不分。数学中经常使用到英文字母、希腊字母，如果数学教师发音不正确，会使学生听不清教师所讲的数学事实。如反正切函数 $\arctan x$ 的发音，因不同数学教师发音不同，每当换数学教师时，学生会听不清而产生思维障碍。

数学教学语言不同于日常语言，不能采取自然主义的态度，要严格控制发音器官的活动，有意识地训练与矫正，力求发出的声音清晰、准确，声母要读得有弹力，韵母要气力充沛，声调要鲜明，音节界线要清楚，字要咬，不要吞，字字落实，不能似是而非，含混不清。戏剧界有一种"吐字归音"的发声方法，就是指声母的喷吐要有力，韵母的归音要到家，使字音圆润如珠。这种发音对于教师进行语音训练是有借鉴意义的。当然，教师要讲一口流利的普通话，经常对照普通话标准音进行方言辨正，正音正字，在讲课时语音准确、清晰，字正腔圆，这是教师不容忽视的基本功。

（二）语量

语量是指讲话声音大小。语量要符合语言情景和表情达意的需要。讲话声音太小，听不清楚；声音过大，不仅没有必要，而且使人听了不舒服、易疲劳。数学课堂教学的语量，最好控制在使课室最后一排的学生也能听清楚。语量的大小和气息的控制有密切关系。要达到一定语量，就要注意吸气；讲话时，有控制地用气。数学课堂口语还要注意语量的保持，教师要把每一句话的最后一个字清清楚楚地送到学生的耳朵里。不能先强后弱，越说越没有底气。爆发式的语言激变，会使学生吓一跳，也要防止。

在教学实践中，教师要善于感悟揣摩，科学合理地把握教学语言的语量，逐步形成控制音量大小的"空间感"和"距离感"，进而根据学生的多少和教室的大小来调节自己的音量。

（三）语调

语调是指讲话时声音的高低起伏、抑扬顿挫的变化。使用语调的起伏来表情达意，增添口语表达的生动性，有利于学生接受知识，促进学生思考。单一语调容易使人精神疲劳，注意力分散。数学教师语调要自然、适度，力争优美。苏联教育学家马卡连柯说过："只有在学会用十五到二十种语调说'到这里来'的时候，只有学会在脸色、姿态和声音的运用上能够做出二十种风格韵调的时候，我就变成一个真正有技巧的人了。"教师的语言必须有丰富语调。教学语调不应是平铺直叙、平淡乏味的，而应有抑扬顿挫、轻重缓急、高低起伏的变化，高亢调、沉重调、短促调、加长调、重音调等交叉使用，形成语调上的一种错综美，学生听起来才能保持精神饱满，兴趣盎然。特级教师斯霞说："讲到重要的地方，重复一遍；讲到快乐的地方，就自然流露出微笑；讲到愤怒的地方，情绪就很激昂；讲到悲伤的地方，声音就很低沉。"她在教学中，把语调的变化与感情的起伏统一起来，扣动学生的心弦，引起学生感情的共鸣，激发学生的联想，这些，都有助于提高学生的学习效率。

【例 5－1】

"以双曲线 $\frac{x^2}{9} - \frac{y^2}{16} = 1$ 的右焦点为圆心，且与其渐近线相切的圆的方程是……"这个题目中有若干个条件，当教师在读此题时，对条件"与其渐近线相切的圆"，应减慢速度并提高声音读，就等于对这一重要条件的强调，而会引起学生的有意注意和思考。

有时为了强调某个数学事实方法，在语言叙述上也可"反常用兵"——降低音调，而达到学生有意注意的目的。

（四）语速

语速是指讲话的快慢变化。人们听话的能力有一定的承受量，超负载则听不清楚。课堂口语以每分钟 180～220 字为宜，过快或过慢都会影响听课效果。数学与其他学科相比具有明显的抽象性的特点，而中小学生的形象思维又强于抽象思维，数学课上学生要不断地将教师传递的信息进行思维加工，这就要求教师的语言速度不能太快。如果数学教师语速太慢，落后于学生的接受能力和思维能力，学生必然感到乏味。

数学教师在教学中，要随时观察、了解学生的数学思维情况，以此来调整自己的语速。例如，叙述交代性的语言不需要理解，可以快一点；讲到兴奋愉悦处，可以稍快一些；经过分析、论证引出结论可以直抒己见，痛快淋漓。快是为了烘托气氛，调动情绪，创设意境。又如，推理或证明的过程应该慢些；引发学生思维时要慢，引导学生思路进入一种宁静平和或抒情的意境时要慢。慢可以给人体会、回味的余地，或者在头脑里进行推理、联想，任思路驰骋的机会。

同时，语速还要考虑学生的年龄因素、教学内容因素和教学环境因素。年级较低的宜用较慢的语速，讲浅显易懂的内容一般比讲艰深繁难的问题时速度要快一些，教学环境的空间大、距离远时语速应当放慢些。另外，教学环境安静不安静、有无噪声干扰等，也对教学语言的语速有影响。

（五）节奏

节奏指说话时的快慢变化。它与语速有联系但不是一回事，每个字音长短时间不一样，句中句间长短不一的停顿，这种长短不一就是节奏。善于调节语言快慢，形成和谐的节奏，同样可以加强口语表达的生动性。

数学教学语言的节奏性，可以用来促进学生的数学思维，提高学生思考的效率。

【例 5-2】

教师讲三角形中三角恒等问题"在锐角三角形 ABC 中，求证：$\tan A + \tan B + \tan C = \tan A \tan B \tan C$"时，教师先不把整个题目写出来，而用以下的过程给出题目：

师：在锐角三角形 ABC 中（同时在黑板上适当位置写出"在锐角三角形 ABC 中"，稍微停顿，给学生思考），$0 < A < \frac{\pi}{2}$，$0 < B < \frac{\pi}{2}$，$0 < C < \frac{\pi}{2}$，且 $A + B + C = \pi$，即 $A + B = \pi - C$。

师：求证 $\tan A$ 加 $\tan B$ 加 $\tan C$（同时在黑板上适当位置写出"求证：$\tan A + \tan B + \tan C$"）。（停顿，对学生进行观察，促进学生进行思考）

[学生联想变式公式 $\tan A + \tan B + \tan C = \tan(A+B)[1 - \tan A \tan B]$ 且 $\tan(A+B) = -\tan C$]

师：（接前半句话）这个值等于 $\tan A \tan B \tan C$（同时写上"$= \tan A \tan B \tan C$"）。

（六）词汇

词是语言中能够独立运用的最小单位。语言是音、义结合的符号系统，而词则是这一系统中最基本的元素。没有词就没有语言。一个人只有具备一定的词汇量，并能正确、熟练地运用于口头表达中，才具有一定的口语技能。

要熟练地运用口语词汇，在数学教学中要做到：

语言正确——用语符合语法规范，这是让人听得懂的前提。

语言准确——讲的话能准确表达自己的原意和客观事物，讲话不能让人不解其意。

语言精练——讲的话一句有一句的用途，没有不必要的重复，使人听起来干净、利落。

语言生动——讲的话富有形象性、可感性，以启发想象、联想，注意选词造句的感情色彩，忌干瘪、刻板。

语言纯洁——选用的词汇是为社会公认的、绝大多数人都能听懂的，不生造词语，少说方言词汇，不说土话。

只有掌握比较丰富的词汇，才能在说话时迅速讲出准确、简明、生动的词句，提高语言表现力。

（七）语法

语法是语言组合的规律和规则。这种规则是某一民族在形成民族共同语言的长期历史过程中形成的。按照这一规则表达，大家都懂；违反这些规则，则无法交流。

语言要符合语法，符合逻辑，才能连贯、流畅、完整。

（八）语境

说话注意对象、场合，能根据讲话环境、纯朴、自然地述说，有针对性地谈话。比如在正式讲课的场合和在佳节联欢的场合是有区别的。要根据不同需要、不同氛围说不同的话。教师讲课要注意学生的年龄特征、当时的心理情绪，以便选择恰当的说话角度、措辞、口气和语调使说话的感情色彩适合教学内容和学生的需要。

（九）语态

以态势语言（例如手势、身势、眼神和面部表情等）帮助说话。语态要自然、大方、适度、不拘谨、不夸张，做到态势语言与有声语言的巧妙配合。

教师的课堂口语是在课堂教学的特殊语境中形成的。在课堂上，教师要从一定的教学目标、教学内容、教学对象出发来组织语言，这就形成了课堂教学口头语言的特殊结构。

教师在课堂上无论讲解还是提问，从一个完整的段落来看，其基本结构是由三个要素（阶段）构成的，即引入、介入、评核。

1. 引入

教师用不同的方式，使学生对所学的内容做好心理准备。此要素的细节有：

（1）界限标志。指明一个新话题或者新的要求的开始。

（2）点题、集中。明确新话题或者新的要求的开始。

（3）指名。指定学生作答或操作。

2. 介入

教师用不同方式，鼓励、诱发、提示学生得出正确答案，或正确执行教师的要求。此要素的细节有：

（1）提示。为使学生做出正确的回答，教师提示问题、提供知识、提示行为的依据。

（2）重复。重复学生的回答，目的是引起学生的重视，以做出判断。

（3）追问。教师根据学生的答案（不完全正确或完全错误）提出问题，以引发学生思考并得出正确的回答。

3. 评核

教师以不同的方式，处理学生的回答。此要素的细节有：

（1）评价。对学生的回答加以分析、评论。

（2）更正。学生的回答还不正确或思想方法不全面，教师予以剖析，更正。

（3）追问。继续设问，引发更加深入而广泛的思考。

（4）拓展。在已经得到正确结论的基础上，联系其他有关资料和相关问题做分析，探索。

二、数学教学特有的语言技能[①]

有人把文字和语言都广义地认为是一种符号，这是非常正确的。这里我们还是把作为一个民族特有的文字、词汇与数学专业符号系统加以区分研究。

---

① 叶雪梅. 数学微格教学［M］. 厦门：厦门大学出版社，2008：198-200.

（一）数学词汇

中国科学院从 1956 年开始多次修改出版《数学名词》一书，汇集数学名词 6 000 多条。

数学名词是表述数学事实的数学语言的最基本材料。任一数学词汇，都必须确切表示某一数学事实，这就是通常所谓的某概念、某定义。数学词汇——数学名词的特点是每个名字都代表唯一一个数学事实，如单项式、分式、函数、映射、勾股定理、同一律、等价等都是数学词汇。

（二）数学符号

数学符号是数学学科专门使用的特殊符号，是一种含义高度概括、形体高度浓缩的抽象的科学语言。具体地说，数学符号产生于数学概念、演算、公式、命题、推理和逻辑关系等整个数学过程中，是为使数学思维过程更加准确、概括、简明、直观和易于揭示数学对象的本质而形成的特殊的数学语言。可以说，数学的发展史就是数学符号的产生和发展史。

数学符号可分为四类。

1. 元素符号

表示数或几何图形的符号称为元素符号。

【例 5-3】

数字符号：0，1，2，3，4，5，6，7，8，9；

表示数的符号：$a, b, c, d, e, f, \cdots$（常元）；$x, y, z, u, \cdots$（变元）；

某些特定常数：e, π；

多边形元素：$a, b, c, d, \cdots$（边）；$A, B, C, \cdots$（角）；

几何图形符号：$\angle, \triangle, \odot, \cdots$；

集合符号：φ——空集，I——全集。

2. 关系符号

表示数、形、式等之间关系的符号称为关系符号。

【例 5-4】关系符合示例

$=, \equiv, >, \geq, <, \leq, \backsim, \cong, \approx, \cdots$；

$\in$——属于；$\subseteq$——包含于；$\Rightarrow$——推出；$\Leftrightarrow$——等价；

$A \xrightarrow{f} B$——从集合 A 到集合 B 的映射 f。

3. 运算符号

表示按照某种规定进行运算的符号称为运算符号。

【例 5-5】运算符合示例

$+$，$-$，$\times$，$\div$，$\cdot$，a^n，Σ，$\prod$，…；

$\sin$，$\cos$，$\tan$，$\cot$，$\arcsin$，$\arccos$，$\arctan$，arccot，$\log$，$\lg$，$\ln$，…；

$\lim$，f，f'，y'，dy，$\int$，$\oint$，…。

4. 其他符号

也有人称为辅助符号，是用于表示某些特定式子、特定意义的符号。

【例 5-6】

Δ——一元二次方程判别式；

$n! = n(n-1)(n-2)(n-3)\cdots 3 \times 2 \times 1$；

$\max\{\cdots\}$——取大括号中有限个数中最大者；

$\min\{\cdots\}$——取大括号中有限个数中最小者；

括号：()，[ ]，{ }；

区间：( )——开区间，( ]、[ )——半闭区间，[ ]——闭区间；

表示三角形全等的条件：SSS、SAS、ASA。

以上这些例子，只是初等数学中常见的部分基本符号。

数学词汇和数学符号是组成数学语言基本成分的重要内容。从这个意义上讲数学学习的过程也是数学符号的学习过程。例如：数学符号语言"设 $A = \{(x,y) | x^2 = y\}$，$B = \{(x,y) | y^2 = x\}$，则 $A \cap B = ?$" 转换成数学图形语言就是"求坐标轴的角平分线与抛物线 $y^2 = x$ 的交点的坐标"。

第三节
数学教学语言技能的类型

在中小学数学课堂教学中，通常是讲解数学基本概念、数学公式和数学定理，启发学生应用所掌握的数学知识分析、解决有关问题。在教学语言的设计上要强调语言表达的准确性，同时要具有严密性和逻辑性。一节数学课的教学过程大体上可分为导入新课、讲解新知、课堂提问、课堂小结、课堂评价等环节。教师在进行教学设计时，需要精心设计好每一段教学语言，使得新课导入新颖，过渡自然，新知讲解重点突出、难点突破，提问富有启发性，小结具有精练性，课堂评价具有针对性。

教师课堂教学语言的设计包含以下几个方面：

一、课堂导入语言的设计

课堂导入语言在教学中起着十分重要的作用，它可以造成学生的"悬念"，能使学生明确学习的目的和内容，调动学生学习的积极性和主动性，造成渴望"解谜"的心理，最终达到理解和掌握教学目标的目的。如果每一节课，教师都用"上节课我们讲了……这节课我们来学习……"开头,课堂气氛一定很沉闷,不能吸引学生的注意力。假如教师以一个谜语、一段故事、一句成语、一幅画、一个模型和实物或是精心设计的问题开头,就能很快地吸引学生的注意力。

【例 5-7】"三角形中位线定理"导入片断

1. 创设情境

师:同学们,你们做过折纸游戏吗?折纸飞机、纸船、纸葫芦、纸鹤等都很有趣。我们在日常生活中接触最多的纸张是长方形的,如把这样一张纸折起一个角,就得到了一个直角三角形(教师演示),那么怎样用长方形的纸片折出等腰三角形呢?请同学们折一下。

(学生联想以往的折纸方式折纸)

2. 提出问题

(1) 导入问题——把一个直角三角形折成长方形。①

师:我们已经知道长方形纸片能折出直角三角形。现在考虑反方向的问题,即直角三角形纸片能否折出长方形?

(学生以小组为单位,进行观察、尝试、讨论,探索折法方式,表达自己的发现)

师:(实物投影)我们展开纸片,画出折痕,并标上字母(如图 5-1 所示)。回想折纸过程,你有什么发现?(教师提示:注意图中线段的位置与长度的关系,图中是否有等腰三角形?哪些三角形全等?)

生:(学生一边归纳教师一边板书)

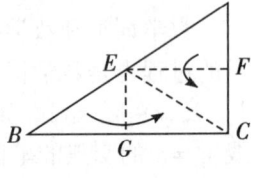

图 5-1

① $EF = GB = GC = BC/2$,$EG = AF = FC = AC/2$,因此 $EF \parallel BC$,$EG \parallel AC$。

② 折痕将三角形 ABC 分成 4 个全等的直角三角形、2 个等腰三角形。

③ 连接 EC,$AE = BE = EC = AB/2$,$\angle A + \angle B = 90°$。

师:通过观察我们这张纸(图 5-1),大家知道了 E 是 AB 的中点,并且得到三点发现,其中第三点中的两条性质我们以前证明过,今天我们用折纸的方法又一次进行了说明。请大家过中点 G、F 作一条折痕,思考这条折痕 GF 与斜边 AB 有什么关系。它能不能成为长方形的一边?

运用实物直观设计导入语言,让学生观察的内容必须与要讲的新知识有密切联系,使学生在解决过程中产生疑问,从而产生学习新知识的强烈要求。

二、新知讲解的设计

"数学教学就是数学语言的教学。"也有人说,数学的教学实际上就是数学概念、公式、定理的教学。教师在教学中对数学概念的叙述和分析,要简明、透彻、有条理,并

---

① 孙秀霞.“减负增效”案例分析:数学课堂提问的有效性思考[J]. 全国教育科学学术交流会,2016 (1): 173.

利用比喻、比拟等修辞手法以通俗语言来讲授。这些语言的特点是生动、形象、有趣,适应学生的心理特点和思维特点。引导学生对数学问题的理解,常常是"一个恰当的比喻,胜过十遍的说教"。

【例 5-8】实数开平方

一位数学教师讲解当 $a \geq 0$ 时,$\sqrt{a^2} = |a| = a$,当 $a < 0$ 时,$\sqrt{a^2} = |a| = -a$。若要化简 $\sqrt{a^2}$,必须按以下两条要求"办理":

①先让 a 从"屋子"(根号)里走到"院子"(| |)里;

②至于如何走出"院子",就取决于 a 的"体质"(非负或负):"体质健壮"($a \geq 0$)的直接出去,即 $\sqrt{a^2} = |a| = a$($a \geq 0$);"体质虚弱"($a < 0$)的,必须带上一条"围巾"(负号-),以防感冒,即 $\sqrt{a^2} = |a| = -a$($a < 0$)。

这时学生哄堂大笑,并在笑声后交流获得的启迪,教师借此让学生记忆公式。

但用打比方、做比喻时,一定要在课前做缜密细致的考虑,千万不可信口开河,否则,结果将适得其反。

三、课堂提问的设计

课堂提问是师生之间、生生之间,通过一问一答的形式进行的活动。教师设计的问题要有启发性和针对性,同时要注意题目不要太大,要能促进学生思维活动的展开;应当有一个难度梯度;问题应当紧扣教学内容,不要离题。此外,还要注意有选择地提问学生,根据问题的难易程度和学生的水平,有针对性地进行个别提问。

【例 5-9】三角形诱导公式

多媒体演示:已知角、终边,角、终边逆时针转动。

问题一:(1)与角终边相同的角如何表示?

(2)若角和角终边相同,则它们的三角函数值有什么关系?(学生得出公式一,老师板书,师生分析公式作用,多媒体演示角、终边继续逆时针转动)

问题二:角、终边除了与角、终边相同,它们的终边还具有哪些特殊的位置关系?与三角函数值又有什么关系?(学生得出三种特殊的位置关系。让学生自己选择一种特殊的关系,师生探究得出公式二)

问题三:你能不能自己探究出另外两种特殊位置关系下的三角函数值有什么关系?

问题四:由公式二、三,你能推导出公式四吗?公式二、三、四之间只知其二,你能推导出另一个吗?

问题五:你能用简洁的语言概括一下公式四吗?

巧妙有效的提问有利于促进学生思考,培养学生思维能力,发展学生的口头表达能力,但是当前很多教师并没有充分认识到提问的意义,课堂上师生的互动仅仅停留在简单的一问一答上,没有进一步的交流和反馈,或是问题指向不明,缺乏一定深度。一些无意义的提问不仅不能提升学生的思维,有时反而会抑制学生的对话能力和创造思维。

四、课堂小结语言的设计

课堂小结是教师针对一章或一节教学内容进行知识归类、整理和总结的教学活动，语言表达要精练、准确，才能起到画龙点睛的作用。由于小结语往往是一些结论性的语言或对解题规律的总结，是对整个章节知识的串联和梳理，教师在小结前一定要反复思考，精心提炼，只有这样才能保证小结的权威性和准确性。

小结语又称课堂教学结束语、断课语，指教师讲完一部分内容或课堂结束时所讲的话，成功的小结语会留给学生深刻的印象。一堂好课，不仅要有引人入胜的导入和环环相扣的讲授，还要有精致的小结语。成功的小结语，是教学口语艺术中的精品。

【例 5-10】圆面积计算

一位数学教师在教学"圆面积计算"结束时，教师按如下程序和学生谈话。问：今天我们学会了什么？（计算圆的面积）学生回答后教师说：实际上我们今天已学会了计算许多图形的面积。随即教师拿出一张圆形纸片，问：怎么求它的面积？学生回答后教师将纸片对折，又问：现在呢？学生回答后，教师把纸片展开，用剪刀在纸片中剪去一个三角形，再问：会求它的面积吗？（$S_{圆} - S_{三角形}$）学生回答后，教师还可以改剪成在中间挖去一个长方形、正方形、梯形……

这时学生感到振奋、欢乐，学习热情进一步调动起来，并为后面学习扇形面积、组合图形面积做好准备。

五、过渡语言的设计

过渡语又称课堂衔接语、转换语等，指教学中从一个环节到另一个环节，由一个大问题到另一个大问题之间的过渡用语。巧妙的过渡语可以起到自然勾连、上下贯通、逻辑深化的作用。过渡语也是引路语，提示和引导学生从一个方面的学习顺利地通向另一个方面的学习。过渡语也是粘连语，它可以把一节课的内容衔接成一个整体，给学生以层次感、系统感。过渡语言贵在自然、确切、简洁，使整个教学浑然一体，同时注意艺术性和趣味性，让学生的思路能够顺利地由前者转入后者，而不至于感到突兀、费解。

过渡语的设计，有以下几种方法：

（1）顺流式：指上一个问题自然为下一个问题做了预备和铺垫。如："好。我们在前面学习过指数函数、对数函数、幂函数的图象，那么三角函数的图象又是什么'长相'呢？"用设问句的方式，引出"三角函数的图象"这一节内容。

（2）提示式：指出上下环节或问题之间的关系。如："好，上面讲的这一切如果都成立的话，那么下面这种说法也能成立吗？"

（3）悬念式：运用前面问题推导的结果，制造一种悬念效应，巧妙引出下文。如："同学们听到我讲的这些以后，一定感到很奇怪，那么问题出在哪里呢？好，这个问题我们先放在这儿，一会儿会明白的。下边，我们先弄清楚这样一个问题……"

六、教师评价语的设计

教师的评价语应对学生的学习行为具有明确的指导性、启迪性和激励性。教师的评价语是学生了解自己学习情况的一面镜子，能反映学生学习过程中存在的问题和取得的进步，能衡量学生学习水平的高低，是学生学习的助推器，能激励学生学习，增强自信心。教师的教学语言要体现对学生尊重的态度。对学生的尊重，可以激发学生巨大的潜力，进而可以转化为学生思想、道德、知识、能力等方面的积极追求。教师饱含对学生、对数学的情感，是激发学生对数学、对数学学习情感的重要方面。但是教师的评价语是一把双刃剑，评价得好，可以激励学生，评价得不好，可能会打击学生的信心和积极性，压制学生的学习欲望，因此应该正确使用评价语。

【例5-11】百位以内的加减法

一位数学教师在"百位以内的加减法"课结束时，说道：这节课大家学得很活跃，计算也很有方法，说明大家学习这课都有了收获。当然也有个别同学在预习和课堂学习中没有提出什么问题，思维不太活跃。我们将进一步体会百位以内的加减计算方法，并运用到解应用题中去。

【评析】教师对学生的学习积极性、主动性做评价，既热情肯定了学生高涨的学习积极性，也指出了个别学生的不足，同时提出了设想和要求，这样的评价无疑是对学生学习方法的有益指导。

第四节 数学教学语言技能的应用

数学语言作为一种专业语言，在促进国际交流和各学科之间的理解和沟通方面有着重要的文化价值。然而，对于知识基础薄弱和受到年龄限制的中小学生来说，要理解用数学语言表述的数学知识是有一定困难的。在数学教学中，教师一般不宜直接使用数学语言作为讲授语言，而需根据学生的心理特征和知识基础，将数学语言转化为容易被学生接受的语言。

一、数学教学语言的选择

数学语言的确切性、精练性体现在教材上，也必须体现在教师的教学语言上。它包括对数学定义、定理、公式和法则的阐述和板书，对某些数学事实的分析与讲解，对解题思路方法的讲述，对课堂内容的小结，等等。数学教师还要掌握各种教学语言。此外，还必须从教师个人的特点出发，研究如何选择数学教学语言。数学教学语言包括通俗语言，教学型数学语言，文字、符号混合型数学语言和符号型数学语言。

(一) 通俗语言

通俗语言，也称为自然语言，即人们平时使用的口头语言。通俗语言生动形象，易于理解，教师可挥洒自如，听着亲切自然，容易得到情感上的认可，易被学生接受。

善于用比喻，可以化深奥为浅显，这是教学中行之有效的办法。如讲三角函数 $y = \sin(\omega x + \varphi) + b$ 的图象时，是先将函数 $y = \sin x$ 的图象横向平移，再横向伸缩，然后纵向伸缩，最后纵向平移。为了便于学生理解记忆，可将图象变化用教学语言比喻为"先溜冰，后拉手风琴，再跳橡皮筋，最后乘电梯"。学生听了情绪活跃，对图形变换的整体步骤记忆清楚。或使用夸张的通俗语言。例如："把这个三角形的三个内角撕下来，拼在一起，观察这三个角的和等于多少度。" "让这个点跑遍定义域的每一'部分'……"利用顺口溜、打油诗、对偶句、排比句等，也是数学教学中常用的通俗语言。例如三角函数诱导公式的口诀："奇变偶不变，符号看象限。"二次不等式 $ax^2 + bx + c > 0$ （$a < 0$ 或 $a > 0$），可用"小于取中间，大于取两边"进行求解方法的记忆。

在使用通俗语言时，教师要十分注意，若它所表述的数学方法或数学事实不够明确或不恰当，容易造成学生的误解。因此，用通俗语言表述某个数学方法时，必须对所指数学问题的条件、适用范围，甚至每个词的含义及它隐含的意义交代清楚，分析透彻。

(二) 教学型数学语言

教学型数学语言是指教师将书本上的数学语言重新组织，用符合数学逻辑、语言逻辑的语言讲出数学事实。数学教学，特别是课堂教学中，教师要用语言讲解数学概念、定理、方法，但又不能完全使用书本上的数学语言。因为对学生来说，书本上的数学语言过于抽象，不易理解。而教学型数学语言表述的数学事实完整、准确，又十分细致，它把数学语言化为长句子，易于学生理解、接受。教学型数学语言是每位数学教师课堂上一定会使用到的语言，数学教材中的任何部分都可用它来进行教学。教学中，教师常把书本上的数学语言转为教学型数学语言。

将数学语言化为教学型数学语言，是数学教师在教学设计时要重视的问题，常被称为"口语化"。实际上，"口语化"并不是单指将数学语言化为通俗语言，而主要是将其化为教学型数学语言。把书本上的"文字词"改为教学型数学语言。例如："任意非负数"可改写为"任意一个大于或等于零的数"。"当且仅当 $a = b$ 时，$a + b = 2\sqrt{ab}$"可改成"当 $a = b$ 时，$a + b = 2\sqrt{ab}$；当 $a + b = 2\sqrt{ab}$ 时，$a = b$"。

(三) 文字、符号混合型数学语言

文字型数学语言是指完全用文字叙述一个数学事实，而且是最简练的语言。数学书籍、论文中的定义，定理的纯文字表达的语言都是文字型的数学语言。符号型数学语言是指由数学符号构成的人工语言。它是由一些数字、字母、运算符号和关系符号等，按一定法则构成各种数学表达式。文字、符号混合型数学语言是指上述两种数学语言的混合使用，这是数学教材、数学文章和数学教学中更为广泛使用的数学语言。数学教材中，大量使用符号型语言进行逻辑推导、证明或计算，虽简洁准确，但也抽象深奥，教师要根据学生的理解程度，适当插入简明的文字型数学语言，以帮助学生的理解。文字型数学语言较符号型语言易接受，文字型数学语言是学生进一步掌握符号型数学语言的基础。

【例 5-12】 "直线与平面平行的判定定理"教学片断[①]

师：请将前面分析的"直线与平面平行的判定"补充完整。

生：若 $a/\!/b$，$b \subset \alpha$，$a \not\subset \alpha$ 则 $a /\!/ \alpha$。

师：请用文字语言翻译出来。

生：若一条直线与另一条直线平行，一条直线在平面内，另一条直线不在平面内，则这条直线与这个平面平行。（一说完，学生自己都笑了，典型的顺序直译法，别扭）

师：慢慢来，从命题中你得到什么结论？

生：直线与平面平行。

师：需要什么条件？

生：直线与直线平行。

师：对，只要是由线线平行得到线面平行，但是，是怎样的线、怎样的面，要加上适当的定语。

生：一条在面内，一条在面外。

师：好，请重新整理再说一遍。

生：如果平面外一条直线和这个平面内的一条直线平行，那么这条直线和这个平面平行，即若 $a/\!/b$，$b \subset \alpha$，$a \not\subset \alpha$ 则 $a /\!/ \alpha$。

【评析】 教师让学生尝试探究直线与平面平行的判定定理，通过用符号语言、文字语言的描述，不仅使学生归纳出了直线与平面平行的判定定理，而且加深了对定理的理解，同时也培养了学生用准确的数学语言表达和交流的能力。

（四）符号型数学语言

符号化是数学的特征之一，数学知识本身与数学应用应常使用符号型数学语言。

【例 5-13】 函数增减性之后常给的例题：比较 $\log_5 2$ 与 $\log_2 5$ 的大小

解：$\because \log_5 2 < 1$，$\log_2 5 > 1$，$\therefore \log_2 5 > \log_5 2$。教学中，可在"解"字之后，加上教学型数学语言，对数 $\log_5 2$，$\log_5 5$ 的值可看成对数函数 $y = \log_5 x$ 在 $x = 2$ 和 $x = 5$ 处的函数值，而函数 $y = \log_5 x$ 在 $(0, +\infty)$ 上是增函数，故 $\log_5 2 < 1 = \log_5 5$。同理可得 $\log_2 5 > 1$。

例如平面几何和立体几何中，大量例题是用逻辑符号推导的，教学中对每步推导，教师都可用如"因为……，所以得……""根据……定理（或定义或法则），所以得……"的语言给予解释。

总的来说，几种数学教学语言的关系如图 5-2 所示。

图中箭头表示"上面的语言服务于下面的语

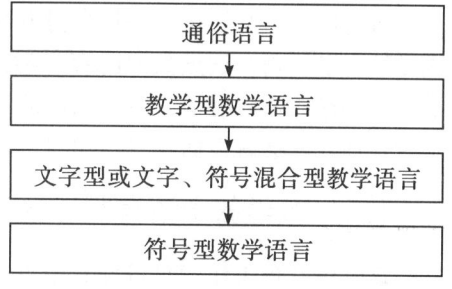

图 5-2 几种数学教学语言的关系

[①] 王尚志. 数学教学研究与案例 [M]. 北京：高等教育出版社，2006.

言"。这个图只表明几种语言之间的总体关系，并不完全表示教学时使用语言的先后次序。

数学语言是一种高度抽象的人工符号系统，也是数学教学的难点。一般地，学习数学语言要经历机械认识—归纳认识—理性认识的过程，最终内化为自己的认知结构的有机成分。G. 波利亚把数学问题的解决分成四个水平：第一为图象水平，第二为联系水平，第三为数学水平，第四为探索水平。从数学语言的角度看待这四种水平，解题的第一水平是感知问题的视觉语言图；第二水平是将考察对象与图用数学文字或符号表示出来；第三水平是将数学词汇依据一定的数学理论组成数学语句；第四水平是将数学的定理、公式、法则等与问题形成的数学语句建立联系，连接点处即为问题解决的关键。

二、数学教学语言技能应用要点

从教学的内容、教学的对象——学生运用语言等角度出发，在数学教学语言技能的运用中，应遵循下列要求。

（一）善用数学专门语言，并与通俗语言巧妙结合

数学教学语言是学科的教学语言，数学学科有自己的概念、理论，并通过它们所构成的理论体系来揭示其客观规律。这类概念理论系列，是用专业术语来表达的。

例如，数学用语，它可分为文字型数学用语、符号型数学用语、文字型和符号型相结合的数学用语，如"两圆的半径分别为 R 和 r，圆心距为 d，那么，$d=R+r$ 时两圆外切"。这种简洁、概括的数学用语，充分体现了数学的抽象性、科学性和严谨性。在运用数学用语的同时，若伴以恰当的通俗语言说明，学生听得更加生动、形象和有趣。如："笔直的铁道，它的两根铁轨就可看成是两条平行线。""如果把三角形的三个内角撕下来，拼在一起，观察这三个角之和等于多少。"准确、灵活地运用这些学科专门用语、学科范围内的共同语言，必要时伴以通俗语言进行教学，一说就懂，而且极为简明；不用这些学科用语，不仅不利于交流，而且往往不严密，甚至可能会出现错误。

（二）数学教学语言导入用词准确，合乎逻辑

讲一段话，必须符合事物自身发展变化的规律，合乎人们认识事物的规律，也就是说必须合乎逻辑。这是数学内容科学性的重要保证。例如：线段就不是直线。如果用不准，势必造成概念混淆。教师出现的语言误用，会造成学生思维困难，例如："只要会证这个定理，才会解下面题目。"（关系错乱）

（三）数学教学语言要有教育性

这是由学校工作的总目标和教师的职责决定的。教师的根本职责是教书育人。教师在课堂上的讲话（课外也一样），既是在传授知识，又是在进行思想教育。教师的教学语言对学生的思想、情感形成有潜移默化的影响。一般来说，学生的年龄越低，这种影响越大。课堂口语的教育性，是与所教内容紧密结合在一起的，教育应该随时渗透，启发诱导。

（四）数学教学语言要严谨流畅

数学教学语言的严谨性要体现在教师课堂教学的每一句话上。对学科内容的阐述，有些地方多一个字或少一个字都是不行的。如"a 除以 b"和"a 除 b"，一字之差意义相反。教学语言该详就详，该简就简。这样可以腾出更多的时间，让学生充分思考，最大限度地发挥时间效益和学生思维效益。教师对课上每一小段知识的教学，都要设计好主要教学语言，表达时才能紧凑、连贯，"哼""哈""不断""呀""吧"不绝的语病，最干扰教学语言的流畅。

（五）数学教学语言要有启发性

启发学生思维的语言主要用来启发学生对学习目的意义的认识，激发他们的学习兴趣、热情和求知欲；启发学生分析、对比、归纳、演绎，激发学生积极思考，引导学生分析问题和解决问题；启发学生培养审美情趣，丰富学生的思想感情。要使教学语言具有启发性，首先，教师要体现出对学生尊重的态度，要饱含丰富的感情；其次，教学语言要体现新旧知识的联系，要尽可能把抽象的概念具体化、深奥的道理形象化，激发想象与联想，从而发展学生的思维能力；最后，还要抓住教学内容的内在矛盾及其发展，以提出矛盾—解决矛盾的方式来组织教学语言，有助于巩固学生持续的注意力和积极思考。

（六）数学教学语言要有动机性

教师讲课的语言，要跟学生当时的思想联系起来，与学生的接受水平尽量一致。应根据学生的反应，灵活机动地改变词句或叙述结构，使之易为学生所接受。一个教师要能灵活机动地运用教学语言，对教学工作要有极为负责的精神，在备课中不仅确定经过深思熟虑的数学教学语言，还要同步考虑学生的学习行为，为灵活运用语言做好准备，要深入掌握所讲的学科内容；要具有比较丰富的心理学知识和对学生的观察力和判断力；要有较高的文化修养并掌握丰富的词汇。

○ 实践与反思

1. 谈谈数学语言在课堂教学中的作用。
2. 观看一段数学教学的录像，说出在这教学过程中，教师是如何运用教学语言技能的。
3. 选择教材中的某一内容做一个突出教学语言的教学设计，具体说明哪些内容采用符号型数学语言讲解，哪些内容采用教学型数学语言讲解，哪些内容采用通俗语言讲解。

第六章
数学教学板书技能

第一节
数学教学板书技能概述

数学板书技能是教师在黑板或投影片上书写文字或其他符号的活动方式。

教学手段越来越现代化，数学板书是否会被淘汰？牛津大学出版社出版的《教育学》一书中指出，"一切直观教具，不论像电影和录像节目那样昂贵复杂，还是自制的画片和模型那样便宜简单，都具有同样的目的：在学习者视觉上留下强烈的印象。事实上，所有的直观教具中，数黑板最普遍、最重要、最灵活"，同时又指出："（数学板书图示）几乎可以服务于无限的目的。"事实证明，"数学板书＋黑板"的手段虽"古老"，但在许多场合下确实比现代化教学手段更为方便实用。可见，现代化教学手段与传统的"粉笔＋黑板"是一种需要互相配合使用的关系，而不是谁取代谁的关系。

从信息传播学的角度来说，教学过程是信息传播的过程。教育信息按其表现形式可分为形象信息（如实物、代替物、模拟物及人的非言语行为）和符号信息（如知识的概念、定理、公式、教学等言语符号）。而教学上的数学板书则既有形象信息，又有符号信息，它是一种视觉符号，它是通过文字、图形、色彩、结构等直接刺激学生的视觉感官来传播教学信息的。有人用视觉、听觉单独接受信息，或视、听同时接受，或视、听先后接受信息的方式，研究低、中、高年级儿童识记后保持项目的情况，结果发现整个小学阶段儿童对通过视觉接受信息的保持量为最高，视、听同时或交叉接受信息的保持量次之，听觉接受信息的保持量最低，而其中低、中年级的视觉记忆又占有绝对优势。高年级的视觉记忆的优势现象虽相对减弱，但仍优于其他方式的记忆。也就是说，整个小学阶段儿童识记保持是以视觉加工为主，所以教师要充分用好数学板书，才能使学生牢固掌握知识。

数学板书可分为两种：一种是教师根据教学内容概括出来，提纲挈领地反映教学内容的文字或其他符号，它往往写在黑板或投影片的显要位置上，可称为主数学板书；另一种是作为主数学板书补充的注释性、提示性、示意性等具有一定随机性、临时性和局部性特点的文字或其他符号，这种数学板书可称为副数学板书。

数学板书的作用主要有以下几点：

1. 可以提示逻辑结构，便于连贯思考

板书可以帮助实现教学目标，能精练地揭示教学内容，体现教材结构。在定性或定量的公式推导中应用板书，可以使较长的逻辑推导过程清晰可见，便于大多数学生跟上学习进程，形成连贯的思考，同时也便于记录和回忆。

教师运用板书，可以提纲挈领地表达讲课的内容体系和推导线索，突出教学的重点和关键，有利于形成知识结构，从而帮助学生理解和记忆。由于它是随着教师的讲授过程逐步展开的，可以很自然地使学生的注意力既集中于教师的语言、表情、姿态、动作，又集中于板书的内容。

2. 可以强化直观教学，增加感官刺激

板书可以强化直观教学，增强教学效果。板书以形象的结构、简要的信息、多样的符号参与，以及不同色彩的搭配，给学生强烈的、多方面的感官刺激，强化了学生的视觉效果。因此，在教学中，恰当地运用简要的板书，可以有效输出视听信息，成为学生领会教学内容的重要途径和载体。

3. 可以激发学生兴趣，集中学生注意力

板书中的文字、符号、线条、简表、图象以及简笔画等，由于形式多样，内容简要，对学生来说有很强的视觉冲击，可以给学生较强的感染，能激发学生参与学习的积极性。

4. 可以突出教学重点，深化内容理解

板书可以用来简化教材内容，突出教学重点。板书设计有目的、有条理，语言概括、简洁，紧扣课文内容，关键词语提纲挈领，能给学生留下想象、延伸的空间。

第二节
数学教学板书技能的要素

在中小学各学科的教学中，一般都要用到板书。与其他学科板书相比，数学板书有其自身的特点。由于数学内容常常符号化，所以在数学板书中，常见到许多符号，文字相对偏少一些。数学板书的内容丰富，不仅有文字符号，还有图形和图象。同时数学板书常涉及逻辑严密的定理证明、公式推导、解题示范等，这使得数学板书量很大，超过一般学科的板书。另外，数学板书在进行图形绘制时，由于这些绘图往往需呈现过程性，且常带有模糊的试探性，这就要求在绘制图形时需手动绘图，而不用其他教学形式代替，这使得数学板书比其他学科的板书有更高的要求。

数学中的很多内容，如定义、定理、公式、法则、数学符号或数学公式的变换推导，都比较抽象，逻辑性强，思维严密。因此，数学板书不仅要体现教学内容，还要体现数学知识的发生过程和其中蕴含的数学思想方法。另外，数学板书常常涉及许多图形，如黄金分割图形、圆锥曲线以及各种函数图象，这些图形往往风格独特，简约内敛，与美学联系紧密，甚至成为美学上的一些示例，所以在众多学科板书中，数学板书最容易让学生体会到美的享受。

数学板书是数学教师根据教学的需要在教学用具（主要指黑板）上写出的教学提纲，数学板书的质量直接影响到教学效果。常言道："百闻不如一见。"因为学生通过视觉获得的信息印象比较深刻，所以数学板书是课堂教学的重要组成部分。

板书的构成要素主要表现在以下几点：

一、主板书与副板书

由于数学课堂板书一般分为主板书和副板书。主板书是指需要保持一节课的内容，如教材中的重点、难点、关键点及主要的定义、性质、定理、公式等，其目的是便于教师小结，便于学生理解记录。主板书是整个课堂板书的骨架。副板书则是指教学过程中可以随时擦掉的内容，如计算过程、证明过程，以及根据学生反馈临时写在黑板上的其他内容，是主板书的具体补充和辅助说明。副板书是整个课堂板书的血肉。

板书不是讲授内容的重复，而是数学内容的加工和提炼，应起到画龙点睛、提纲挈领、深化理解和巩固提高的作用。教师在备课时要精心设计板书，对整节课内容做统一安排，对可作为主板书或副板书的内容做到心中有数，使板书布局合理、详略得当、重点突出、条理清楚。

二、书写和作图

数学板书中的内容，特别是例题的演算和推证、定理的证明都要给学生做示范。在数学教学过程中，教师的板书主要是书写和作图。书写的主要对象是文字和数学符号，作图的主要对象是函数图象和几何图象。

书写数学文字、数学符号时要工整清楚、大小适合、符合规范。数学板书除了书写外，还要作图，不仅要作平面图，还要作立体图。作图时，要做到准确无误、清晰直观，并要注意大小比例恰当，易于分析和启发学生思维。作图对数学教学有着重要的意义，它不仅能培养学生的动手能力和自主探究能力，也能培养学生的创新思维。常言道："作好图形，相当于解决问题的三分之一。"在作图教学过程中，尽量使用作图工具。另外，教师还要掌握基本的手动作图技能。特别是教学中对一些问题的分析，常需要作一些辅助性的草图，而手动作图往往比工具作图更为方便有效，更便于学生的理解，更符合人的思维习惯。优秀的数学教师往往具有较强的手动作图能力。

书写和作图最基本的要求是让学生看得清楚。如果学生看不清楚很容易影响学生对教学内容的理解。实践表明，部分学生数学学习效果不好与看不清黑板的字迹有一定的关系。

另外，教师的板书态度、作风、习惯等往往会成为学生模仿的对象，对学生起到潜移默化的作用。

三、内容的编排

板书的内容不是教案内容的全部，而是教案内容的一个缩影。板书的内容应能够科学、系统、概括地反映教学内容的知识结构。教师应当从板书标题的确定、表现形式、各部分内容的出现顺序、相互之间的呼应和联系、文字详略等方面设计编排好板书的内容。

板书内容出现顺序如何呢？一般来说，新课的标题在复习提问及导入新课后写，各部分的标题依具体情况而定，一般演绎法课型往往先写后讲，体现学生思维的连续性。在归纳法、发现法的课型中则是先探究发现后写板书，因为写出了板书也就知道了结论，会削弱学生的思维活动。

四、版面的布局

板书的布局就像园林规划一样，应该整体美观、协调，令人适意。合理的板书布局有利于教师的讲解，有利于学生的思考和领会。主板书是一节课的主要教学内容，也是整节课保留在黑板上的内容，一般是知识点梳理、问题分析论证和推导解决过程的内容。副板书是可以在黑板上随写随擦的板书，通常是提醒学生注意的数学概念、数学符号，启发学生思维的草图，以及学生的板书演示，等等。副板书也要注意局部内容的完整性。副板书通常写在黑板的最右边，在中小学数学常见的过程式教学中，常常把解题的分析思路写在副板书上，而解题的具体过程写在主题板书上。对于主副板书布局还要考虑板次，以便学生理解记忆。另外，布局还包括合理安排板书与教学挂图、屏幕投影的位置等，以利于学生听课、观看和记录。

第三节
数学教学板书技能的类型

数学是思维的体操。我们在数学教学中要借助于文字、线条、图形、符号等，利用色彩配合、形象透视等方法，创造出内容美与形式美和谐统一的数学板书，增强学生的记忆和理解，培养学生的数学思维能力和推理能力。

数学教学板书讲求科学性，层次分明，条理清楚，形象直观。它有利于突出重点，突破难点。它是落实教学目标的重要手段。梁启超在谈到方法之重要时说过："教员不是拿自己的结果教人，最要紧的是拿怎样得到结果的方法教人。"所以，在课堂小结时要充分利用板书教给学生学习的方法。

数学板书大致上可分为7种类型：提纲式、过程式、图示式、比较式、表格式、概括式和综合式。应该指出，这样的分类不是唯一的，各种类型之间的区分也不是绝对的，但为了更好地研究板书技能，做一定的分类又是必要的。

一、提纲式板书

提纲式板书是指教师根据教学内容进行分析、综合，用精要的文字归纳出若干知识结构、重点和关系的提纲或提要形式的板书。提纲式板书的特点是用精练的语言对有关内容进行高度浓缩，省略了细节，突出了重点、要点，而且条理清楚，体现了知识的层次结构，它可以有效地揭示教学内容和引导学生学习，加深理解和增强记忆效果。

【例6-1】"函数及其表示（一）"板书

教师边讲解边板书，以下是板书内容：

函数及其表示（一）
函数的概念及表示……
定义域及值域的定义及求法……
常用区间的概念……
函数的三要素及判断函数相等的条件……

点评：在此案例中，提纲式板书将函数的相关概念及要点保留在黑板上，条理清晰，知识层次清楚，言简意赅，重点突出，方便学生掌握。

二、过程式板书

过程式板书是对教学内容进行逐步呈现的板书，包括对数学教学中常见的定理、公式的推导，例题的证明及运算求解等。过程式板书是数学板书的精华部分，重点在于过程，它揭示了数学知识发生过程和学生认知过程，体现了数学的思想和方法，有利于培养学生的推理论证能力和运算求解能力。在数学性质发现及论证、运算与求解的教学中经常用到过程式板书，这也恰恰符合认知理论的实践。另外，过程式板书有很强的逻辑严密性，对学生的思维发展具有很大的启发性。

【例6-2】"解应用题"板书

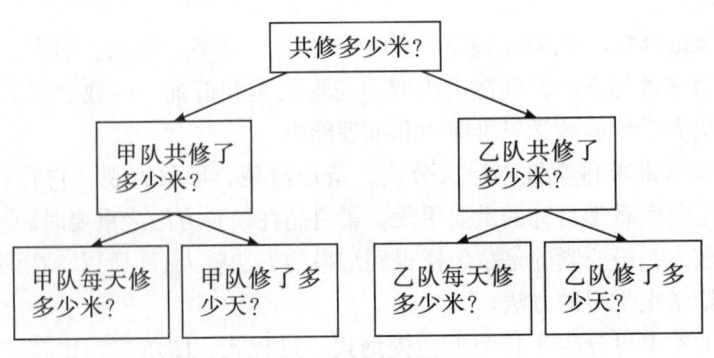

图6-1 "解应用题"板书

点评：在此案例中，过程式板书以直观图形表示思维过程，其逻辑关系直观明了。常用于解应用题中。如："两个筑路队共修一条公路。甲队每天修 650 米，乙队每天修 520 米。两队合修 18 天，共修多少米？"解题思路过程板书如图 6-1 所示。

【例 6-3】"三角函数诱导公式的应用"板书

化简：$\dfrac{\sin(2\pi-\alpha)\cos(\pi+\alpha)\cos\left(\dfrac{\pi}{2}+\alpha\right)\cos\left(\dfrac{11\pi}{2}-\alpha\right)}{\cos(\pi-\alpha)\sin(3\pi-\alpha)\sin(-\pi-\alpha)\sin\left(\dfrac{9\pi}{2}+\alpha\right)}$

解：原式 $= \dfrac{(-\sin\alpha)(-\cos\alpha)(-\sin\alpha)\cos\left[5\pi+\left(\dfrac{\pi}{2}-\alpha\right)\right]}{(-\cos\alpha)\sin(\pi-\alpha)[-\sin(\pi+\alpha)]\sin\left[4\pi+\left(\dfrac{\pi}{2}+\alpha\right)\right]}$

$= \dfrac{-\sin^2\alpha\cos\alpha\left[-\cos\left(\dfrac{\pi}{2}-\alpha\right)\right]}{(-\cos\alpha)\sin\alpha[-(-\sin\alpha)]\sin\left(\dfrac{\pi}{2}+\alpha\right)}$

$= \dfrac{-\sin\alpha}{\cos\alpha}$

$= -\tan\alpha$

点评：在此案例中，过程式板书展示三角函数的诱导公式，逐步推导，层层递进，揭示了问题证明的过程，不仅让学生体会到三角函数的实际应用，而且也让学生体会到数学证明的逻辑严密性。

三、图示式板书

图示式板书是指运用文字、数字、线条或其他符号将知识、内容按一定联系组合起来的板书。这种板书的特点是能够直观形象地呈示有关内容的联系和变化规律，它经常在对某个课题内容进行分析、归纳、推理或将相关知识内容联系起来时使用。

由于图示式板书具有形象、直观的特点，所以较容易引起学生的注意，便于学生对数学知识进行分析和比较，促进学生思考与记忆。如果条件允许的话，根据教学内容的需要，也可以将图形制成电子文稿，借助于多媒体教学技术，通过投影仪进行展示，这样既节省时间又能多次反复使用，可以有更好的直观效果。

图示式板书体现的数学知识丰富，在实际教学中应用范围很广，按其内容之间的关系可以分为总分型、线索型、流程型等。但不管使用什么样的图示式板书，板书作为教学内容中不可缺少的重要组成部分，一定要讲究整体性、知识性、形象性和科学性。

【例6-4】"数的扩充"板书

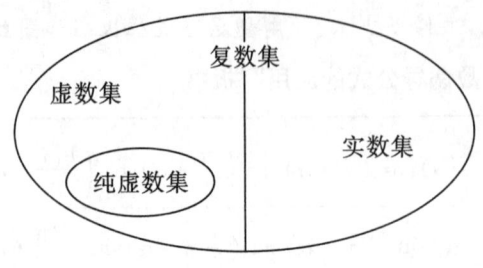

图6-2 "数的扩充"板书

点评：在此案例中，图示式板书利用韦恩图把数集之间的关系和区别形象直观地表示出来，便于记忆。

【例6-5】"四种命题之间的关系"板书

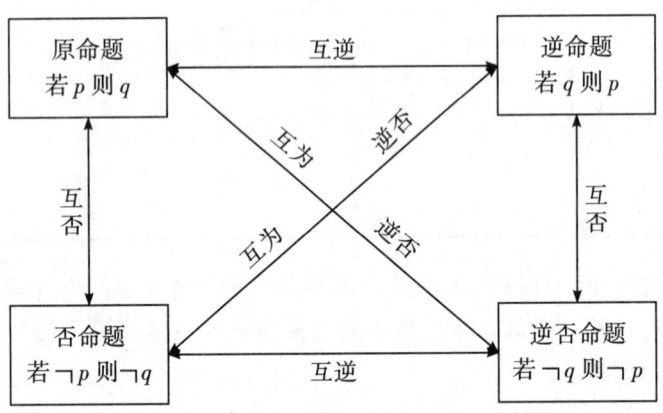

图6-3 "四种命题之间的关系"板书

点评：在此案例中，图示式板书揭示判定四种命题之间关系的知识结构，使学生对逻辑命题有一个完整的认识，便于学生抓住学习要领，掌握学习内容的层次和结构。

四、比较式板书

比较式板书是指将有关教学内容按一定规律排列起来而形成对比形式的板书。这种板书因为直观形象的对比关系而直接刺激学生的视觉感官引起对比感觉，从而引导学生积极进行观察、对比，使有关知识内容的内在联系在这种板书中得以更好地呈现，它有利于学生找出联系与区别。

【例6-6】"解文字题"板书

① 45与39的和，除以45与39的差，商是多少？

和 ÷ 差 =商

（45+39）÷（45-39）=14

② 45与39的和，除45与39的差，商是多少？

差 ÷ 和 =商

（45-39）÷（45+39）=14

图6-4　"解文字题"板书

点评：在此案例中，是列综合算式计算文字题的。比较式板书的①用蓝色粉笔写"除以"，②用红色粉笔写"除"，形成对比，让学生在对比中观察，在观察中对比，找出它们的区别。

【例6-7】"指数函数与对数函数的比较"板书

表6-1　"指数函数与对数函数的比较"板书

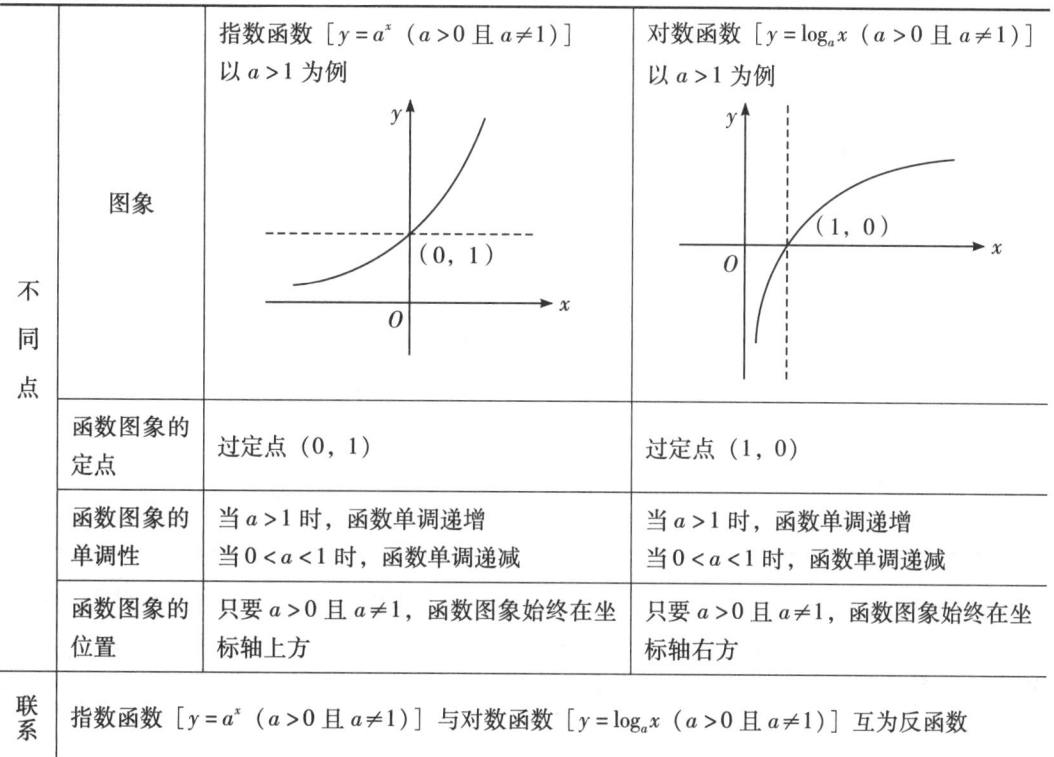

		指数函数 [$y=a^x$（$a>0$且$a\neq1$）] 以$a>1$为例	对数函数 [$y=\log_a x$（$a>0$且$a\neq1$）] 以$a>1$为例
不同点	图象	（图象，过点(0,1)）	（图象，过点(1,0)）
	函数图象的定点	过定点(0,1)	过定点(1,0)
	函数图象的单调性	当$a>1$时，函数单调递增 当$0<a<1$时，函数单调递减	当$a>1$时，函数单调递增 当$0<a<1$时，函数单调递减
	函数图象的位置	只要$a>0$且$a\neq1$，函数图象始终在坐标轴上方	只要$a>0$且$a\neq1$，函数图象始终在坐标轴右方
联系		指数函数 [$y=a^x$（$a>0$且$a\neq1$）] 与对数函数 [$y=\log_a x$（$a>0$且$a\neq1$）] 互为反函数	

点评：在此案例中，教师应用栏目清晰的图表形式，对指数函数和对数函数两种函数进行比较，分析两种函数的不同点。这样有利于学生对这两个基本初等函数有一个清楚的认识，加深了对两者的理解。

五、表格式板书

表格式板书是指根据数学教学内容对研究课题进行分类、对比并用表格形式出现的板书，它的特点是化繁为简、对照鲜明，便于学生加强对知识的记忆、分类、归纳、对比，有利于培养学生的数学系统化分析思维。

【例6-8】"数"板书

表6-2 "数"板书

名 称	意 义	举 例
自然数	用来表示物体个数的1,2等	1,2,3,4,…
整数	0和自然数统称整数	0,1,2,3,…
数的整除	整数A除以整数B，所得的商正好是整数而没有余数，就是A能被B整除	15能被3整除
倍数、约数	如果A能被B整除，A就叫作B的倍数，B就叫作A的约数	在$15÷3=5$中，15是3的倍数，3是15的约数

点评：在此案例中，要准确掌握概念，对比区别是很重要的，表格式板书的优点即在此。学生一看这样的教学板书，自然数、整数的区别很容易划清，从而能正确理解数的整除，既突出了重点，又突破了难点。

【例6-9】"比的基本性质和化简比"板书

表6-3 "比的基本性质和化简比"板书

	相 当 于				区 别
除法	被除数	÷	除数	商	是一种运算
分数	分子	—	分母	分数值	是一个数
比	前项	:	后项	比值	表示两数量关系

点评：在此案例中，教师通过表格式板书既向学生展示三者的联系，同时又指出三者不是同一概念，有本质区别，这就为后续讲授比的基本性质做好准备，起到启发思维的作用，有利于学生从知识联系的角度来学习，加深对知识的理解。

六、概括式板书

根据某个课题内容或某个知识的特点进行归纳、概括的板书就是概括式板书。这种板书能较好地展示有关内容或知识的特点，有利于引导学生观察，从中发现规律，加深对课题的认识。

【例 6-10】"整数"板书

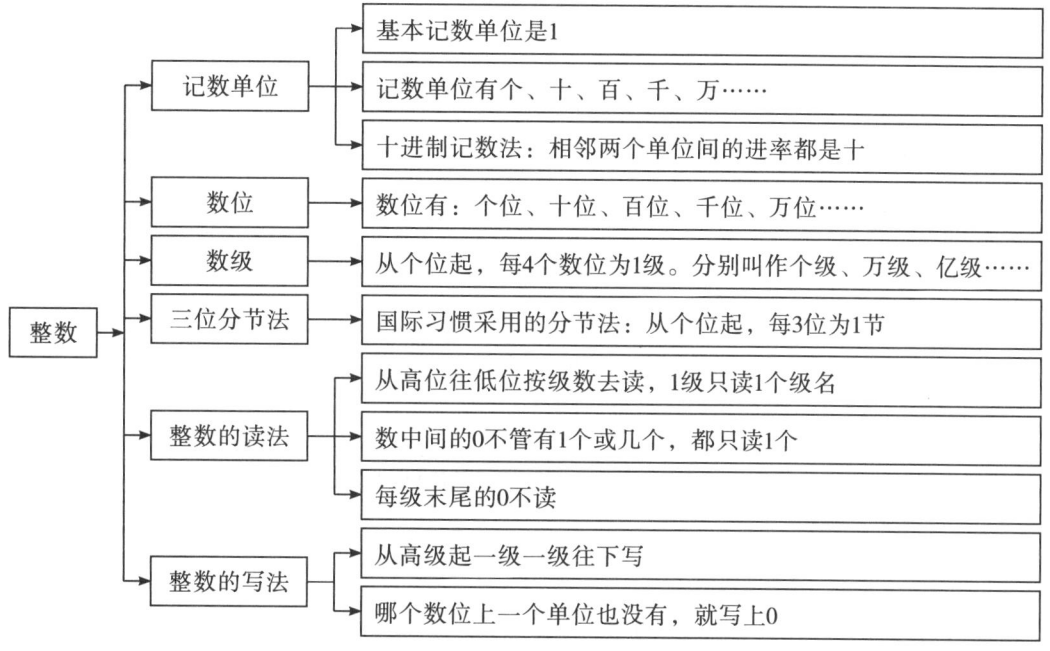

图 6-5 "整数"板书

点评：在此案例中，整数知识结构图运用概括式板书，把整数的知识结构简明地阐述出来，通过整理分类，突出了重点，抓住了关键，避免了混淆。

七、综合式板书

把课题中或知识的各个部分联成一个统一整体的板书就是综合式板书。由于把有关知识内容按一定的联结方式组合起来，使知识间的联系得以沟通，所以它有利于学生从整体上掌握知识，建立良好的认知结构，有利于记忆和知识迁移。

【例 6-11】"四则运算"板书

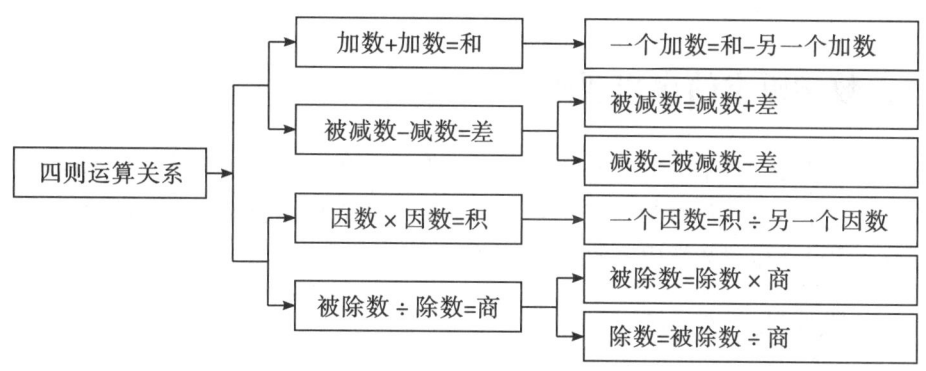

图 6-6 "四则运算"板书

点评：在此案例中，加、减、乘、除是四种各自独立的运算，但它们之间又有十分密切的联系。在复习时,综合式板书反映出这种联系。

【例6-12】"比和比例"板书

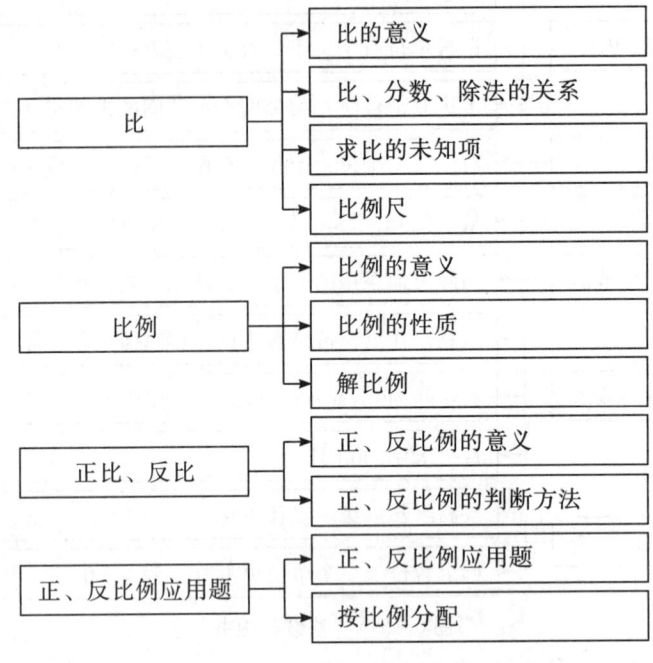

图6-7 "比和比例"板书

点评:在此案例中,综合式板书把比、比例的意义、性质及其运用揭示得一清二楚,使知识系统化、网络化,便于学生复习记忆。

第四节
数学教学板书技能的应用

一、数学板书的应用要点

数学板书是教学中不可缺少的部分,是师生交流的一种手段。运用板书时要注意选择适合的板书类型,并与数学语言、多媒体、课堂情境相结合,以提高课堂效率,启发学生思考,促进学生对数学内容的理解和记忆。[①]

(一) 数学板书类型的选择

数学板书的类型有多种,但各种类型板书的应用范围不一。按表现形式来说,提纲

---

① 叶雪梅. 数学微格教学 [M]. 厦门:厦门大学出版社,2008:182-187.

式板书常用于课堂小结和复习,侧重对知识的概括和归纳;过程式板书常用于论证推理、解题教学之中,是数学教学的重中之重;图示式与表格式板书表现灵活,利于揭示知识结构,不仅能用于数学知识的分析和比较,也能用于归纳和总结。每一种板书都有自己的劣势和优势,设计板书时,应该根据教学课型、教学内容而定。在实际教学中,往往要综合使用多种类型的板书,优势互补,力求达到最好的效果。

(二)数学板书应用要点

1. 紧扣教学,精心设计

在课堂组织教学中,板书只是执行教学计划的一部分。设计板书要注意两点:一是教学内容,二是教学目的。教学内容是设计板书的依据,决定着板书内容的取舍,教学内容不一定全是板书内容,而板书内容体现了主要的教学内容。教学目的决定着板书设计的主题和结构,甚至影响板书的语言。只有将这两点有机联系起来,并以此为出发点来设计板书,才能发挥其在完成教学任务方面有力的辅助工具的作用。

教师在备课的时候,应按照教学内容的知识结构设计板书,紧扣教学目标,合理谋划布局。在组织教学时,板书要体现各部分之间的关系,如从属关系、并列关系、因果关系或递进关系等。板书要体现学生的认知过程和思维过程,讲究先后次序,哪些内容写在前面(为后面知识的学习做铺垫),哪些内容写在后面,都应该有章可循。为此,板书的方案一定要在备课的教案上设计出来,不能在课上随机地进行。若课前准备不足,很容易造成板书条理不清。只有备好课,才可能有好的板书效果。

2. 言传身教,注意示范

规范的板书是教师言传身教、释疑释惑的重要途径,也是让学生耳濡目染、立身做人的有效方式。板书是无声的语言,通过规范的板书可以帮助学生提高数学表达能力,养成良好的解题习惯。个别同学解题不规范,步骤不完整,字迹潦草,作图不清晰,数学语言运用不准确……这些或多或少地与教师日常的板书不规范有关。板书的规范体现在很多方面,如标题醒目,内容结构严谨,文字符号书写工整,解题步骤书写规范,设计合理,等等。板书的整个版面应整洁清晰,重点突出,疏密得当,错落有致,具有和谐美及整体美。如有作图时,线条虚实分明,数学图形简洁,配合的说明文字简明扼要,力求图文并茂,生动醒目。教师严谨的板书会对学生起到良好的潜移默化的导向作用。

板书的示范性应注重哪些方面?首先,数学板书的内容不能出错,内容要完整。数学教学是严谨的,数学课堂教学很大一部分时间花在数学板书上,板书内容是数学教学的重点。如果板书内容出现了错误,就会带来不良的影响,甚至导致整节课的失败。例如:在初中入门教学中,出现 $(-3)^2$ 和 (-3^2) 两个式子,无论在意义上和语言表达上它们都有很大的不同,而这恰恰是容易出错的地方,教师在板书和语言表达时都要十分注意。因此,要求板书的内容一定要正确,要有科学性。其次,出现在板书上的文字、数学符号及数学图形都必须准确、规范、科学。文字要规范,笔顺要正确,要写标准简化字,不写错别字和繁体字,一行字要写平直,不可越写越歪。数学符号要符合标准,要注意新旧教材的不同,不写个性化的数学符号。作图要准确、直观,尤其在中学数学入门作图时,尽可能用辅助工具作图,不要图方便而随手作图,否则容易让学生在做作业时养成随手作图的坏习惯。

优秀的板书应像一份专刊，字迹美观，数形并茂，重点醒目，疏密有致，布局均衡，不仅给学生树立模仿的榜样，也给人以美的享受。如果板书时随心所欲，数学符号不够标准，文字出现错别字，数学图形不像或不准，将会给学生带来消极的影响。正因为板书具有很强的示范性，它对学生个性品质、作风和思想都是有影响的，所以不能不引起教师的注意。身为教师，平时在黑板上的书写和作图都应做好表率。

3. 条理清楚，计划合理

板书的目的在于启发思维，强化记忆，激发兴趣。一般情况下，数学教学内容都有一定的层次性、思维的连续性和严密的逻辑性，这些都给学生在学习数学时带来一定的困难。而层次分明、条理清楚、逻辑性强的板书十分有助于学生的理解和记忆，也有利于学生进行思维训练。所以设计的板书要条理清晰，有主有次，一条主线贯穿始终。

同时，在实际教学中，教师板书要有计划性，要根据教学目标精心设计板书内容，根据黑板的大小确定板书的格式，预设好板书位置。一堂课要板书哪些内容，安排在哪个位置，先板书什么，后板书什么，大标题写在什么地方，小标题写在什么地方，哪些东西应该保留到讲课结束，哪些作为临时板书随写随擦，都应该精心设计，通盘考虑。如果教师备课时不做好板书设计，那么上课时容易东写一片，西画一片，随写随擦，支离破碎，杂乱无章，学生难以观察，大大影响了知识的传授，降低了教学效果。

【例6-13】 平面几何中"垂直于弦的直径"板书

第一版板书：

```
┌─────────────────────────────────────────────────────────────────┐
│                  ②（标题）垂直于弦的直径                         │
│                                                                 │
│  ┌──────────┐   ┌──────────┐   ┌──────────┐   ┌──────────────┐  │
│  │④与学生一起│   │③推导、证明│   │⑤板演课本中│   │①复习轴对称和中│ │
│  │总结出垂径 │   │垂径定理（在│   │例题（在⑥ │   │心对称的定义和 │ │
│  │定理（板书， │   │⑥出现之前 │   │出现之前  │   │性质（在⑤出现 │ │
│  │并加上红色 │   │保留）    │   │保留）    │   │之前保留）    │ │
│  │波浪线）  │   │          │   │          │   ├──────────────┤ │
│  │（保留）  │   │          │   │          │   │作为草稿纸，自 │ │
│  │          │   │          │   │          │   │由书写区（这里 │ │
│  │          │   │          │   │          │   │书写内容可随意 │ │
│  │          │   │          │   │          │   │擦掉）        │ │
│  └──────────┘   └──────────┘   └──────────┘   └──────────────┘  │
└─────────────────────────────────────────────────────────────────┘
```

(a)

第二版板书：

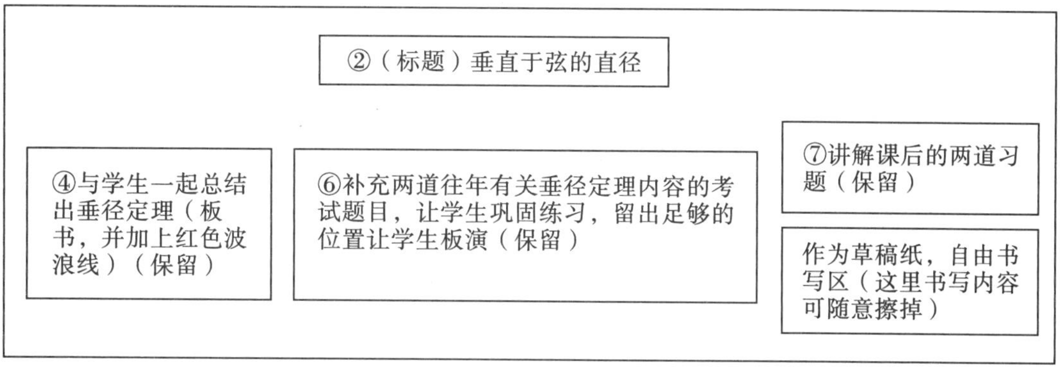

```
┌─────────────────────────────────────────────────────────────────┐
│                   ②（标题）垂直于弦的直径                        │
│                                                                  │
│  ┌──────────┐  ┌──────────────────────┐  ┌──────────────────┐  │
│  │④与学生一 │  │⑥补充两道往年有关垂 │  │⑦讲解课后的两道习│  │
│  │起总结出垂│  │径定理内容的考试题目│  │题（保留）        │  │
│  │径定理（板│  │，让学生巩固练习，留│  └──────────────────┘  │
│  │书，并加上│  │出足够的位置让学生板│  ┌──────────────────┐  │
│  │红色波浪线│  │演（保留）          │  │作为草稿纸，自由书│  │
│  │）（保留）│  │                    │  │写区（这里书写内容│  │
│  └──────────┘  └──────────────────────┘  │可随意擦掉）      │  │
│                                          └──────────────────┘  │
└─────────────────────────────────────────────────────────────────┘
```

（b）

注：图中序号表示各部分板书的顺序。

图 6-8 "垂直于弦的直径"板书

点评：在此案例中，板书设计层次分明，布局合理，计划性好，条理性好，架构清晰，符合教学规律，有利于学生对教学内容的理解。

4. 高度概括，力求简洁

数学板书是将随着口语讲述而将内容逐渐呈现并保留于黑板，因此简洁性很重要。简洁不仅指数学语言，也指问题分析过程和推证思路，还包括图形。选择简洁推证思路，适当运用符号语言，设计明晰的几何图形，对于一道题、一节课的教学成功具有重要意义。

数学本身具有高度的概括性。一些数学符号、公式往往包含许多意义。因此数学板书应言简意赅，具有高度的概括性，让重点内容突出，一目了然。几个数学符号，或是一两句话，或是简单的一个图形、公式，要把真正要讲的核心内容反映出来。有时板书的内容虽少，但它是教学内容的高度概括和总结，能反映出教学内容的重点、难点、关键点，学生看过以后能容易地把重点内容纳入自己的认知结构中。因此，教师对教学内容要认真提炼，板书设计要具有概括性。

5. 直观启发，艺术性强

板书时，应该让所写内容尽量直观，使学生在理解上不至于产生困难。板书是教学的一个手段，如果板书内容具有很强的直观性，那么学生在听讲时将会事半功倍。另外，通过教学，要让学生体会学习内容中所蕴含的数学思想和方法，提高学生的数学思维品质，为此，在板书时要注意启发性。好的板书能很好地由浅入深地体现知识的内在规律，提示不同知识的区别与联系，进而激发学生思维，启发学生思考。例如，在讲二次函数 $y=ax^2+bx+c$ 的图象一节时，板书时可在同一个坐标系中分别画三个不同类型的函数 $y=3x^2$，$y=3x^2+3$，$y=3(x+3)^2+3$ 的图象，分别用三种不同颜色的彩色粉笔突出显示这三条抛物线，并列表说明这三条抛物线的对称轴、顶点坐标、开口方向。通过数形结合，学生很容易得到关于二次函数图象的规律，让抽象的数学规律变得浅显易懂。

【例 6-14】"等比数列求和公式的推导"板书

在推导等比数列求和公式 $S_n = a_1 + a_2 + \cdots + a_n$ ($q \neq 1$) 时,

写法一:

$S_n = a_1 + a_1q + a_1q^2 + \cdots + a_1q^{n-1}$

$qS_n = a_1q + a_1q^2 + a_1q^3 \cdots + a_1q^{n-1} + a_1q^n$

$S_n - qS_n = a_1 - a_1q^n$

$S_n = \dfrac{a_1(1-q^n)}{1-q}$

写法二:

$S_n = a_1 + a_1q + a_1q^2 + \cdots + a_1q^{n-1}$

$qS_n = a_1q + a_1q^2 + \cdots + a_1q^{n-1} + a_1q^n$

$S_n - qS_n = a_1 - a_1q^n$

$S_n = \dfrac{a_1(1-q^n)}{1-q}$

点评:在体现 $S_n - qS_n = a_1 - a_1q^n$ 这个用意上,写法一启发性不强,而写法二采用上下式指数幂对齐的形式,显得十分直观,暗示着上下式相减,对学生思维起到积极的启发作用。

在板书时,数学教师除了注意醒目、清晰、规范、准确、工整外,有时还应讲究艺术性。一幅好的板书,看上去就像是一件艺术品,会给学生留下深刻的印象,能给学生美的启迪和享受。艺术化的板书能引起学生注意,激起其兴趣,能体现教师设计思想中的创造性、多样性和趣味性。

二、运用数学板书技能的注意事项

课堂教学中使用数学板书的目的是为了解释有关课题的本质特征,引起注意,启发思维,增强记忆,辅助口头讲解。数学板书大多是实时进行并呈现刺激学生视觉感官内容的一种持续刺激媒体。在运用数学板书技能时应注意以下几点。

(一) 数学板书要简洁准确

首先,每节课时间是有限的,数学板书不能占用太多时间;数学板书的空间(黑板或投影仪)是有限的,数学板书不可能包罗万象。其次,数学板书大多时候是口头讲解的辅助手段,起补充作用。最后,中小学生知觉分析与综合统一的水平较低,观察的目的性、精确性相对笼统、模糊。所以,数学板书应尽量突出事物的特征,应追求少而精的效果,要用简练、准确的文字、符号来引起学生的注意,揭示课题的含义。

(二) 数学板书要美观形象

美的东西使人喜悦,形象的东西容易掌握。心理学研究指出,一份学习材料不仅有语义编码,而且有形象编码,学生才能对学习材料进行有效的保持和提取。文字及科学符号是语义编码,形式、色彩、字体及图线等是形象编码。数学板书应在形式、色彩、字体及图线等方面综合考虑,设计美观、形象的数学板书能使学生对材料更好地理解和记忆。

(三)数学板书要变化多样

数学板书是反映教学内容的,而教学内容是如此丰富多彩又具有不同的教学目的,就使得数学板书必然是多样化的。另外,刺激物具有新颖性是使学生注意的基本方法,所以数学板书就经常要有一定的变化。

数学板书的多样性主要表现在四个方面:形式、色彩、字体、次序。

1. 形式

数学板书的形式除前面提到的,还有很多形式。当然这些"式"之间多少有些重复,但各"式"之间,确实各有所长,应当根据课题要求而使用。

【例 6-15】

在"万以内数读数法则"这一课中,教师画了一只手,在手指上标上数位,这样既能引起学生注意,激发学习兴趣,又能帮助学生记忆。

2. 色彩

色彩是最大众化的无声语言。小学一年级学生已能正确辨认各种颜色。黑板白字或白板黑字由于衬托对比使其成为最适宜的视觉感官刺激,而适当运用颜色的变化来造成刺激的差异性可以唤起学生注意。

许多新数学教师在使用彩色粉笔时往往存在两个偏向:不用或乱用。使用彩色粉笔有不少好处,不仅能增添美观,而且在突出关键内容时,能吸引学生的无意注意,加深学生对内容的印象。但是如果一味乱用彩色粉笔,反而会使学生的注意力分散,造成一种杂乱无章的感觉,使学生不能分清重点和难点。

【例 6-16】

在"商中间有零的除法"一课中,下面除法竖式的商中间的两个"0"用红笔写,由于与其他数字有颜色上的差异,就容易引起学生注意,使他们能够辨别出与以前学过的除法竖式的不同,进而可以更好地记住"不够商 1 时就用'0'占位"的算法。

$$\begin{array}{r} 1008 \\ 4{\overline{\smash{\big)}\,4032}} \\ \underline{4000} \\ 32 \\ \underline{32} \\ 0 \end{array}$$

色彩的运用是很常见的。如大家所熟悉的标出重点字词,给结论性质加框(画线),等等。色彩的运用应根据需要而慎重使用,通常情况下用一两种颜色就够了,太多反而会分散注意,扰乱主题。

3. 字体

字体的变化如果偏离它们所处的环境或偏离学生预期的结果，就会造成差异的刺激，使学生有一种新颖感、惊奇感和独特感。

4. 次序

数学板书次序是使数学板书具有启发性的重要手段。在数学板书的设计中，不仅是形式、色彩、字体和次序某个方面的变化，而且还有这几个方面的变化组合，才使得数学板书丰富多彩。

板书还要注意与其他教学活动相配合的次序，而这种配合的次序首先是与板书的配合。板书的书写、图形的绘制、媒体的演示、讲解的分析，都要注意教学中次序的控制。板书要把握好次序，避免随意性。同一幅数学板书，教师板书与其他教学活动是否做到次序的灵活配合，教学效果也会不同，在运用数学板书时必须充分考虑这一点。

【例 6-17】 "一元一次方程的解法"板书

解方程：$\dfrac{3x-2}{4} - \dfrac{2x-4}{5} = 1$。

解：去分母得 $5(3x-2) - 4(2x-4) = 20$，

[边讲边写，师生共同活动。在去分母时，学生有可能漏乘不含分母的项，把方程变为 $5(3x-2) - 4(2x-4) = 1$，教师可以让学生先试作回答，再进行板书]

去括号，得：$15x - 10 - 8x + 16 = 20$，

（在去括号时，学生可能忘记变号，将方程变成 $15x - 10 - 8x - 16 = 20$，教师可以先板书，把错误的结果写出来，让学生发现后再改正）

移项，得：$15x - 8x = 20 + 10 - 16$，

（在移项时，学生可能忘记变号，将方程变成 $15x - 8x = 20 - 10 + 16$，教师要提醒学生注意。在板书时，把要移的项的符号用彩色粉笔标出，加深学生的印象）

合并同类项，得：$7x = 14$，

系数化为 1，得：$x = 2$。

点评：求解一元一次方程时，难点不在解题步骤，而在一些重要细节。在解题过程中，如果教师不注意与其他教学活动相配合，只是像记流水账那样板书，那么整个课堂教学会变得索然无味，效果大打折扣。本案例中，教师板书时，在重要之处进行形式、色彩、字体和次序的组合变化，对学生解题能力的培养大有益处。

（四）数学板书要布局合理

首先，学生一次只能注意到数学板书的一部分，其中能看得最清楚的只是视野中很小的中心部分；其次，数学板书是受教学内容、教学目的、黑板空间制约的。为此，教师在课前必须对整个数学板书做出整体的设计。

1. 突出教学的主要内容

人的注意是具有选择性的。美国的心理学研究证明，观众在观察一幅图时，较多是从左上方开始的（见图 6-9）。据此，应把重要的内容写在黑板的左上和左下区域，如

果有重要内容只能写在右下方,则可用一定提示手段(如箭头)把学生的注意力引向此处。

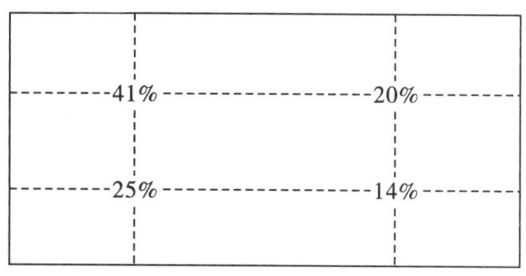

图 6-9　观察图像时注意点分布情况

2. 设计数学板书的次序

中国人的阅读习惯一般是自左而右、自上而下进行的,所以教师在课堂的数学板书也应遵循这个规律。

3. 预估板书的保留时间

数学主板书反映的是课题的主要内容,是要求学生掌握的东西,它与前文、后文有一种承启关系,是全课数学板书的基本"构件",所以它通常要做较长时间的保留,特别在低年级,主数学板书往往保留至课的结束。数学辅板书是作为数学主板书的注释性、解释性的文字或符号,一般具有较大的随意性,只起着临时性的作用,所以这种板书往往只保留较短的时间。

4. 使用适当的字体图形

数学板书是作用于学生的视觉器官的,所以数学板书的字体、图形的大小应使所有学生能不费力地看清楚为宜,字(图形或其他符号)距、行距要疏密适宜,字体要端正,才能使学生看起来不易疲劳。

○实践与反思

1. 谈谈数学板书技能在课堂教学中的作用。
2. 以中学数学的一节课内容为例,进行板书设计,并结合注意事项进行小组评议。
3. 谈谈在数学教学中,板书与多媒体应该如何灵活运用。

ID: 1 -->

第七章
多媒体应用技能

第一节
多媒体课件概述

随着社会的进步,科学技术的发展,数字化、信息化已经成为当今时代的主要特征,以计算机、手机为主体的多媒体技术得到了广泛的应用。多媒体技术与人们的工作、生活的联系更加密切,同时作为一种先进的教学手段走进了课堂,为新教学模式的产生提供了条件和依据,赋予了教师在教学过程中更丰富的创新空间。

《义务教育数学课程标准(2011年版)》明确指出:"合理地运用现代信息技术,有条件的地区,要尽可能合理、有效地使用计算机和有关软件,提高教学效益。"[①] 多媒体应用已成为数学教师一项必备的教学技能。由于多媒体的工具和软件种类繁多,本书在此不能一一赘述,仅从多媒体课件制作的角度,着重介绍 PowerPoint 和 GeoGebra 软件的应用,以期启发师范生重视多媒体的应用技能,并在实践中不断探索,提高多媒体应用技能的水平。

一、多媒体课件的概念

多媒体是指利用计算机技术和视听技术将文本、声音、图形、图像、动画、视频等两种或两种以上的信息加以数字化,并进行组合、处理和控制,通过人机交互式操作向用户提供所需信息的计算机集成环境。

多媒体课件是根据课程标准的要求和教学的需要,经过精心的教学设计,并以多种媒体的表现方式和超文本结构制作而成的教学软件。

---

① 教育部. 义务教育数学课程标准:2011年版[S]. 北京:北京师范大学出版社,2012:42-43.

二、多媒体课件的作用

（一）多媒体课件有利于改变传统教学模式，提高教师素质

我国传统教学模式，主要是以教师为中心的单向教学模式。上课时，教师"一块黑板、一支粉笔、一张嘴"讲到底，学生只能被动地接受知识。多媒体课件应用于课堂教学之后，从根本上改变了传统教学模式，引起了师生角色地位的转换，形成了以学生为主体、教师为主导的新型教学模式。在这样新的多媒体教学环节中，学生由被动地接受知识转变为主动地获取知识，教师也由文化知识的传播中介转变为学生学习方法的指导者和教学过程的设计者。这种新的教学模式对教师素质提出了更高的要求，每个教师除必须具备扎实的文化基础知识外，还必须具备相关的计算机专业知识和能力，因为教师要学会制作和使用多媒体教学课件，以适应新的教学模式的要求。

（二）多媒体课件有利于突出教学的重点、难点，激发学生学习的兴趣

多媒体课件以图、文、声、像并茂的方式进行形象化教学，弥补了传统教学在直观感、立体感和动态感方面的不足，为教学带来了质的飞跃。多媒体课件以其本身的直观形象性的特点而具备了较佳的视觉、听觉效果，这在集中学生的注意力，激发学生的学习兴趣方面具有优越性，它提供的许多可能性往往是非多媒体手段所难以企及的。它会把无声的教材内容变得有声有色，使课堂生动活泼，并带领学生进入课堂创设的特定情境之中，让学生通过直接的视听感官作用，产生对学习内容的兴趣，自然地步入积极思维的状态中。把教材的重点、难点和新旧知识的连接点制作成投影片或幻灯片进行教学，不仅可以避免用语言表达的困难，也可以节省教学时间，使学生一目了然，把复杂的内容简单化，把深奥的内容通俗化，化难为易，使学生豁然开朗。

（三）多媒体课件有利于化抽象为直观，培养学生的思维能力

我国数学家张广厚指出："抽象思维如果脱离直观，一般是很有限度的，同样，在抽象中如果看不出直观，一般说明没有把握住问题的实质。"心理学研究也表明：直观动态刺激远大于抽象静态刺激，给人留下的印象也是最深刻的。现在的教材为我们提供了许多现实的、有趣的、探索性的教学材料，但这些以抽象的图形、符号为表现形式的教学材料，仅凭静态的挂图和教师的讲解，难以取得好的教学效果。恰当地运用多媒体课件把抽象的内容具体化、静止的关系动态化，利用文字的闪现、图形的缩放与移动、颜色的变换等手段进行动态演示，容量大、速度快、效果好。同时，直观的图像、鲜艳的色彩、逼真的音响，不仅能把学生难懂的知识直观地显示出来，而且可以刺激学生的多种感官，帮助学生克服认知障碍，培养学生的思维能力，促进学生的知识建构。

例如，在教学"图案的欣赏和设计"时，教师借助多媒体课件，通过平移、旋转、闪烁等多种方式演示一幅美丽的蝴蝶图案，不仅使学生直观地看到这幅美丽图案的形成过程，感受图案的美，而且能认识到对称、平移、旋转在其中的应用，从而产生自主设计图案的欲望。再如，在教学"时、分、秒的认识"时，让学生理解"1小时=60分"

是"时针走一大格,分针走一圈"是本课教学的难点。教学中用最简单的教具——钟面来演示,显得太小,学生看不清,而用实物演示干扰因素太多。借助多媒体课件就能很容易地解决这个问题,在课件演示的钟面上分针和时针同时从 12 开始出发,分针走过的一圈用红色表示,时针走过的一大格用绿色表示,通过直观动态的演示,使学生很快能结合已有的生活经验理解时分的关系。

三、多媒体课件设计原则

一个多媒体课件的质量不能以多媒体课件是否运用了复杂的技术、花哨的画面和动画为标准来评价。课件的目的是用来教与学的,课件中应该有确切的教学内容,能体现教师的教学设计思想,能使学生深刻地理解和掌握教学内容。总的来说,设计一个优秀的课件应该遵循如下几个原则。①

1. 教育性原则

多媒体课件应遵循学生的认知规律,要有明确的教学目的,要有助于学生加深对知识的理解和掌握,要突出重点和难点。

2. 生动性原则

多媒体课件应通过各种媒介(文字、图像、动画、声音和视频等)的合理运用和巧妙组合来增强教学内容的新奇性和趣味性,以激发学生的求知欲。

3. 严谨性原则

作为传授知识的多媒体课件,必须保证表达的内容准确无误、逻辑严谨,不能使学习者对教学内容产生误解。

4. 交互性原则

要与学习者发生互动,从而充分调动学生学习的积极性,加深理解和记忆。

5. 其他

多媒体课件设计还需注意其他的原则。例如,便捷性原则:提供比较好的导航,让教师或学生能方便地访问相关内容;搭配性原则:课件中的颜色自然、简洁,搭配协调;等等。

四、多媒体课件制作流程

制作多媒体课件也像其他产品的开发一样,有着环环相扣的工作流程,它需要事先确定课件的结构与布局、界面的表现形式、素材的选取等。多媒体课件并没有统一的制作流程,但大多会遵循教学设计、脚本设计、素材准备、制作合成和调试完善的制作顺序。

---

① 高铁洪,刘洋,王京峰. 多媒体课件制作三合一案例教程[M]. 镇江:江苏大学出版社,2013:31.

1. 教学设计

教学设计是多媒体课件制作的指导大纲，即明确教学目标，选择合理的教学内容，根据学习者的特征确定知识结构。这一环节是多媒体辅助教学手段应用成功的关键。教学设计的内容主要包括：教学目标与教学内容的确定、学习者特征的分析、多媒体信息的选择、知识结构的设计等。

2. 设计脚本

在制作课件之前，应先系统地设计好课件脚本，然后根据课件脚本进行课件制作。课件脚本是将课件的教学内容、教学策略进一步细化，具体到课件的每一框画面的呈现信息、画面设计、交互方式以及学习的控制等。

3. 素材准备

课件脚本设计好后，接下来的工作就是准备课件需要的各种素材，包括文字、图形、图像、动画、视频、音频等。可以在网上下载或购买素材光盘获取素材，也可以自己收集或自制素材。

4. 制作合成

利用多媒体课件制作软件，根据课件脚本，用准备好的素材制作课件。

5. 调试完善

制作好多媒体课件后，应在电脑上试运行，观看放映效果，并对出现的错误进行修改和调试。

五、多媒体课件制作常用工具

目前广大教师常用的制作数学多媒体课件的工具有 PowerPoint、Authorware、Flash、几何画板和 GeoGebra 等，它们在功能上各有特色，教师可根据自己的实际情况选择合适的软件。本书着重介绍 PowerPoint 2010 和 GeoGebra。

PowerPoint 是制作演示课件的常用工具，它可以将文字、图形、图像和声音等多媒体元素融合在一起，赋予演示对象强大的感染力。利用 PowerPoint 制作的演示文稿，不但可以使内容丰富翔实，还可以使阐述过程简明清晰，从而能更有效地与他人沟通。

GeoGebra 是一款集成几何、代数、统计、微积分等功能的动态数学软件。GeoGebra 除了具备几何画板绝大部分功能外，还具备统计、微积分功能。GeoGebra 作为一款非常优秀的数学教学软件，不仅在数学教学方面大展身手，还被应用于化学、物理等教学中，有着非常广阔的应用前景。

第二节
PowerPoint 课件制作

一、PowerPoint 简介

PowerPoint 是 Microsoft 公司 Office 系列办公组件中的幻灯片制作软件，简称"PPT"，由于它和其他 Office 软件一样，容易制作、使用，界面友好，因此在设计制作多媒体课件中，应用也很广泛。在课堂上使用 PowerPoint 演示文稿，可以节省课堂教学时间，提高教学效率。因此，PowerPoint 是教师多媒体授课最主要的工具。用 PowerPoint 制作的文件称为演示文稿，它是一个文件，格式后缀名为 .ppt（或 .pptx），也可以保存为 pdf 或图片等格式，在 2010 版本中还可以保存为视频格式。演示文稿中的每一页称为幻灯片，每张幻灯片都是演示文稿中既相互独立又相互联系的内容。

二、PowerPoint 特点

（一）丰富的表现力

PowerPoint 课件不仅可以更加自然、逼真地表现多姿多彩的视听世界，还可以对宏观和微观事物进行模拟；对抽象、无形事物进行生动、直观的表现，对复杂过程进行简化再现等。

（二）友善的通用性

PowerPoint 的界面与 Microsoft Office 的其他软件界面相似，使用方法也与 Word 和 Excel 大致相同。此外，PowerPoint 还提供了多种幻灯片版面布局、多种模板以及详细的帮助系统。[1]

（三）强大的多媒体展示力

PowerPoint 演示内容包括文本、图形、表格、声音、视频和 Flash 动画等，并具有良好的交互功能和演示效果。

（四）良好的网络兼容性

随着网络技术的发展，多媒体信息的自由传输，使得资源在全世界交换、共享成为可能。

---

[1] 吴中才. 多媒体数学课件制作［M］. 上海：华东师范大学出版社，2012：8.

三、PowerPoint 基本工作界面

启动 PowerPoint 2010 后，显示如下工作界面（图 7-1），它主要由标题栏、功能区、幻灯片编辑窗格、幻灯片/大纲视图、备注窗格，以及状态栏等组成。

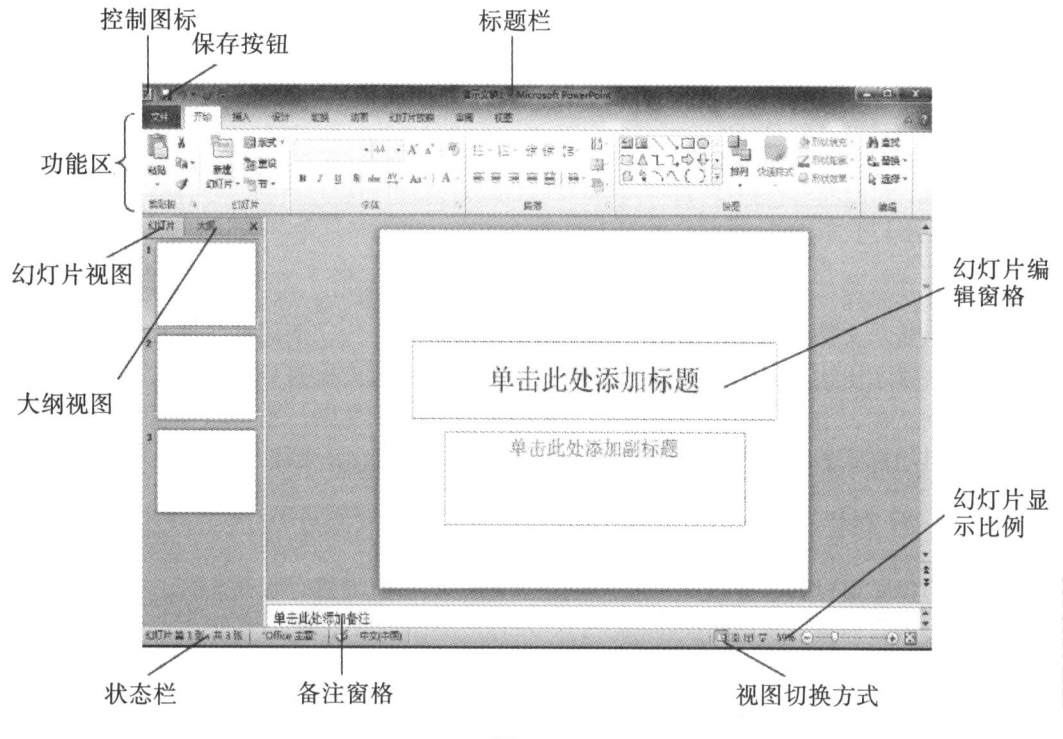

图 7-1

（一）标题栏

标题栏位于界面最顶部，显示的是应用软件的名称和演示文稿名。标题栏最左边是应用程序控制菜单，双击它可以关闭应用程序。图标相邻的是快速访问工具栏，单击快速访问栏右侧的向下箭头，可以展示更多操作命令。

（二）功能区

功能区位于标题栏的下方，包含 PPT 的所有控制功能。有了功能区，用户所有的命令和其他工具可以一一展现，并易于访问。功能区主要由 3 部分组成，即选项卡、组和命令按钮。三者的功能如下：选项卡横跨功能区的顶端，每个选项卡表示在给定程序中可以执行的核心任务。组成一组相关的命令。它们保持为显示状态，随时可以访问，为用户提供了直观的帮助。命令按钮按组排列，其命令可以是按钮形式或是下拉列表。如果减少功能区所占空间，扩大编辑窗口所占的比例，可以将功能区最小化。操作步骤：在功能区单击鼠标左键，在弹出的快捷菜单中执行"功能区最小化"命令，这时功能区只显示选项卡，组和命令按钮均被隐藏起来。单击相应的选项卡，该选项卡下的组和命

令按钮显示出来。将功能区重新显示出来的方法：右键单击选项卡区域，可以看到"功能区最大化"按钮处于被选中的状态，再次单击该按钮即可。[①]

（三）幻灯片编辑窗格

幻灯片编辑窗格是制作 PPT 演示文稿必须用到的窗口，主要用于对演示文稿的编辑和修改：可以添加和编辑文本；插入图片、表格、图表、图形、文本框、电影、声音等多种对象；创建超链接和制作动画效果等。

（四）备注窗格

单击备注窗格可以添加备注信息，对演示文稿的制作和演示起到辅助作用。

（五）幻灯片预览窗格

幻灯片预览窗格包含"幻灯片"和"大纲"两个选项卡。在"幻灯片"选项卡下，该窗格显示演示文稿中幻灯片的缩略图，选中某一张幻灯片，该幻灯片突出显示，幻灯片编辑窗格显示出该张幻灯片内容。选择"大纲"选项卡该窗格显示演示文稿中每张幻灯片的大纲结构，当前幻灯片突出显示，大纲内容只显示文字，不显示图片。在该窗格可以完成对幻灯片的新建、选择、移动、复制、粘贴、删除等操作。

（六）状态栏

状态栏位于窗口的底部，显示有关命令或操作过程的信息，包括幻灯片的页码、使用的主题、语言信息、视图切换按钮、幻灯片自适应窗口按钮等。

四、PowerPoint 课件制作常用技巧

【例 7-1】快速对齐对象（图 7-2）

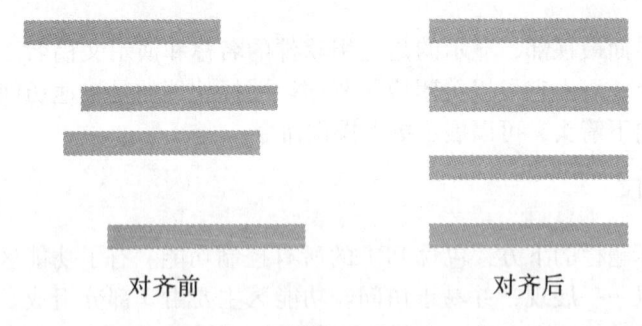

图 7-2

方法：
（1）单击【开始】→【版式】→【空白】，创建一张空白幻灯片，并输入相关

[①] 邱慧君. 多媒体数学课件制作 [M]. 重庆：重庆大学出版社，2014：35.

对象；

（2）按住鼠标左键拖动鼠标，选中需要对齐的对象；

（3）单击【格式】→【对齐】→【左对齐】，实现全部对象靠左对齐；

（4）单击【格式】→【对齐】→【纵向分布】，实现对象纵向均匀分布。

提示：在不同页中实现对象的对齐，在界面中单击鼠标右键，在弹出的菜单中选择【网格和参考线】→【屏幕上显示绘图参考线】，调整到适当位置即可。

【例7-2】创建导航条（图7-3）

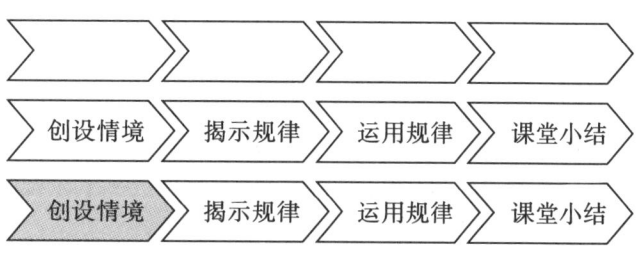

图7-3

方法：

（1）单击【开始】→【版式】→【空白】，创建一张空白幻灯片；

（2）单击【视图】→【幻灯片母板】，打开幻灯片母板；

（3）单击【插入】→【形状】→【箭头汇总】→【燕尾形】；

（4）在幻灯片上拖动鼠标，构造图形，单击图形；

（5）单击【格式】→【形状样式】→【形状填充】→【无填充颜色】，制作空白图形，并调整大小；

（6）按住Ctrl键，拖动空白图形，根据需要，选择拖动个数；

（7）选择所有图形，单击【格式】→【对齐】→【顶端对齐】，实现顶端对齐；

（8）单击【格式】→【对齐】→【横向分布】，实现横向均匀分布，拖动图形到相应位置；

（9）选中其中一个，右击图形【编辑文字】，输入相应文字；

（10）单击【插入】→【动作】→【超链接到】→【幻灯片】，超链接到指定幻灯片。

提示：若需实现这样的效果，点击某个导航条，在出现指定幻灯片的同时该导航条颜色变深，则用相同大小的较深颜色的导航条覆盖空白导航条。

【例 7-3】 实现抠图效果（图 7-4）

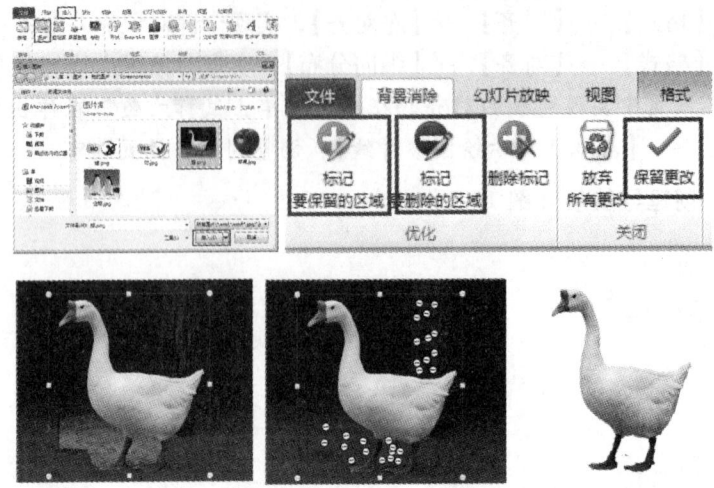

图 7-4

方法：

(1) 单击【开始】→【版式】→【空白】，创建一张空白幻灯片；

(2) 单击【插入】→【图片】，选择需要插入的图片；

(3) 点击【格式】→【背景消除】→【标记要保留的区域】，拖动鼠标，调整大小；

(4) 点击【标记要删除的区域】；

(5) 点击【保留更改】，消除图片背景。

提示：(1) PowerPoint 2010 提供了全新的图像编辑工具，允许用户为图像添加艺术效果，并进行高级更正、颜色调整和裁剪；(2) 在幻灯片中可以插入保存在电脑中的图片，也可以插入 Office 自带 Office.com 网站的剪贴画，还可以插入屏幕截图。

【例 7-4】 插入公式 $\int_1^3 \left(2x - \dfrac{1}{x}\right) dx$（图 7-5）

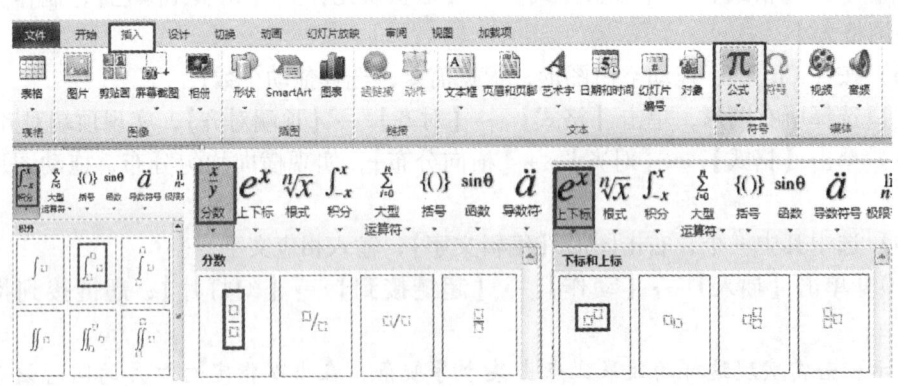

图 7-5

方法：

（1）单击【开始】→【版式】→【标题和内容】，创建一张幻灯片；

（2）光标停留在内容栏，单击【插入】→【公式】；

（3）单击【积分】，根据要求输入相应数字或字母。

提示：（1）当输入$\dfrac{1}{x^2}$时需要用到【分数】→【竖式】，当输入x^2时需要用到【上下标】→【上标】；（2）以上公式可以跟内容栏的内容一起设置字体属性和动画等。

【例7-5】绘制锐角三角形的高线、中线（图7-6）

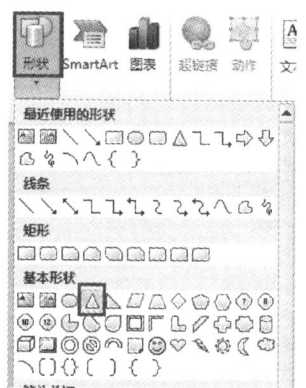

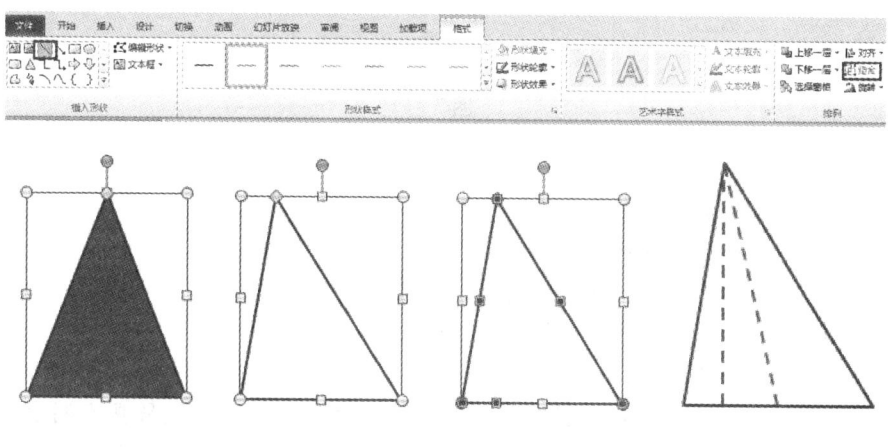

图7-6

方法：

（1）单击【插入】→【形状】→【基本形状】→【等腰三角形】，在编辑区拖动鼠标，构造三角形；

（2）向左拖动黄色正方形，改变三角形形状；

（3）单击【格式】→【形状填充】→【无色填充】；

（4）单击【插入】→【形状】→【线条】→【直线】，鼠标停留在三角形上，出现垂足及各边的中点；

（5）单击垂足、顶点，构造高线；

（6）重复第（4）步构造中线；

(7) 按住 Ctrl 键，右击高线、中线，单击【设置形状格式】→【线型】→【短划线类型】→【短划线】，【宽度】1.75 磅，设置高线、中线为虚线；

(8) 按住 Ctrl 键，单击高线、中线和三角形，单击【格式】→【组合】，将三者组合为一个整体。

提示：右击图片可设置图片更多属性。

【例 7-6】让标题文字逐一弹跳出现（图 7-7）

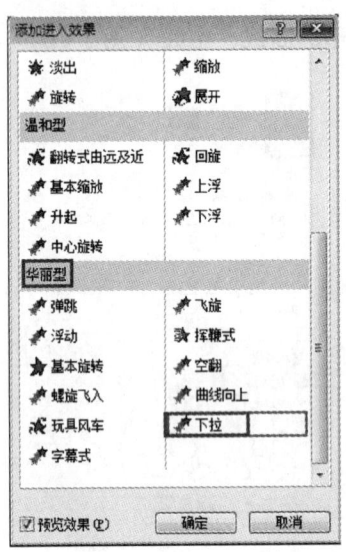

图 7-7

方法：

(1) 在文本框中输入标题文字"2.3 数学归纳法"；

(2) 单击【动画】→【添加动画】→【更多进入效果】；

(3) 滚动右侧活动条，单击【华丽型】→【下拉】；

(4) 单击【动画】→【预览】，预览动画效果。

提示：(1) 单击【动画】→【动画窗格】（图 7-8），在幻灯片右侧会出现或者关闭动画窗格窗口；(2) "动画刷"对于执行大批量相同的动画效果具有明显的作用；(3) 在同一文本框内，可以对不同内容制作不同动画效果，选中需要制作动画的内容，添加动画效果即可。

图 7-8

【例7-7】让文本按直角三角形线路运动（图7-9）

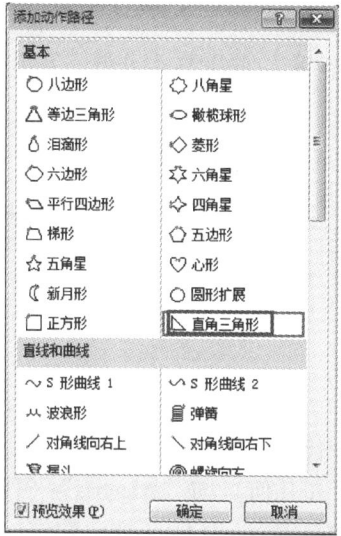

图7-9

方法：
（1）在文本框中输入"函数"；
（2）单击【动画】→【添加动画】→【其他动作路径】；
（3）单击【基本】→【直角三角形】；
（4）单击【动画】→【预览】，预览动画效果。

提示：第（3）步之后，会出现文本的运动路径（图7-10），双击它可以改变相关属性，也可以将鼠标指向小圆处拖动，改变三角形形状。

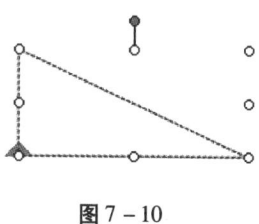

图7-10

【例7-8】以"立方体"的形式切换幻灯片（图7-11）

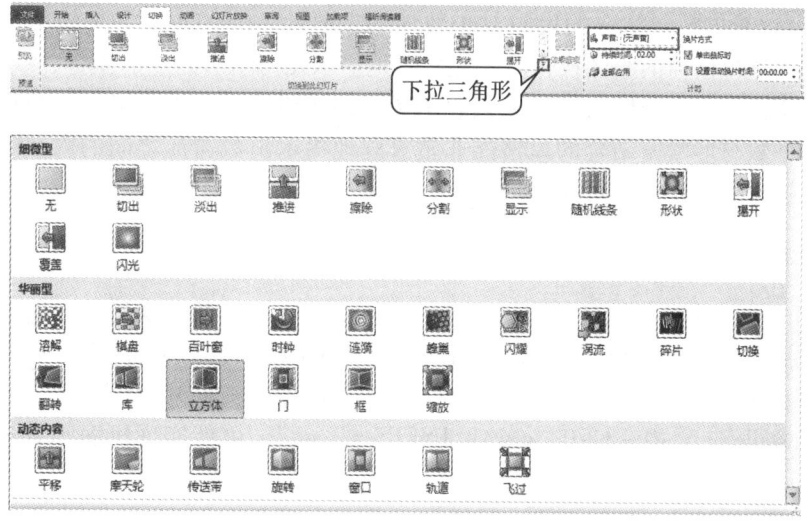

图7-11

方法：
1. 单击【切换】→下拉三角形；
2. 选择【立方体】。

提示：单击【切换】→【声音】的下拉三角形，可以选择切换的声音。

第三节
GeoGebra 课件制作

一、GeoGebra 简介

GeoGebra 是一款集几何、代数、统计、微积分等功能于一体的动态数学软件。GeoGebra 的名字由"Geometry"（几何）与"Algebra"（代数）两个英文单词组合而成，简称"GGB"，有人称之为"教技宝"。用 GeoGebra 软件，不仅能像几何画板一样绘制几何图象，而且能在绘图的同时生成相应的代数表达式，还能运算矩阵、计算微积分、解常微分方程，并且拥有丰富的概率密度函数和与 Excel 类似的工作表，具有统计功能。它凭借着免费、开源、可脱机、可在线、多平台使用和强大处理功能的优势，在美国、英国、法国、德国、瑞士、奥地利、西班牙、芬兰和挪威等欧美国家得到了广泛的应用和推广。目前支持几十种语言，已在世界上荣获多项教育类软件奖项。

二、GeoGebra 特点

（一）数形结合的利器

华罗庚曾说："数缺形时少直观，形缺数时难入微。数形结合百般好，隔离分家万事休。"从中可以看出数形结合的思想对于数学的重要性。GeoGebra 完美地贯穿了这一重要的思想，当进行任何的绘图操作时，能实时地显示几何图形的点的坐标，线段、直线、向量等的解析式；在命令输入框中输入表示图形的解析式，在绘图区会立即显示相对应的图形，这种数与形紧密结合的风格能非常直观地揭示出数与形之间的内在联系，有利于实现数学思想的可视化和可操作化。

（二）能够快速、批量安装

GeoGebra 支持快速、批量的大规模安装，特别适合组建数学实验室，这是其他数学软件无法比拟的。只要把机房中的一台计算机作为主机，拷入 GeoGebra 安装包和微软 PsExee 软件，再建立一个批处理命令并写入"msiexee/i \ \ INSTALL \ GeoGebra – Windows – Installer – 5 – 0 – 3 – 0. msiALLUSERS = 2/qn"，就能实现机房等数量众多的计算机安装 GeoGebra 的工作，省时省力。[①]

（三）完全免费，易二次开发

众所周知，像几何画板、超级画板等数学软件是收费软件，而 GeoGebra 的使用则是完全免费的，只要不用于营利和商业目的，就能对 GeoGebra 进行免费使用和传播。而且，在 GeoGebra 官网上有世界各国的研究者分享的约 20 类 10 多万个免费、可交互的学习素材，只要登录官网，无须注册就能免费下载和使用素材。千万数量的素材有探究型的，有演示型的，有游戏型的，遍布数学的各个领域：几何、代数、统计、函数、微积分、面积等。

GeoGebra 作为一款基于 Java 语言的软件，易于编写和二次开发。

（四）能运行的平台多

与几何画板、Z+Z 智能教育平台、Maple、Mathematica、MATLAB 等数学软件相比，GeoGebra 对计算机的硬件要求非常低，能在 Windows、MacOSX、Linux 等计算机平台上运行，完全不存在兼容性问题。GeoGebra 也与时俱进地发布了 Android 手机版和 MacOS 手机版软件，可以随时随地利用碎片化的时间进行学习。

（五）人性化的内部指令

GeoGebra 所有的内部指令都已经实现了汉化，用汉字代替了数学专业英语，消除了不懂数学专业英语的障碍，降低了学习的难度。用户可以在输入框输入内部指令进行作图，也可以直接输入点的坐标、函数的解析式、隐函数等进行作图，避免了鼠标点击操作，缩短作图时间。

（六）支持 LaTeX 文本

LaTeX 是世界公认的能生成复杂而美观的数学公式的排版系统，GeoGebra 支持 LaTeX 文本，无疑为其制作出来的数学课件增色不少。

三、GeoGebra 基本工作界面

GeoGebra 软件运行后，其基本工作界面称为"场景"。第一次运行 GeoGebra，软件会出现以下默认场景（图 7-12）。

"标题栏"：显示当前软件编辑的文档名称，是 Windows 系统窗口的同一标识。

"菜单栏"：显示基本的功能选项，包括"文件""编辑""视图""选项""工具""窗口""帮助"等。每一个菜单项目打开后，都有下一级子菜单选项。在菜单栏的最右边，显示的"登录…"是登录到 GeoGebra 通道的链接，进行网络交互。

"工具栏"：鼠标激活某个区域（如代数区、绘图区等），本区可用工具图标显示于此。在不同的工作区域工作时，这里的工具图标会改变，有的工具图标右下角携带下拉

[①] 张明. 动态数学软件 GeoGebra 的发展历史和功能特点 [J]. 课程教育研究，2015（7）：216.

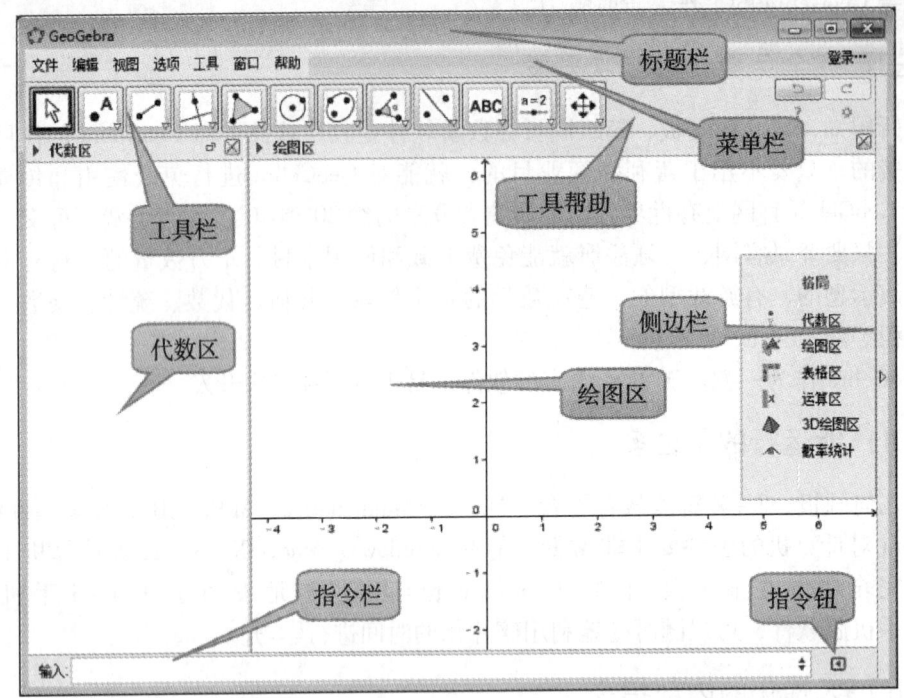

图 7-12

三角,被称为"工具箱",可以下拉列出更多同类工具。GeoGebra 的工具接近 100 个,有的工具适用于多个工作区域。

提示:1. 当鼠标停留在 [图标] 时,会出现关于该操作的提示,如图 7-13 所示。

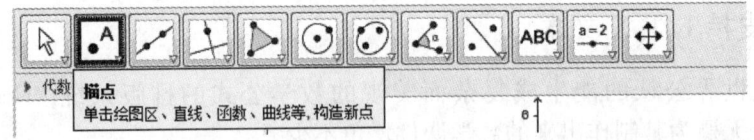

图 7-13

2. 当用鼠标右击右下角下拉三角形时,会出现更多工具选项,如图 7-14 所示。

"工具帮助":当在"视图"—"版面"中勾选了"显示工具帮助"功能时,工具栏右侧的空白处会显示被选定的工具的使用帮助。在工具栏最右侧的几个按钮分别是"撤销""重做""帮助""参数设置"。"撤销"可以逐步撤销构造动作。"重做"可以逐步重做(未保存)构造动作。对应着构图编辑动作。"帮助"是进入网上帮助链接。"设置"是对场景和对象的许多默认数据进行设置。

"代数区":矩形框内显示各种对象的代数意义,包括对象类别、标签和一些基本属性。如果对象太多,会自动向下添加,同时,区域右边出现纵向滚动条。

"绘图区":构造几何图形的区域。如果对象太大,区域会出现滚动条,通过滚动条调整视觉窗口内显示的对象范围。图象比例也可以缩放。

提示:代数区和绘图区的大小可以通过鼠标拖拽其分界线来改变其排列位置和方式,也可以拖动其名称标题栏改变。

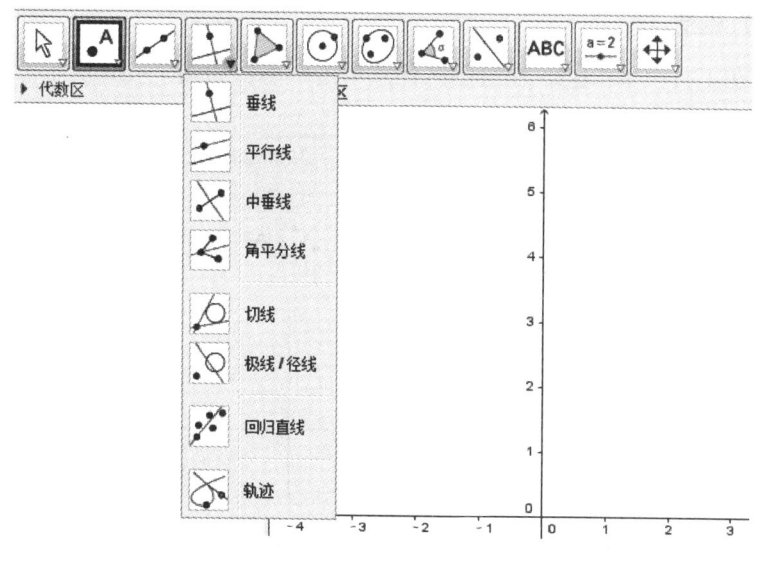

图 7-14

"侧边栏":点击携带小三角的边栏,会对当前画板的"格局"进行改变。这里的"格局"只是指"工具栏"下方和"指令栏"上方的区域内的显示内容。可以快速显示"代数区""基础绘图区""工作表""运算区""3D 绘图区""概率与统计"中的一个选项。需同时显示"格局"中的所有区域,可以在"视图"菜单中分别勾选区域。当刚打开软件时,"侧边栏"会显示"格局"选项,点击场景中其他地方时,"格局"对话框自动隐去。

"指令栏":在指令栏内输入合法的指令,在代数区中会出现对象的代数数值,在绘图区中显示几何对象的图象。指令栏最右侧是"指令帮助"按钮,点击可以切换显示"指令帮助",方便点击选择合适的指令。在"指令帮助"列表中,双击需要的指令,其名称会自动进入"指令栏"的编辑区域。进入指令栏编辑状态时,编辑栏的右侧会出现辅助输入按钮,单击α,出现如图 7-15 所示图集。

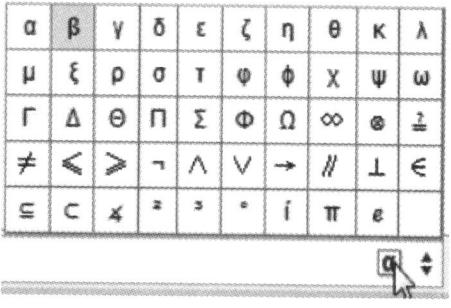

图 7-15

四、GeoGebra 课件制作常用技巧

为了方便使用,GeoGebra 有以下约定操作:

a. 所有的字母和符号需在英文半角的状态下输入;
b. 点的名称用大写字母表示,向量的名称用小写字母表示;
c. 单击工具栏的 ,结束某项工具时使用(非常重要);
d. 当光标停留在指令栏之外时,按住"Ctrl + A",则选中所有对象;
e. 按回车键,光标自动停留在指令栏,输入指令后,按回车键执行命令。

【例7-9】构造点

方法一：在工具栏单击 [A]，在绘图区任意单击一下，如图7-16所示。

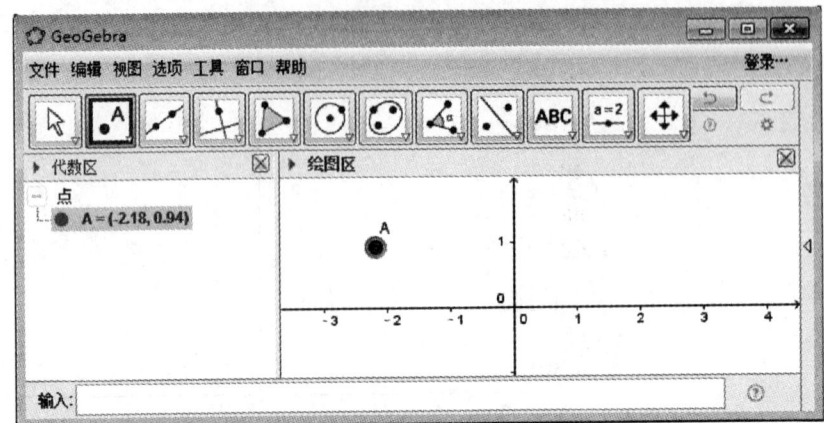

图7-16

方法二：在指令栏输入"B =（-1，1）"，如图7-17所示。

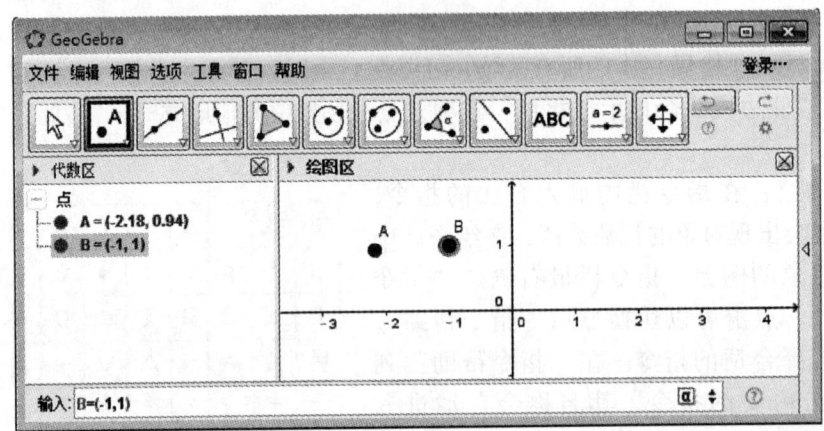

图7-17

提示：(1) 在 GeoGebra 中，点的名称使用大写字母，注意半角输入；(2) 在极坐标系中，输入格式为"P =（1；180°）"；(3) 如果想更改 B 点为 C =（-1，0），可以双击代数区 B 点，或者右击绘图区 B 点，在属性里更改。

【例7－10】构造向量

方法一：

（1）单击工具箱中的向量，如图7－18所示。

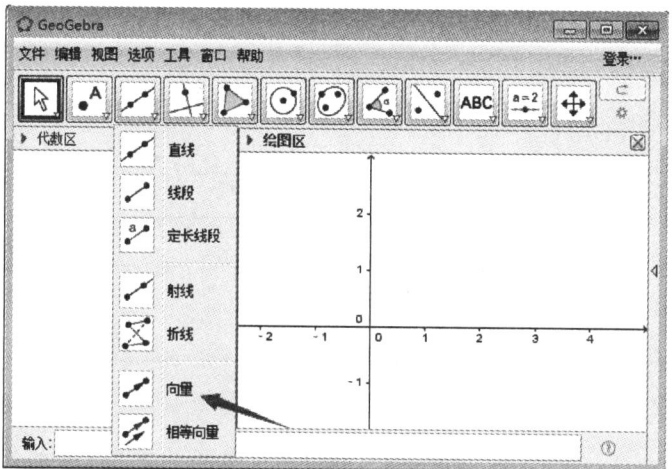

图7－18

（2）在绘图区，依次点击向量的起点和终点，如图7－19所示。

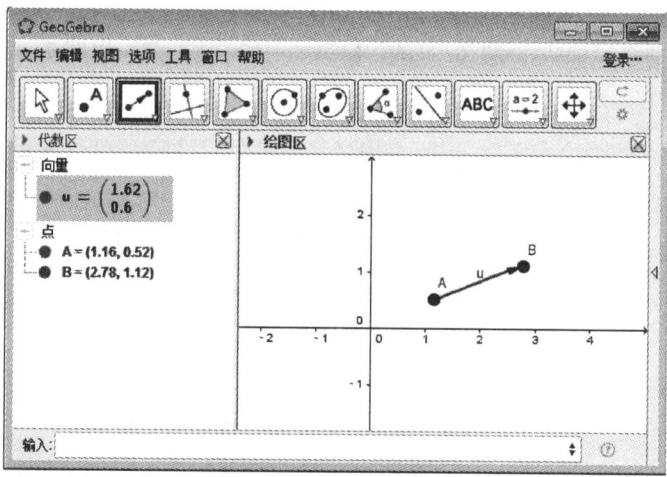

图7－19

方法二：在指令栏输入"v=（1，2）"，如图7-20所示。

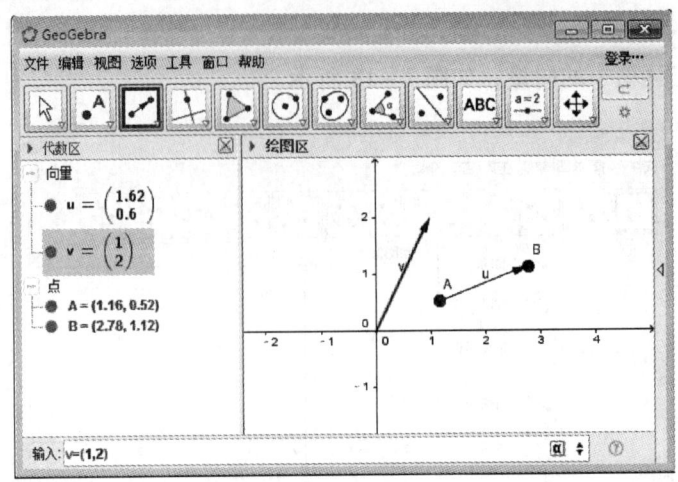

图 7-20

提示：（1）在 GeoGebra 中，向量的名称用小写字母表示，注意半角输入；（2）在极坐标系中，输入格式为"v=（5；90°）"，如果没有键入角度符号，默认为弧度。

【例 7-11】构造线段

方法一：（1）在工具箱中选择 [线段] ；（2）在绘图区单击 2 次。

方法二：在指令栏输入"线段［（-1，1），（2，1）］"，如图7-21所示，"3"表示线段的长度。

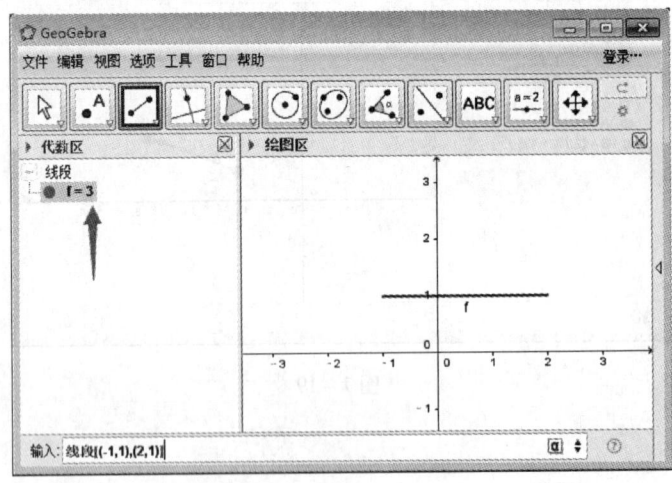

图 7-21

方法三：在指令栏输入"线段 [(-1, -1), 2]"，如图 7-22 所示。

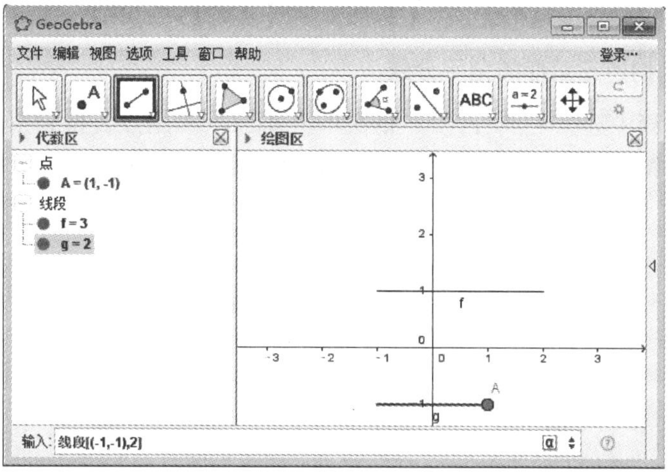

图 7-22

方法四：(1) 在绘图区绘制 A, B 两点；(2) 选择工具箱中 ；(3) 在绘图区单击 A, B 两点。

方法五：(1) 在绘图区绘制 A, B 两点；(2) 在指令栏输入"线段 [A, B]"。

提示：(1) 在指令栏输入指令时方括弧必须输入，尖括弧不用输入，直接输入尖括弧内的对象名称即可调用对象，如图 7-23 所示；(2) 关于中文指令及其格式，单击工作界面右下角 ?，会提示所有的指令；(3) 在中文版 GeoGebra 中，输入英文指令，软件也认可并执行。

图 7-23

【例 7-12】构造三角形

方法一：(1) 单击工具栏的 ▷；(2) 在绘图区点击三个点；(3) 点击第一个点，如图 7-24 所示，"2.1"表示"多边形 1"的面积。

方法二：在指令栏输入"多边形 [(0, 0), (2, 0), (1, 1)]"。

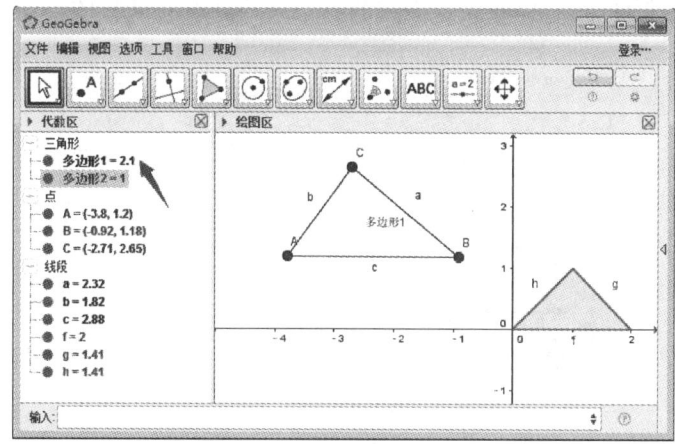

图 7-24

提示：(1) 右击多边形内部，【属性】→【颜色】→【虚实】选择 0，则内部填充颜色为白色；(2) 右击多边形定点，【属性】→【样式】，可以改变顶点的大小和样式。

【例 7-13】构造三角形的角平分线

(1) 在工具箱中选择 ![角平分线]；(2) 依次单击 A，B，C 三点，得到角 ACB 的角平分线 f；(3) 在工具箱中选择 ![交点]；(4) 单击直线 f 和线段 AB，得到 f 与 AB 的交点 D；(5) 右击直线 f，单击【显示对象】，隐藏直线 f；(6) 在工具箱中选择 ![线段]，(7) 单击点 D 和 C。如图 7-25 所示。

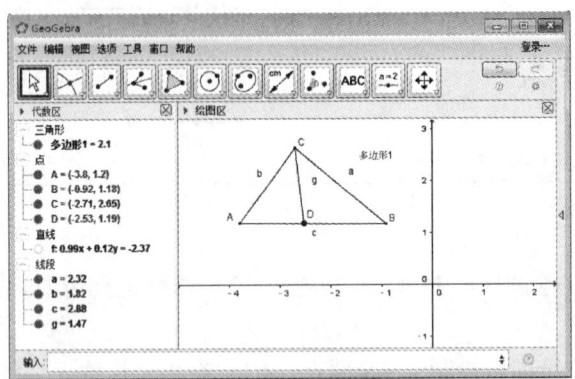

图 7-25

提示：(1) 切记结束某项工具使用时，单击工具栏的 ![箭头]；(2) 如果点错了，单击界面右上角的 ![撤销]，或者单击【编辑】→【撤销】；(3) 在绘图区选中"多边形 1"，单击拖动，可以移动其位置。

【例 7-14】构造直角三角形

方法一：(1) 单击工具栏的 ![圆]；(2) 在绘图区单击两个点，构造圆 c；(3) 单击工具栏的 ![直线]，构造一条过圆心的直线 f；(4) 选择工具箱中 ![交点]；(5) 单击圆和直线，找到交点 D，E；(6) 单击工具栏的 ![点]，在圆上取一点 F；(7) 在工具箱中选择 ![线段]，构造线段 DE，EF，FD；(8) 隐藏不需要的对象，得到直角三角形 DEF。如图 7-26 所示。

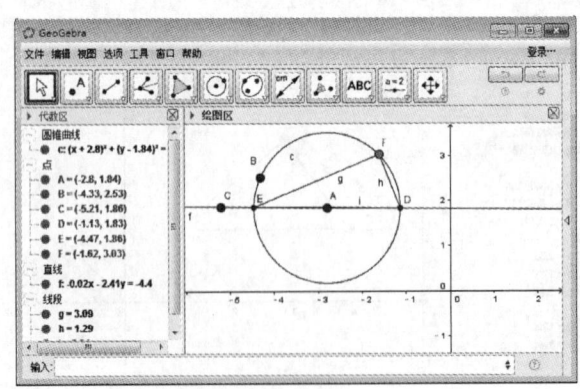

图 7-26

方法二：(1) 构造一条线段 AB；(2) 过 A 点作线段 AB 的垂线；(3) 在垂线上取一点 C；(4) 选择 [图]；(5) 构造三角形 ABC；(6) 隐藏不需要的对象。如图 7-27 所示。

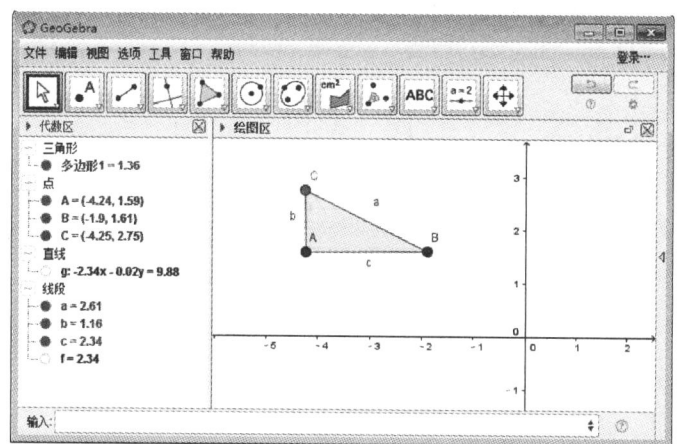

图 7-27

方法三：(1) 构造线段 AB；(2) 选择工具箱中 [旋转]；(3) 单击点 A 和线段 AB，逆时针选择 90 度；(4) 选择 [图]；(5) 构造三角形。

提示：(1) 方法一中利用线段构造的三角形 DEF，度量面积时比较麻烦，需要用到指令"面积 $[D, E, F]$"，而方法二利用多边形构造的三角形，在代数区直接显示其面积——"多边形 $1 = 1.36$"；(2) 方法一中，可以在指令栏输入"交点 $[c, f]$"，得到交点 D, E。

【例 7-15】构造正三角形

方法一：(1) 在工具箱中选择 [正多边形]；(2) 单击两个点，在提示框中输入 3。
方法二：(1) 构造两个点 A, B；(2) 在指令栏输入"多边形 $[A, B, 3]$"。
方法三：(1) 构造线段 AB；(2) 利用旋转构造。
提示：(1) 法二可以通过"定长线段"工具，构造 A, B 两点，从而确定正三角形的边长；(2) 可以通过更改 A, B 的坐标来确定边长。

【例 7-16】构造正方形

方法：(1) 构造水平定长线段 AB，长度为 2；(2) 指令栏输入"$u = (0, 2)$"，构造 u 向量；(3) 选择工具箱中的 [平移]；(4) 单击线段和向量；(5) 构造线段 AA', BB'。如图 7-28 所示。

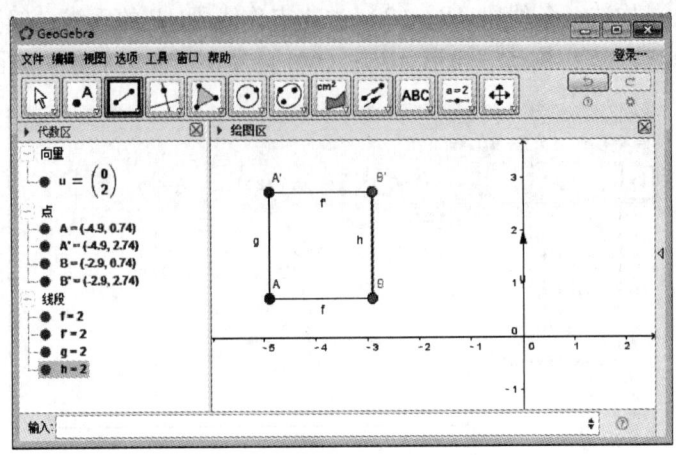

图 7-28

提示：构造正方形，也可以用构造正三角形的三种方法。

【例 7-17】 构造平行四边形

方法：（1）构造 A，B 两点；（2）在工具箱中选择 [平移]；（3）单击点 A、点 B，再点击一个点；（4）隐藏向量；（5）利用"多边形"构造平行四边形。如图 7-29 所示。

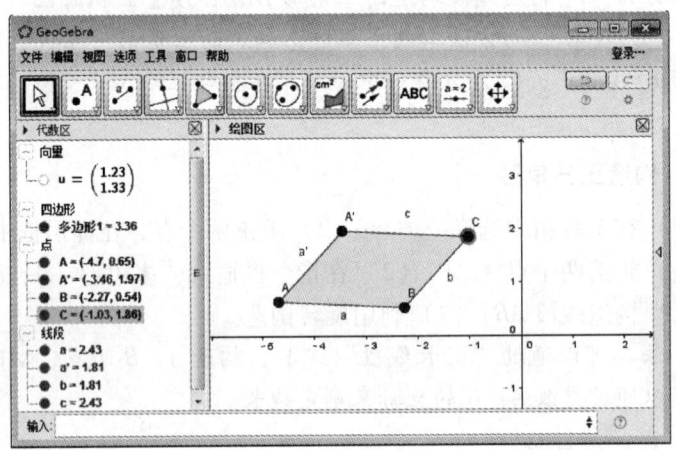

图 7-29

提示：拖动其中一个点，可以改变平行四边形的形状。

【例 7-18】 构造圆的切线

方法一：（1）构造一个圆 c；（2）构造圆外一点 C；（3）在工具箱中选择 [切线]；（4）单击点 C、圆 c。如图 7-30 所示。

方法二：（1）构造一个圆 c；（2）构造圆外一点 C；（3）在指令栏输入"切线 [C, c]"。

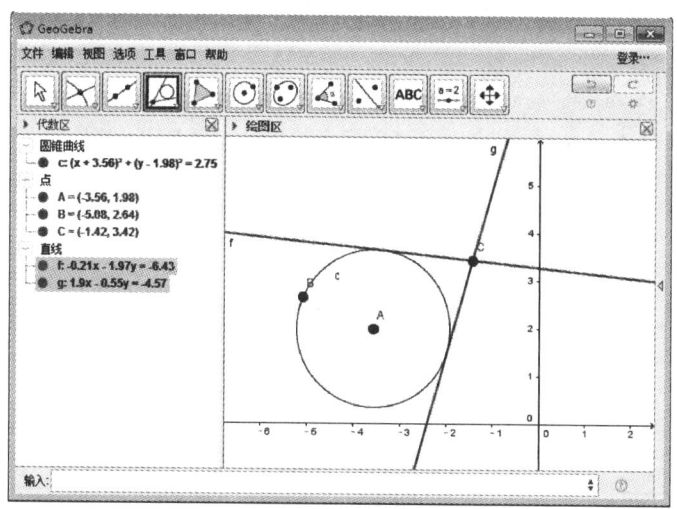

图 7-30

方法三：(1) 构造一个圆 c；(2) 构造圆外一点 C；(3) 在工具箱中选择 中点/中心；(4) 单击点 A，C，构造中点 D；(5) 在工具栏中选择 ⊙；(6) 依次点击点 D，A；(7) 在工具箱中选择 交点；(8) 点击两圆相交的地方，构造 E，F 点；(9) 在工具栏中选择 ；(10) 点击 C 点、E 点、C 点、F 点。如图 7-31 所示。

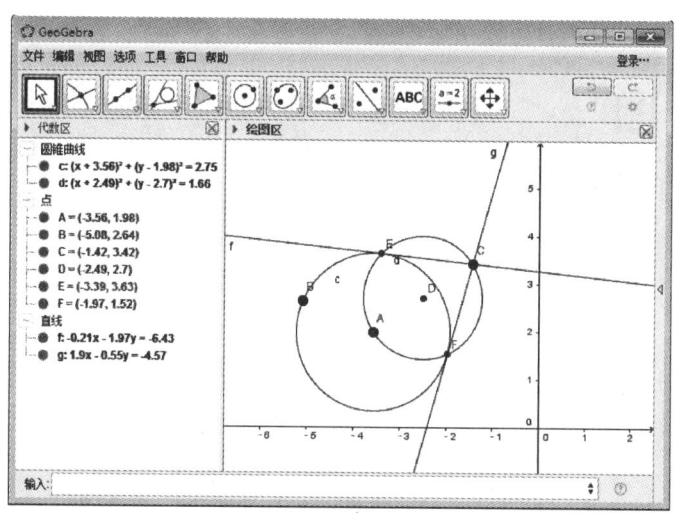

图 7-31

提示：(1) 代数区显示了切线方程；(2) 通过"切线"，还可以构造与已知直线平行的切线；(3) 方法三的步骤跟"几何画板"做法一样，但几何画板不能通过方法二来完成，因为几何画板没有类似于 GeoGebra 的"指令栏"。

【例 7-19】构造两圆的公切线

方法一：(1) 构造两圆；(2) 在工具箱中选择 切线；(3) 单击两圆。如图 7-32 所示。

方法二：（1）构造两圆；（2）在指令栏输入"切线 [c, d]"。

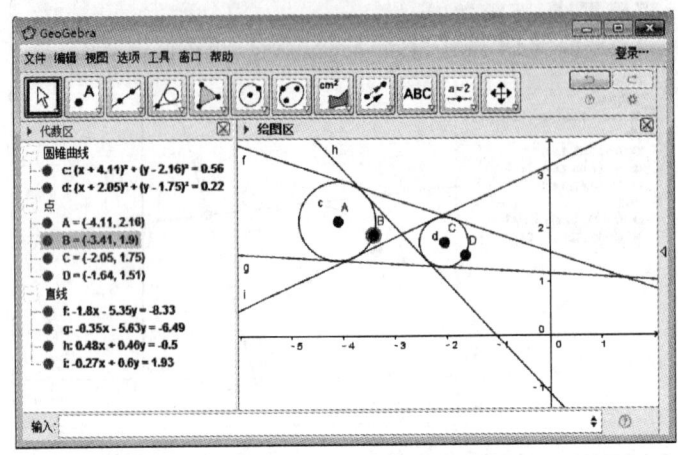

图 7-32

提示：当两圆的位置关系发生变化时，切线条数随之变化。

【例 7-20】构造函数 $y = x^2 - x - 6$ 的图象，求其零点、极值

方法：（1）在指令栏输入"$y = x\wedge2 - x - 6$"；（2）在工具箱中选择 零点；（3）单击函数 c；（4）在工具箱中选择 极值点；（5）单击函数 c。如图 7-33 所示。

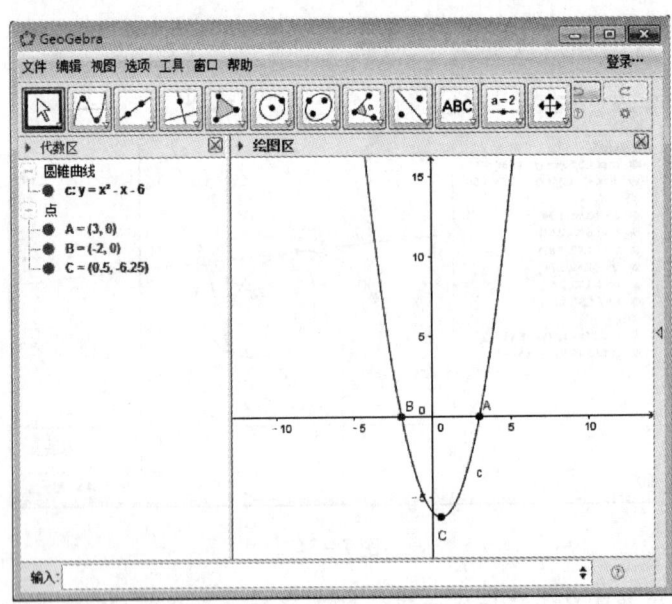

图 7-33

提示：（1）鼠标停留在绘图区空白处，滚动鼠标滚动条，可以放大或者缩小坐标轴，也可通过右击绘图区空白处，点击【缩放】来完成；（2）鼠标停留在绘图区空白处，可以左击拖动坐标轴。

【例7-21】 构造函数 $y = x^3 + 2x^2$ 的图象，求在区间 [-2, 1] 上的最值、积分

方法：(1) 在指令栏输入 "y = x^3 + 2x^2"；(2) 在工具箱中选择 [函数检视]；(3) 单击函数图象；(4) 在弹出的对话框的底部输入 x 的范围。如图7-34所示。

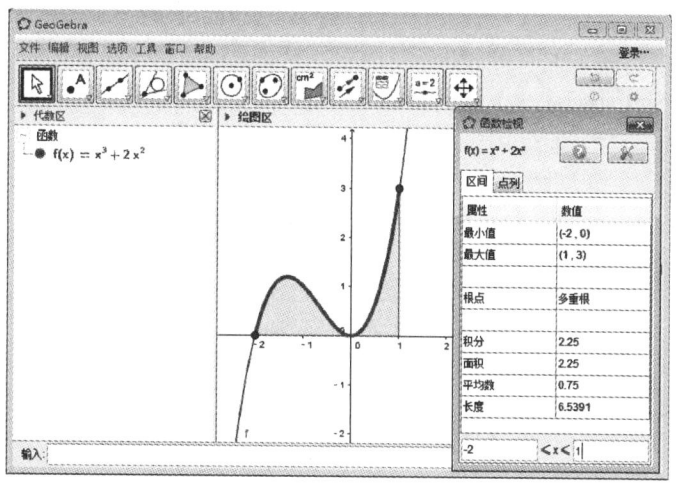

图7-34

提示：平均数=面积/长度。

【例7-22】 构造一次函数 $y = kx + b$ 的图象

方法一：(1) 单击工具栏的 [ ]；(2) 单击绘图区，在弹出的窗口中更改名称为 k，创建滑动条 k；(3) 同理创建互动条 b；(4) 在指令栏输入 "y = kx + b"。如图7-35所示。

方法二：在指令栏输入 "y = kx + b"，根据提示创建滑动条。

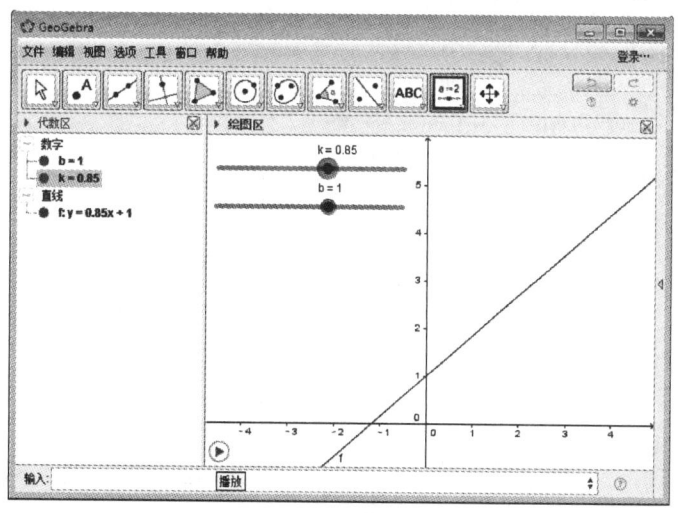

图7-35

提示：右击滑动条 k → 【启动动画】，直线随之转动。

【例 7-23】 构造正弦函数 $y = \sin x$ 图象

方法：(1) 在指令栏输入 "$y = \sin x$"；(2) 右击坐标轴绘图区→【绘图区】，如图 7-36 操作，设置 x 轴的单位刻度。

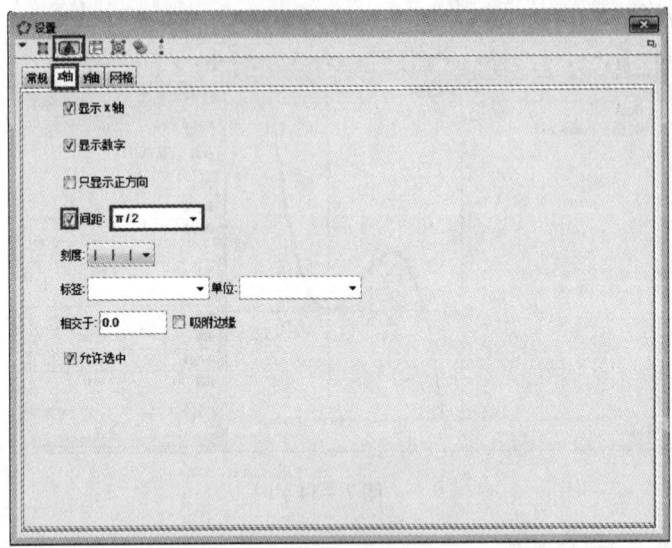

图 7-36

【例 7-24】 构造 $y = A\sin(\omega x + \varphi)$ 的函数图象

方法：(1) 构造滑动条 A、ω、φ；(2) 在指令栏输入 "$y = A\sin(\omega x + \varphi)$"。如图 7-37 所示。

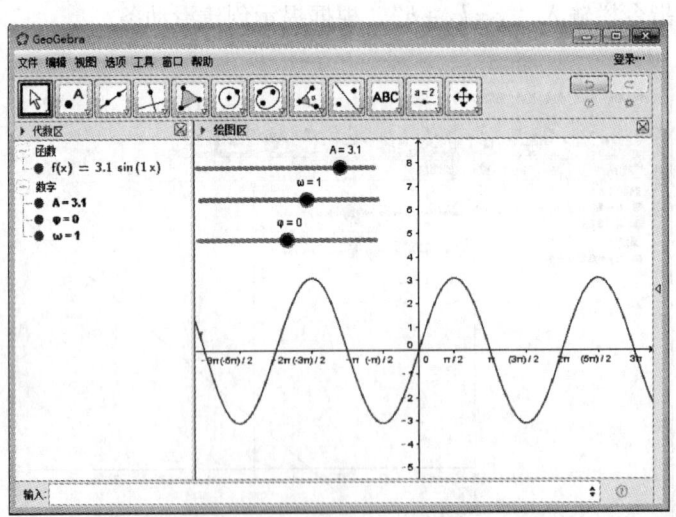

图 7-37

提示：拖动滚动条上的点，感受函数图象变化。

○实践与反思

1. 多媒体课件设计原则有哪些?
2. 怎样对 PowerPoint 课件进行动画设置?
3. 用 GeoGebra 软件构造直角三角形的方法有哪些?
4. 用 GeoGebra 软件绘制函数 $y=x^2$ 的图象,并且求 $y=x^2$ 在区间 $[-2,1]$ 上的最值、积分。

第八章
数学概念教学技能

第一节
数学概念教学技能概述

一、数学概念的涵义

概念是反映事物本质属性的思维形式。帮助学生有效地掌握概念是课堂教学的一个重要目的。概念是知识网络上的节点。没有概念，学生就无法进行抽象思维，就无法建立各门学科的理论知识系统。

人所处的环境是复杂多样的，为了应付这样的环境，我们必须对各种事物进行分类。这些分类使我们能够把面目各异但具有共同本质特征的客体归纳为一类，然后再根据它们所属的类别做出反应。心理学家认为，概念正是人们在对事物进行分类的基础上形成的。奥苏贝尔把概念定义为"符号所代表的具有共同标准属性的对象、事件、情境或词"。这里的符号主要是具有一般意义的词，例如，假定"三角形"一词作为一个一般的符号（而不是特殊的符号），它就代表了三角形的概念。也就是说，"三角形"这个符号不是指任何具有形状、颜色、大小的三角形，而是指一般的三角形。

数学概念是指客观世界中的数量关系和空间形式的本质属性在人脑中的反映，是数学知识体系的基础。所谓本质属性，是指一个特定数学对象在一定范围内保持不变的性质。如"平行四边形"这一概念反映了"两组对边分别平行"这一本质属性，而"四个角相等"则是非本质属性。

二、数学概念的组成

一个数学概念通常包括以下五个方面：
（1）概念的名称。
（2）概念的定义。概念的定义揭示了数学对象的必要和充分的属性。

（3）概念的符号。概念的符号是指共同约定的用来表示概念的记号。使用概念的符号可以使数学表达更加简洁明了。

（4）概念的例证。概念的例证是指用来阐释概念的例子。

（5）概念的内涵与外延。概念的内涵是指概念的所有本质属性的总和，概念的外延是指概念的对象的总和。

【例8-1】"三角形"概念

"三角形"是概念的名称。

三角形的定义是由不在同一直线上的三条线段首尾顺次连接所组成的封闭图形。

三角形的符号为"△"，以 A，B，C 为顶点的三角形记为 $\triangle ABC$。

一切符合三角形定义特征的图形，不论它的大小、颜色或位置如何，都是三角形的例证，如图8-1所示：

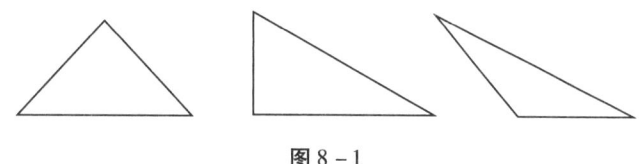

图8-1

三角形的内涵包括：三角形有三个角，三角形是由三条线段首尾顺次连接组成的封闭图形，三角形的内角和为180°，三角形任意两边之和大于第三边等。

三角形的外延则包括所有的三角形。

概念的内涵与外延之间存在反变关系：概念的内涵越多，外延就越少；概念的内涵越少，外延就越多。例如，在"三角形"的内涵中加上"有一个角是直角"的属性，就得到外延缩小的"直角三角形"概念；在"等腰三角形"的内涵中去掉"两条边相等"的属性，就得到外延扩大的"三角形"概念。

三、数学概念教学概述

数学概念教学是指教师根据学生已有的知识和经验，创设恰当的问题情境，引导学生经历数学概念的形成过程，理解、掌握概念的内涵与外延，建构良好的数学概念网络，并学会运用概念解决数学问题。

维果茨基将概念区分为自发性概念和科学概念。自发性概念是指学生在日常生活中或者其他无意识的活动中对概念对象形成的认识，是没有人刻意教的。科学概念则是定义明确的、精细的，有一定逻辑意义和体系属性的概念。概念教学中所指的概念就是科学概念。在概念教学中，教师应该积极利用学生的自发性概念，发挥它的实践性、浅显性、通俗性特长，为科学概念的建构做好铺垫。同时，也应当谨慎地分析它的弱点、缺点和错误，设法提防、抑制和纠正，帮助学生从自发性概念中去粗取精、去伪存真，抽象概括出科学概念。[①]

---

① 李士锜. PME：数学教育心理学 [M]. 上海：华东师范大学出版社，2001：103-105.

在概念教学中，教师既要让学生明确概念"是什么"，也要让学生掌握概念"有什么用"。教师应该引导学生了解数学概念的来龙去脉，体验概念在解决现实生活的问题或发展数学理论体系中所发挥的作用，经历概念的"再创造"。概念教学应该"淡化形式，注重实质"，[1] 将重点放在概念的形成、理解和运用上，在教学的过程中帮助学生明晰概念之间的联系与区别，建构良好的数学概念网络。概念教学技能是教师帮助学生有效地理解、掌握和运用概念，进而发展学生抽象思维能力的行为方式。

第二节
数学概念学习的方式

一般来说，数学概念的学习有两种方式：概念的形成和概念的同化。

一、概念的形成

概念的形成是从大量具体例子出发，以归纳的方法概括出一类事物的本质属性。数学概念的形成实质上是抽象出数学对象的共同本质特征的过程。这一过程包括下列几个步骤：

（1）辨别不同的刺激模式；
（2）分析各种刺激模式的属性，并抽象出本质属性；
（3）概括形成概念；
（4）用词和符号表示新概念；
（5）运用概念。

概念的形成主要依靠对具体事物的抽象概括能力，更接近于人类自发形成概念的方式。用概念形成的方式学习概念，需要花费较多的时间，但要求的心理水平低，思维过程也较为自然，适用于低年级的儿童。

【例8-2】"面积"概念的教学[2]

师：老师从舟山出发，经过宁波到江苏徐州，路很远，你们说这么长的路程该用哪个长度单位来表示？

生：千米。

师：那么，比"千米"小一点的长度单位是什么呢？

生：米。

师：比"米"再小一点的长度单位又是什么呢？

生：分米。

师：对。比"分米"更小一点的长度单位还有吗？

---

[1] 陈重穆，宋乃庆. 淡化形式，注重实质 [J]. 数学教育学报，1993.
[2] 吴正宪，钟建林. 小学数学名师名课·经典篇 [M]. 北京：教育科学出版社，2011：5-7.

生：厘米、毫米。

师：是的。用来表示物体的长短，可以用长度单位"千米""米""分米""厘米"等表示。

师：（边说边出示两条线段，如图8-2）现在请同学们观察这两条线段，你觉得有什么不一样？

生：这两条线段长短不一样，上面一条长，下面一条短。

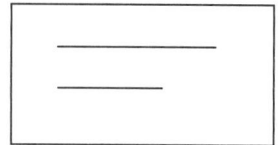

图8-2

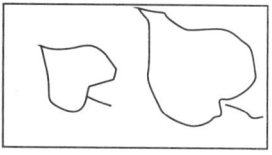

图8-3

师：是的。（出示两片叶子，如图8-3）这两片叶子又有什么地方不一样？

生：这两片叶子的大小不一样。

师：是的。通过观察我们知道，物体既有长短之分，又有大小之分。黑板、课桌、书本、树叶、银幕、文具盒等都可以叫做物体（板书"物体"）。

师：（出示文具盒）这也是一个物体，一眼看去，你们先看到的是什么？

生：外面。

生：表面。

师：是的。许多物体都有它们的表面，如黑板面、叶子的表面、书本的表面……你们能再举出一些物体的表面吗？

生：电视机有表面。

生：足球有表面。

生：老师的讲台有表面。

……

师：大家都说得很好。现在老师请大家闭上眼睛，把数学书和课桌的表面摸一摸，说一说有什么感觉？

生：桌子的表面光光的。

生：桌子的表面大，课本的表面小。

师：大家的感觉不错。课桌表面比较大，我们就说课桌表面的面积比较大；课本表面比较小，我们就说课本表面的面积比较小。（板书"面积"）那么，文具盒的表面比较小，可以怎么说呢？

生：文具盒表面的面积比较小。

师：黑板面比桌子面大，又可以怎么说呢？

生：黑板面积比桌子面积大。

师：你还能想到什么呢？

生：还可以说桌子面积比黑板面积小。

师：说得真好。我们把物体表面的大小叫做它们的面积。（形成板书）

师：刚才我们已经研究了物体表面的大小，接着来观察下面的这些图形（出示图形，如图8-4)。这些图形中哪一个与众不同？

生：有一个角和其他图形不一样，只有这个角的面的大小很难说。

师：说明这个角和其他图形有区别，那有什么不一样的地方呢？

生：其他四个图形的大小都是固定的，它的面的大小不固定。

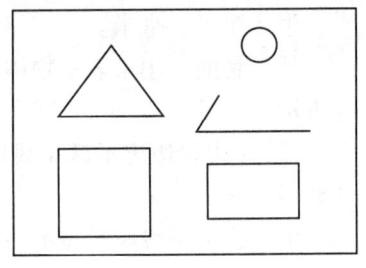

图8-4

师：说得很好！用数学语言来说，其他四个都是封闭图形，而它不是封闭的图形，所以很难确定它的面的大小。

师：那么，这四个图形的大小有什么关系呢？

生：圆比三角形小。

生：正方形比三角形大。

师：对。我们可以清楚地观察到，圆的面积比三角形的面积小，正方形的面积比三角形的面积大。再仔细观察一下，你们还可以比较哪些图形之间的面积大小呢？（学生交流）

师：我们说，围成的平面图形的大小也叫面积。你们能把这两方面概括起来说说什么叫面积吗？

生：物体表面的大小和围成的平面图形的大小叫做面积。

师：物体表面的大小叫面积，围成的平面图形的大小也叫面积，所以说物体表面或封闭图形的大小叫做面积。（板书"物体表面或封闭图形的大小叫做面积"）

……

二、概念的同化

概念的同化是指以定义的方式直接揭示概念的本质属性，学习者利用认知结构中的原有概念理解接受新概念。概念的同化包括下列几个步骤：

(1) 提供概念的定义、名称和符号；
(2) 解释定义，突出概念的本质属性；
(3) 辨别例证，联系和区分新旧概念；
(4) 把新概念纳入相应的概念体系中；
(5) 运用概念。

概念的同化主要依赖学生已有的经验和新旧知识的联系，是认知水平达到一定程度的人学习概念的主要方式。用概念同化的方式学习概念比较直接、省时，但要求学习者进行积极的学习活动，适用于高年级的学生。

例如，在一般课堂学习中，教学生掌握"平行四边形"的概念时，常常是通过概念同化的方式学习的。教师先确认，学生有意识学习这个新概念的条件已经具备，因此，直接把定义告诉学生："平行四边形是两组对边分别平行的四边形。"在学生主动接受新知识时，也必须积极展开认知活动。首先，必须把"平行四边形"这个概念与自己认知结构中原有的"四边形"知识联系起来，并把新概念纳入原有概念体系之中，明确新概念是对原有的四边形概念的限制。其次，在学习新概念"平行四边形"时，必须将新概念与原有的相关概念（如四边形、梯形、三角形等）加以区别，精确分化。最后，把一般四边形、平行四边形、梯形等有关的概念不断分化和综合贯通，组成一个整体的概念体系，达到结构化和系统化，即透彻理解了这个科学知识群，以便于记忆和运用。

第三节 数学概念教学的环节与教学模式

一、概念教学的环节

（一）概念的引入

引入新概念的过程，包括了解该概念的必要性和合理性，初步揭示它的内涵和外延，给概念下定义。"好的开头是成功的一半"，概念引入的好坏，直接影响概念教学的效果。引入新概念一般有以下途径：

（1）从实物、模型、实例引出概念。

（2）在学生已有的知识基础上引入概念。当所要学习的概念比较抽象，不便于提供具体实例或不能直接感知具体实例时常用这种方法。

（二）概念的讲解

从本质上说，概念的引入主要是帮助学生建立对概念的感性认识。而概念的讲解主要是帮助学生建立对概念的理性认识。为此，教师在组织学生对实物、模型等感性材料进行观察的基础上，要进一步引导学生进行分析、比较，揭示概念的内涵与外延，最后还要概括得出概念的表达式（语言的或符号的）。

（三）概念的巩固

学生理解了概念，不等于掌握了概念。为此，教师必须通过多种多样的途径，引导学生不断复习已学过的概念，发挥概念对于学习其他知识的指导作用。一般采用以新带旧、温故知新、新旧概念对比等方式来巩固概念；也可以在适当的时候引导学生把概念进行整理、归类，帮助学生将概念体系系统化、条理化，从而巩固概念。如讲完正方形的概念之后，可以把正方形和长方形、菱形、平行四边形联系起来，使学生认识到它们之间的逻辑关系。

二、概念教学的模式

（一）具体—归纳式

步骤安排：

第一阶段：呈现资料。教师向学生呈现的资料是一些要讲授的概念的正例或反例。教师在呈现资料的同时告诉学生：这些例子都是针对某一个概念的，它们都含有一些共同的特点，你们的任务就是提出一系列关于这个概念的假设，最终找出这个概念。

第二阶段：（学生）发现给定概念的特性，（教师）引入表示这个概念的术语。

第三阶段：选出给定概念的本质属性，并叙述这个概念的定义。

第四阶段：通过具体例子说明概念。

【例8-3】长方体的认识[①]

1. 叠纸成书，导入新课

师：（出示1张32开白纸）1张白纸可以看作1个长方形吗？

生：（齐）可以！

师：那么，50张、100张、200张……同样大小的白纸重叠起来，就成了这样的书本（出示1本较厚的书），还可以看作长方形吗？

生：不可以了！

师：将一张白纸看作一个长方形，可以不去考虑它的厚度，50张、100张、200张……同样大小的白纸重叠在一起，就不能忽视它的厚度，不能将它看作长方形，而要看作长方体了。

师：同学们，桌子上的火柴盒、积木，这里的磁带盒、牙膏盒（在讲台上出示），造房子用的砖、医生用的保健箱等，这些物品的形状都是长方体。

师：（出示一些长方体的、非长方体的物体和模型，其中有一块玻璃）现在请两位同学来分一分，把长方体的物体放在左边，不是长方体的物体放在右边，拿不定主意的放中间。

（生上台前分，把玻璃及一组对面是正方形的长方体模型放在中间）

师：他们分得对不对？等我们研究了长方体的特征就知道了。

2. 切果成形，观察讨论，探究特征

师：（取1个苹果）这里有一个苹果，把它切1刀（切），就切出1个平面（摸，板书：面），再切1刀（垂直于上切面切），又是1个面，两个面相交的边（指示）叫作"棱"（板书：棱），再切1刀（垂直于棱切），现在有几个平面？

生：3个。

师：有几条棱？

[①] 华应龙. 我这样教数学：华应龙课堂实录 [M]. 上海：华东师范大学出版社, 2009：161-164.

生：3条。

师：3条棱相交的点，叫作顶点（板书：顶点）。如果再相对着切3刀就得到一个长方体（出示长方体模型）。我们先来研究长方体的面的情况。请拿起火柴盒，摸一摸它的面，数一数长方体有几个面。

生：（摸、数）长方体有6个面。

师：你是怎样数的？

生：我是这样数的——按上下、前后、左右的序数。

师：根据长方体的面的位置，分别把它们称作前后两个面、上下两个面、左右两个面。（指着）位置上相对着的叫作一组相对的面，长方体有几组相对的面？

生：（齐）3组。

师：这六个面都是什么形状？

生：都是长方形。

生：可能有两个相对的面是正方形。

师：你身边有这样的长方体吗？

（生举起一块积木）

师：对！也可能有两个相对的面是正方形。再看一看，长方体相对的面的面积怎样？

生：（观察思考）相等。

师：是不是相等呢？请看——（将长方体模型右面拆下，移到左面重叠）相等吗？

生：（齐）相等。

师：现在来研究棱的情况，大家摸一摸长方体的棱，数一数，有几条？

生：（摸、数）长方体有12条棱。

师：（把模型的"皮"剥下来，露出"骨架子"）请看，这12条棱中，同一颜色的4条棱是1组相对的棱。长方体有几组相对的棱？

生：（齐）3组。

师：看一看，相对的棱的长度怎样？

生：相等。

生：我用尺量的，发现它们一样长。

师：不用尺量，你能知道吗？

生：在同一个面上的两条相对的棱是1个长方形的1组对边，长方形的对边相等。所以这两条棱的长度相等（这里超越了直观，抓住契机，让学生在已有的判断基础上推理，不仅让学生掌握了"相对棱的长度相等"的特征，而且发展了学生的逻辑思维能力）。

师：这1组4条相对的棱的长度相等，同样的道理其他两组相对的棱的长度也分别——

生：（齐）相等。

师：再看顶点的情况，请指出长方体的顶点给同桌看一看。数一数，长方体有几个顶点？

生：（指、数）长方体有8个顶点。

师：长方体的特征可以从面、棱、顶点这3个方面进行概括。谁能说说长方体有怎样的特征？

（生根据板书内容叙述）

师：现在，不看黑板上的内容，拿起火柴盒或积木，同桌的同学互相说一说长方体的特征，好吗？

生：好！

（同桌互说）

师：（指讲台上的模型）这里都是长方体吗？为什么？为什么说这些物体不是长方体？哪些是？哪些不是？可先讨论一组对面是正方形的长方体模型，后讨论玻璃块。

生：它符合长方体的特征，有六个面，都是长方形……

……

【评析】华应龙老师从一张长方形的白纸到几十、几百张纸叠加成书的动态演示，并有精当的语言配置，增强了感知效果。随着厚度的显现，学生的空间观念从平面拓展到立体。学生带着浓厚的兴趣初识了长方体。接着教师又举出讲桌上、学生课桌上以及学生熟识的长方体的实物，使学生积累了丰富的感性认识，初步形成长方体的整体表象。接着，通过"切苹果"操作使学生清楚地认识了长方体的面、棱、顶点的特征。

（二）抽象—演绎式

在讲授与学生学过的概念存在联系的概念时，常采用抽象—演绎的方法。

步骤安排：

第一阶段：给出新概念的定义。教师用下定义的方式直接引入所讲授的概念，并对术语、名称、符号给予详细的解释。

第二阶段：对这个概念进行分类，再讨论这个概念表达的各种特殊情况。

第三阶段：用具体的例子说明所引入的概念的本质特征。

第四阶段：举出应用这个概念的具体例子。

一般来说，具体—归纳式在低年级用得较多，而抽象—演绎式在高年级用得较多。

【例8-4】"等差数列"概念的教学[①]

师：前面两节课中我们已经学习了数列的基本概念，对数列的知识有了一定的了解，这节课我们将学习一个新的数列，同学们请看下面的三个数列。

【投影】引例：

（1）一个梯子共6级，自下而上每一级的宽度（单位：cm）为：89，83，77，71，65，59；

（2）鞋的尺码，按照国家统一规定，有23，23.5，24，24.5，25，25.5，…；

（3）2010年9月日历表中星期三的日期为1，8，15，22，29。

请同学们观察三个数列，说出各自的特点，并说出共同特点。

生：数列（1）中后一项与前一项的差都是-6，数列（2）中后一项与前一项的差都是0.5，数列（3）中后一项与前一项的差都是7，我总结出后一项与前一项的差都是

[①] 任伟芳. 最新高中数学创优课例研讨与教学设计［M］. 宁波：宁波出版社，2012：24-27.

同一个常数。

生：从第二项起，每一项与前一项的差都是同一个常数。

师：（追问一句）是这样的特点吗？

生（齐）：是的。

师：那具有这样特点的数列，我们就说是等差数列，也是我们今天主要学习的内容。（板书"等差数列"）根据刚才的分析，你能总结一下等差数列的定义吗？

生：一般地，如果一个数列从第二项起，每一项与它前一项的差等于同一个常数，这个数列就叫作等差数列。

师：就这样吗？

生（齐）是的。（板书"定义"，投影出等差数列的定义）

师：对于等差数列的定义，我们还需要注意以下几点，要构成一个数列，至少要……（教师此时稍作停顿）

生（齐）：三项。（板书"① 至少三项"）

师：在定义中还有几个关键词，第一个关键词应该是什么？

生（齐）：从第二项起。（板书"② $n \geq 2$"）

师：第三个特点是什么？

生（齐）：每一项与它前一项的差等于同一个常数。（板书"③ 后项减前项"）

师：第四个特点是……（教师稍作停顿）

生（齐）：差等于同一个常数，叫作公差 d。（板书"④ 差为同一常数"）

师（追问）：同学们能否根据刚才给出的定义，将定义抽象成数学符号或者是一个数学式子？

生：既然定义里要求是后一项减去前一项，那么先任意设一项 a_n，它的前一项是 a_{n-1}，则 $a_n - a_{n-1} = d$（其中 $n \geq 2$）。

师：它还有另一个形式 $a_{n+1} - a_n = d$，同学们能够将以前学习的知识学以致用，非常好！目前，我们定义有了一定感性的认识了，下面小试牛刀，看一下下面的数列是否是等差数列。

【投影】练一练：判断下列数列是否为等差数列，并说明理由。

① 1，3，5，7，9，…

② 1，$\dfrac{1}{2}$，$\dfrac{1}{3}$，$\dfrac{1}{4}$，$\dfrac{1}{5}$，…

③ -3，1，4，7，10，…

④ 0，0，0，0，0，…

⑤ 1，0，1，0，1，…

师：这道题我们进行抢答，当我说题号时，同学就可以起来抢答。

（教师喊题号，学生踊跃回答，每一个学生回答后，教师都问全班同学是这样吗，让学生自己判断准确否。下面是学生回答的过程。）

生：数列①是等差数列，因为根据定义，每一项减去前一项都是一个常数2。

生：数列②不是等差数列，因为 $\dfrac{1}{2} - 1 = -\dfrac{1}{2}$，$\dfrac{1}{3} - \dfrac{1}{2} = -\dfrac{1}{6}$，也就是说这个数列的

每一项减去前一项的差不是同一个常数。

师：同意他的观点吗？

生（齐）：同意！

生：数列②不是等差数列，因为根据定义，等差数列的每一项减去前一项都是同一个常数，而它不是同一个数，所以它不是等差数列。

师：（指着黑板）分析得比较全面，根据定义一定要注意这样四点。

生：该数列是等差数列，因为各项都是0，从第二项开始，后一项减前一项都是0，所以公差是0，符合定义的条件，所以该数列是等差数列。

师：而且是什么数列？

生：常数列。

生：这个数列不是等差数列，因为第二项减去第一项是-1，第三项减去第二项是1，所以它不是等差数列。

师：它是不符合定义中的哪一点？

生：第四点，差不是同一个常数。

师：很好，请坐。

师：刚才我们对定义有了进一步的认识，同学们能不能结合生活，举出一些等差数列的实例？

生：5，10，15，20，…；

生：4，2，0，-2，-4，…

……

第四节
数学概念教学技能的实施要点

下面将从概念教学的各个环节具体阐述概念教学技能的实施要点。

一、概念的引入

（一）让学生认识概念的由来和意义

概念的产生是认识过程中的质变。教师的任务就是引导学生由感性认识上升到理性认识：每当引入一个新的概念时，教师应该使学生弄清楚概念的由来和意义。了解概念的由来有助于学生更深刻地把握概念的本质，知道概念的意义有助于引起学生的注意，使学生积极主动地参与学习。

（二）尽可能提供丰富的感性材料做铺垫

感性知识和经验可以促进学生对抽象概念的理解，因此，在教学中应给学生提供丰富的感性材料。教师提供感性材料可以通过两种方式进行：一种是组织学生观摩，向学生展现各种模型、图片、教具；另一种是引导学生进行回忆和再造想象。

二、概念的讲解

（一）恰当运用不同的变式多角度理解

教学变式是在教学中使学生确切掌握概念的重要方式之一。即在教学中用不同形式的直观材料或事例说明事物的本质属性，或变换同类事物的非本质特征以突出事物的本质特征。[①] 在提供感性材料时必须正确运用变式，从不同角度、不同情况加以说明，使学生获得明确的概念，即明确概念的内涵与外延。为了讲清概念的本质特征，除了运用变式外，还常常运用反面的例证。反例在辨析概念的本质方面往往起着十分重要的作用。

（二）突出概念的本质特征

研究表明，概念的关键特征越明显，学习越容易；无关特征越明显，学习越困难。在概念教学中，教师要注重突出本质特征，减少或消除非本质特征。如在演示直观教具时，可使用活动变化的方法突出有关的本质特征。又如在观察直观图形时，可运用颜色、位置等的不同，把本质特点表现出来。

【例 8-5】三角形的高的概念变式

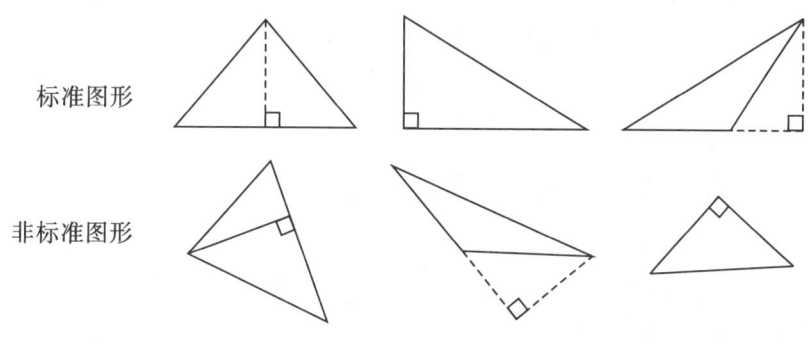

图 8-5

在概念形成的初始阶段，标准变式从学生熟悉的情况入手，学生容易获得概念的本质属性。但仅仅使用标准变式，可能会使学生不自觉地缩小概念的外延，或将相关例证的某些特性误认为是数学概念的本质属性。因此，在概念教学中，教师应该有意识地引入一些非标准变式。非标准变式可以打破学生的思维定式，通过变换概念的非本质属性，突出本质属性。

---

① 顾明远. 教育大辞典：简编本 [M]. 上海：上海教育出版社，1999：186.

【例 8-6】"扇形"的正例和反例

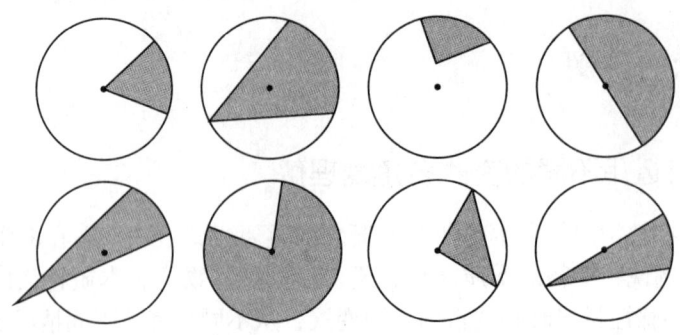

图 8-6

反例可以帮助学生辨别相近概念之间的区别，防止和纠正学生在理解概念时可能出现的混淆，明确概念的外延。在"扇形"概念的教学中，教师可以展示扇形的正例和反例。学生通过对例证的辨析，明确只有由组成圆心角的两条半径和圆心角所对的弧围成的图形才是扇形。

三、概念的巩固

（一）使学生正确运用概念

运用概念是学习概念的主要目的。在运用概念的过程中，可以使学生对概念得到更全面、更深刻的理解，从而更有利于牢固地掌握概念的属性。因此，在概念的教学中，要经常注意引导学生运用概念去确定对象的属性，判断某一对象是否属于某个概念的外延，以及运用概念去解决相关的数学问题。

（二）建立数学概念之间的联系

每个数学概念都不是孤立存在的，常常和其他一些概念存在逻辑联系。以概念为结点，通过建立概念之间的联系，在头脑中形成概念网络。概念之间的联系越广泛、越稳定，概念网络的内容越丰富，结构越清晰，学生对概念的理解也就越深刻。

在概念教学中，教师应该注重引导学生将新概念与已有的知识和经验建立适当的联系，学会对概念进行分类，将新概念纳入原有的概念网络中。教师可以通过指导学生绘制概念结构图表等形式，理清概念与概念之间的联系与区别，从整体上理解、掌握概念。

【例 8-7】

在学习"无理数"之后，可以联系前面的"有理数"，对实数进行分类，使学生进一步明确所学过的"数"之间的联系与区别：

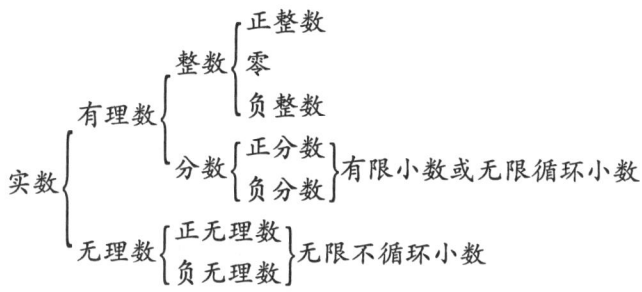

【例 8-8】

在学习"特殊的平行四边形"之后,下面的概念图示可以清楚地展示一般的平行四边形与矩形、菱形、正方形的性质之间的联系与转化:

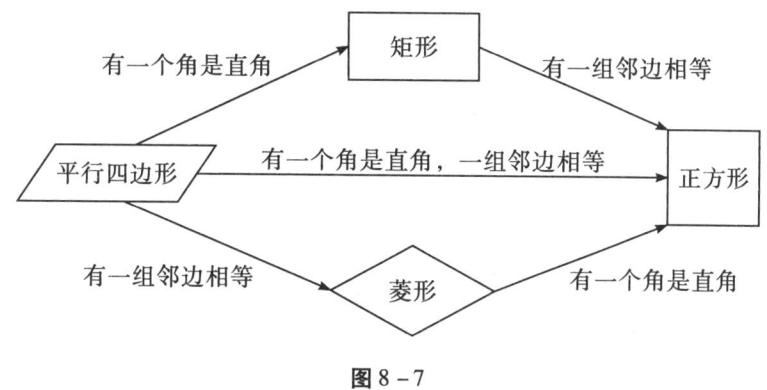

图 8-7

○实践与反思

1. 什么是数学概念?概念学习的主要方式有哪些?请举例说明。
2. 选择中小学数学教材中的某一数学概念,设计概念教学的教案。
3. 训练概念教学技能。
(1) 根据前面设计的教案,进行微格教学活动的设计。
(2) 以小组的形式在微格室中进行训练,并进行视频录像。
(3) 结合数学概念教学技能评价单(表 12-14、表 12-15),小组对录像进行讨论、评价和反思。
(4) 收集反馈意见,修改教案,反复录像与评价,直至熟练掌握。

第九章
数学例题教学技能

第一节
数学例题教学概述

一、数学例题的涵义

数学例题是为解释数学概念、原理和命题的本质而创设的，对数学知识的产生和发展具有先导性的作用，有助于学生掌握、理解知识，深化对一些数学事实、数学理论的本质认识。数学例题是课程教学的重要组成部分，是把知识、技能、思想和方法联系起来的一条纽带。例题的讲解与示范是教学中传授知识、培养技能必不可少的一个环节，知识的价值、技能的操作、思想与方法的作用都是通过例题来体现的。学习知识的最终目的是要转化为能力，例题作为学以致用的重要环节，在教学过程中担负着把知识转化为能力的重要使命。例题是数学学习过程中不可缺少的内容，是学生掌握数学基础知识和基本技能、领悟数学思想方法、培养数学思维能力的重要途径。

数学例题具有以下特征：

（1）典型性。例题的典型性，是指例题在数学知识和数学方法上具有一定的代表性。典型的例题通常可以反映出某一个知识点的本质，可以代表某一类数学问题，或者突出某种数学方法、数学思想。

（2）启发性。例题的启发性，是指例题能够引导学生理解所学知识，激发学生的思维，提高学生分析问题、解决问题的能力。

（3）可迁移性。例题的可迁移性，体现在解决问题的过程中所获得的数学知识、数学思想方法和解题经验等可以运用到新的问题情境中。

二、数学例题教学概述

数学例题教学是教师选择或设计数学例题并进行分析、讲解的教学活动，是通过师生互动、生生互动进行问题解决的过程。在学生学习数学概念、原理之后，教师呈现相应的例题，在具体的问题情境中引导学生理解和运用所学知识。通过例题教学，教师有目的、有计划、有组织地引导学生掌握数学基础知识和基本技能，领悟数学思想方法，提高分析问题、解决问题的能力。同时，例题教学也是培养学生规范地使用数学语言、科学表达的重要途径。

例题教学不应追求"题海战术"，而要关注能否最大化地发挥每道例题的教学功能和教育价值，根据学生的认知水平和个性特征进行创造性的教学，达到人们常说的"解一题，会一类，通一片"的目的。例题教学技能是教师选择、分析、讲解、反思例题，进而帮助学生掌握数学知识、技能和思想方法，培养学生分析问题和解决问题的思维能力的行为方式。

第二节
数学例题教学的作用

一、深化对数学知识的理解，提高问题解决的能力

在学习数学概念和数学原理时，数学例题提供了一个具体的问题情境，将抽象的数学知识和数学思想方法、解题的技能和策略结合起来。例题教学可以检测学生对所学内容的掌握情况，在分析问题、解决问题的过程中深化学生对概念和原理的理解，巩固所学知识。通过例题教学，培养学生准确、灵活地运用相关知识解决问题，积累解题经验，掌握一定的解题技巧，在探索解题思路的过程中形成自己的解题策略和方法，提高解决问题的能力。

二、培养数学思维能力，渗透数学思想方法

例题教学是培养思维品质的重要途径。通过准确应用概念、定理、法则、公式，培养学生思维的敏捷性；通过探索解题思路，寻找条件和结论的联系，培养学生思维的逻辑性；通过一题多解，培养学生思维的灵活性；通过运用数学思想方法解决问题，多题一解，培养学生思维的深刻性；通过推广例题，一题多用，培养学生思维的广阔性；通过一题多变，培养学生思维的创造性；通过对比不同解法，优化解法，培养学生思维的批判性；等等。数学思维的核心是数学思想方法。数学思想方法蕴含于解题过程中，指导着解题活动。帮助学生掌握数学思想方法，提高学生分析问题、解决问题的能力是例题教学的重要作用之一。

三、规范数学表达，培养良好的解题习惯

在例题教学中，学生首先通过模仿教师解题来掌握解题方法和规范的数学表达。教

师要充分发挥例题的示范作用，通过分析例题，给学生示范"探索解题思路"的过程，教学生学会如何从例题的条件和结论中寻找解决问题的突破口。通过正确演示例题的解答，规范学生解题的格式书写，使学生养成良好的解题习惯，学会科学的数学表达。

四、激发数学学习兴趣，发展良好的心理品质

解题活动不仅是智力活动，也是复杂的心理活动，考验学生的态度和意志。不同学生的心理品质在解题过程中都能体现出来：在审题时是认真细致还是粗心大意，在遇到有挑战性的问题时是自信勇敢还是胆怯厌烦，在寻找解题思路时是沉着冷静还是焦躁不安，这些不同的心理特征能反映出学生学习数学的不同态度。只有积极的学习态度才能有愉快的学习体验，才能有强烈的求知欲。教师可以通过学生的解题活动，及时发现问题并给予正确的引导，帮助学生发展良好的心理品质，树立正确的数学观念。学生在解题过程中难免会遇到挫折，产生厌倦消沉的情绪。教师可以在例题教学中营造良好的学习氛围，鼓励学生勇敢迎接问题的挑战，引导学生体验探索、解决问题的乐趣。学生在克服困难的过程中能逐步培养坚强的学习意志，在解题活动中获得的成就感会转化为进一步学习的兴趣和动力。

第三节
数学例题教学的方式

在解题教学中，引导学生考虑一题多解，让问题由点构成线；引导学生一题多变，让问题由线构成面；引导学生一题多用，让问题由面构成体。这样，学生就可以多层次、广视角、全方位地认识数学问题。[①]

根据例题的内容，我们可以将数学例题教学分为一题多解教学、多题一解教学、变式教学和题组教学四个类型。这四个类型并非是相互独立的，我们可以根据教学的实际需要合理地选择，从不同视角挖掘例题的教学教育价值。

一、一题多解

一题多解，是指从不同角度进行分析，运用不同知识、不同方法来解决同一问题。一题多解可以开拓学生的思路，培养学生思维的灵活性和创造性，使学生学会多角度、多层次地分析问题，学会用不同的知识和方法解决同一问题。学生的解法越多，表明学生的思维越灵活，综合运用知识的能力越强。通过一题多解，教师可以引导学生把握知识之间的联系，将知识融会贯通，达到对问题的全面理解。

对于有多种解法的例题，教师要鼓励学生从多个角度进行分析，得到问题的不同解

[①] 雷玲. 中学数学名师教学艺术 [M]. 上海：华东师范大学出版社，2007：29 - 30.

法。对于学生"别出心裁"的想法,即使较为复杂、特殊,教师也应该给予肯定和鼓励。这有利于激发学生的探究兴趣,培养学生的创造力。在此基础上,教师要引导学生分析、比较不同的解法,讨论哪种解法更为简便、哪种解法更为巧妙等,使学生对不同解法的理解更加深刻。这有助于学生真正掌握问题最简便的解法,提高解题效率。

【例 9-1】"不等式 $\frac{a+m}{b+m} > \frac{a}{b}$ 证明"的巧妙设计[①]

师:上课前,我们猜一条谜语,"考试不作弊",猜一数学名词。

生:真分数。

师:(乐)非常正确,那么用"考试作弊"猜一数学名词呢?

生:(异口同声)假分数。

师:很好,现在请大家任意写下一个真分数。

师:分子、分母分别加上一个正数,新的分数与原分数的大小关系怎么样?

生:一个真分数的分子和分母分别加上一个正数后其值增大。

引出问题:已知 $a, b, m \in \mathbf{R}^+$,且 $a < b$,求证:$\frac{a+m}{b+m} > \frac{a}{b}$。

证法 1:(分析法)略。

证法 2:(综合法)能用分析法证明的题目,一般也能用综合法证明,要求学生"口证"。

证法 3:(求差比较法)

因为 $a, b, m \in \mathbf{R}^+$,$a < b$,所以 $\frac{a+m}{b+m} - \frac{a}{b} = \frac{m(b-a)}{b(b+m)} > 0$,所以 $\frac{a+m}{b+m} > \frac{a}{b}$。

证法 4:(求商比较法)

$$\frac{\frac{a+m}{b+m}}{\frac{a}{b}} = \frac{ab+bm}{ab+am}$$

因为 $a, b, m \in \mathbf{R}^+$,$a < b$,所以 $bm > am$,$ab + bm > ab + am$,且 $\frac{a}{b} > 0$,

所以 $\frac{\frac{a+m}{b+m}}{\frac{a}{b}} > 1$,所以 $\frac{a+m}{b+m} > \frac{a}{b}$。

证法 5:(反证法)

假设 $\frac{a+m}{b+m} \leq \frac{a}{b}$,

因为 $a, b, m \in \mathbf{R}^+$,所以 $(a+m)b \leq a(b+m)$,即 $bm \leq am$,所以 $b \leq a$。

这与题设 $a < b$ 产生矛盾,所以假设不成立,故 $\frac{a+m}{b+m} > \frac{a}{b}$。

[①] 雷玲. 中学数学名师教学艺术 [M]. 上海:华东师范大学出版社,2007:4-8.

证法6：（放缩法）

因为 a，b，$m \in \mathbf{R}^+$，且 $a<b$，

所以 $\dfrac{a}{b} = \dfrac{a(b+m)}{b(b+m)} = \dfrac{ab+am}{b(b+m)} < \dfrac{ab+bm}{b(b+m)} = \dfrac{a+m}{b+m}$。

此外，还有证法7（构造函数法）、证法8（增量法）、证法9（定比分点法）、证法10（斜率法1）、证法11（斜率法2）、证法12（三角法）、证法13（几何法）。

后来，王淼生老师又探索出了证法14（利用正弦定理）、证法15（利用三角形相似）、证法16（换元法）、证法17（双换元法）等12种新的解法。① 若再进一步探索，也许还会有新的解法。但一题多解并不意味着教师要掌握所有解法，或将所有的解法教给学生。在例题教学中，教师要根据学生的学情和实际教学需要进行选择，合理控制课堂的知识容量，并进行有序的引导，才能充分调动学生学习的积极性，拓展学生的思维。

二、多题一解

在解题的过程中，我们常常发现某些问题之间具有共性，引导学生寻找问题间的联系，研究一类问题的通解通法就是"多题一解"教学。广义的"多题一解"可以分为两种类型："一题多变"和"一法多用"。

（一）一题多变

这里的"一题多变"不等同于一般的变式，而是指有着同一"题根"的变式题组。

【例9-2】

问题一：如图9-1所示，从 A 地出发，到笔直的河岸边去饮马，然后再去 B 地，走什么样的路线最短呢？

相传，该问题是古希腊一位身经百战的将军在作战的时候实际遇到的，将军百思不得其解，于是向久负盛名的学者海伦请教。由于这段典故，上述问题成了一个经典名题，后人称之为"将军饮马问题"。

海伦的解法如下：

如图9-2，作 B 点关于河岸 L 的对称点 B'，连接 AB' 与 L 相交于 C，则 C 点即为将军所找的饮水点。（证明过程略）

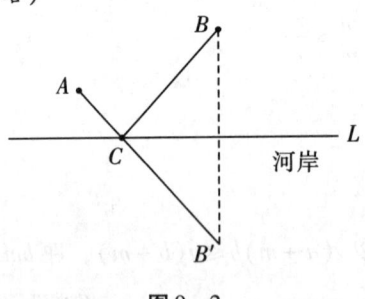

图9-2

---

① 任勇. 任勇数学教育文集三部之二："中观卷"激活数学教学的智慧（21）——数学复习课：借题发挥[J]. 福建中学数学，2013（9）：1-4.

问题二：如图 9－3 所示，A、B 两村位于一条河的两岸，假定河的两岸笔直且平行，现在要在河上垂直于河岸建一座桥。问：应把桥建在什么位置，才能使由 A 村经过这座桥到 B 村的路程最短？

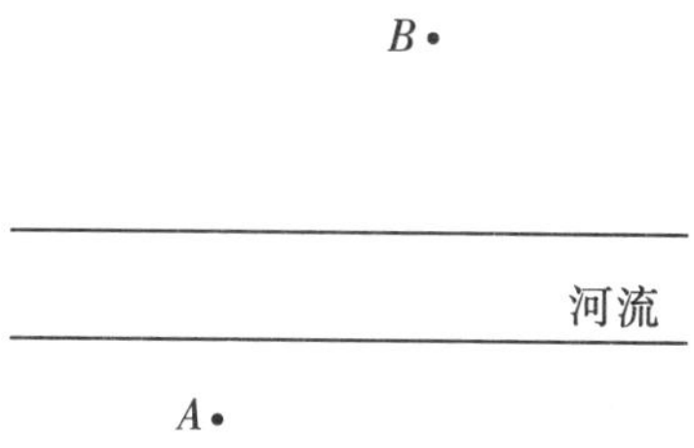

模仿"将军饮马问题"的解法，本题的解法如下（图 9－4）：

①作 BE⊥河岸，使 BE 的长等于河宽。
②连接 AE，交靠近 A 村的河岸于 C 点。
③在 C 点处架桥 CD（CD⊥河岸），从 A 村过此桥到 B 村的路程必最短。

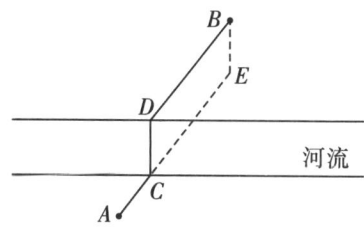

图 9－3

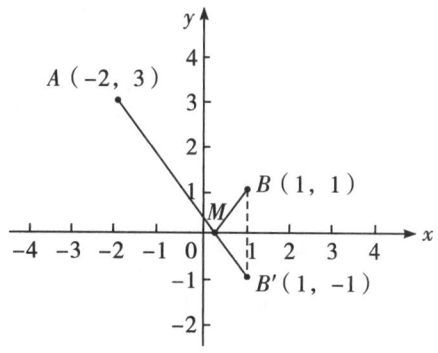

图 9－4

问题三：求 $y = \sqrt{x^2 + 4x + 13} + \sqrt{x^2 - 2x + 2}$ 的最小值。

对初中生而言，直接求解这个代数问题非常困难。但可以利用"两点间的距离公式"，将这个问题转化为一个几何问题。解法如下：

将两个根式进行变形：

$\sqrt{x^2 + 4x + 13} = \sqrt{(x+2)^2 + (0-3)^2}$，

$\sqrt{x^2 - 2x + 2} = \sqrt{(x-1)^2 + (0-1)^2}$

它们分别表示平面直角坐标系内位于 x 轴上的点 M（x, 0）到点 A（-2, 3）的距离及点 M（x, 0）到 B（1, 1）的距离。

所以 $y = \sqrt{x^2 + 4x + 13} + \sqrt{x^2 - 2x + 2} = |AM| + |BM|$

于是原题转化为：在 x 轴上找到一点 M，使得 |AM|＋|BM| 最小，这实际上就是最初讲的"将军饮马问题"，如图 9－5 所示。

图 9－5

因为 $B(1,1)$ 关于 x 轴的对称点就是 $B'(1,-1)$，

所以 $y_{min} = |AB'| = \sqrt{(-2-1)^2 + (3+1)^2} = 5$。

【评析】通过分析，可以发现问题二和问题三的"题根"其实是"将军饮马"问题。只要掌握了问题一的解法，找到后面两个问题与问题一之间的联系，这两个问题就能迎刃而解。

（二）一法多用

"一法多用"是指可以用同一个方法解决某一类型的问题。

【例9-3】

1. 排队问题：若有 A，B，C，D，E 五个人排队，要求 A 和 B 两个人必须不站在一起，则有多少种排队方法？

2. 节目单问题：在一张节目单中原有六个节目，若保持这些节目的相对顺序不变，再添加进去三个节目，则所有不同的添加方法共有多少种？

3. 座位问题：3个人坐在一排8个椅子上，若每个人左右两边都有空位，则坐法的种类有多少种？

4. 关灯问题：一条马路上有9个路灯，为了节约用电，可以把其中3个路灯关掉，但不能同时关掉相邻2个或3个，则所有不同的关灯方法有多少种？

上述四个问题的对象各不相同，但仔细分析条件，发现可以归结为同一类问题，即"要求某几个元素不相邻"的问题，都可以用"插空法"解决。先将没有位置要求的元素进行排列，再将指定的不相邻的元素插入中间或两端。

多题一解，可以培养学生思维的深刻性，引导学生学会在分析例题时由表及里，找到例题之间的内在联系，掌握一类题目的通解通法，能够举一反三，提高学习效率。

教师在选择例题时，应该关注题目之间的联系，要使题目形式不同而实质相同。在讲解例题时，先解决最一般、最基础的问题，再引导学生找到其他问题与已解决的问题之间的本质联系，并运用通法求解。在反思例题时，可以归纳出问题之间的共性，找到问题的"题根"，从而概括出一般规律。

三、变式教学

例题的变式教学，是指通过变换题目的背景、条件或结论等，以帮助学生理解数学例题中蕴含的概念、定理、方法或思想。

【例9-4】

在学习基本不等式时，可以进行如下变式教学：

问题：已知 $x > 0$，求函数 $y = x + \dfrac{1}{x}$ 的最小值。

变式1：已知 $x < 0$，求函数 $y = x + \dfrac{1}{x}$ 的最值。

变式 2：已知 $x>1$，求函数 $y=x+\dfrac{1}{x-1}$ 的最小值。

变式 3：已知 $ab>0$，求函数 $y=\dfrac{b}{a}+\dfrac{a}{b}$ 的最小值。

变式 4：已知 $0<x<\dfrac{1}{2}$，求函数 $y=x(1-2x)$ 的最大值。

通过变式训练，可以加深学生对基本不等式的认识：

第一，理解字母 a，b 的可变性，可以是其他字母如 x，y，可以表示一个正数，可以是单项式，也可以是多项式（要保证都大于0）。

第二，在运用基本不等式 $a+b\geq 2\sqrt{ab}$ 求解最值问题时，要注意："一正、二定、三相等"。一正：a，b 为正。二定：若 a，b 的和为定值，则积有最大值；若 a，b 的积为定值，则和有最小值。三相等：当且仅当 $a=b$ 时，取得最值。

在例题教学中，教师应该鼓励学生参与到例题的变式中，促进学生学习的主动性。通过改变问题的形式，但不改变问题的本质，使学生能够更准确、更全面地理解问题。变式教学使学生从已解决的问题中创造出新的问题，在一定程度上能克服学生思维的僵化，扩大学习的成果，培养学生的问题意识和创新能力。

【例 9-5】[①]

前面提到任勇老师对"不等式 $\dfrac{a+m}{b+m}>\dfrac{a}{b}$ 的证明"进行了一题多解的教学，但他并没有满足于得出解法，而是师生共同探索"变式"，层层深入，共变出 8 个新的命题。

变式 1：若 a，b，$m\in \mathbf{R}^{+}$，且 $a>b$，则 $\dfrac{a+m}{b+m}<\dfrac{a}{b}$。

变式 2：若 a，b，$m\in \mathbf{R}^{+}$，且 $a<b$，则 $\dfrac{a+m}{b+m}<\dfrac{b}{a}$。

变式 3：若 a，b，$m\in \mathbf{R}^{+}$，且 $a<b$，$a>m$，则 $\dfrac{a-m}{b-m}<\dfrac{a}{b}$。

变式 4：若 a，b，m，$n\in \mathbf{R}^{+}$，$a<b$，$n<m$，则 $\dfrac{a+n}{b+n}<\dfrac{a+m}{b+m}$。

变式 5：若 a，b，m，$n\in \mathbf{R}^{+}$，$a<b$，$n<m$，则 $\dfrac{a+n}{b+n}>\dfrac{a+m}{b+m}$。

上面 5 种变式，是通过类比、猜想得到的，但仍然感到"不痛快"，属于"雕虫小技"之变式。能否再挖掘例题，"过把瘾"？从证明过程知 $\dfrac{a}{b}<\dfrac{a+m}{b+m}<\dfrac{m}{m}=1$，这是不是一般的规律呢？联想到等比定理，进一步猜想，可得——

变式 6：若 a_1，a_2，b_1，$b_2\in \mathbf{R}^{+}$，且 $\dfrac{a_1}{b_1}<\dfrac{a_2}{b_2}$，则 $\dfrac{a_1}{b_1}<\dfrac{a_1+a_2}{b_1+b_2}<\dfrac{a_2}{b_2}$。

做进一步推广，可得——

变式 7：若 a_i，$b_i\in \mathbf{R}^{+}$（$i=1$，2，$\cdots$，n），且 $\dfrac{a_1}{b_1}<\dfrac{a_2}{b_2}<\cdots<\dfrac{a_n}{b_n}$，则 $\dfrac{a_1}{b_1}<$

---

① 雷玲. 中学数学名师教学艺术 [M]. 上海：华东师范大学出版社，2007：8-9.

$$\frac{a_1+a_2+\cdots+a_n}{b_1+b_2+\cdots+b_n}<\frac{a_n}{b_n}。$$

猜想正确吗？回答是肯定的。事实上，设 $\frac{a_1}{b_1}=k$，则 $a_2>kb_2$，$a_3>kb_3$，$\cdots$，$a_n>kb_n$，求和 $a_1+a_2+\cdots+a_n>k(b_1+b_2+\cdots+b_n)$，则 $k<\frac{a_1+a_2+\cdots+a_n}{b_1+b_2+\cdots+b_n}$。

再进一步探索，可得变式8，且知变式1至变式7均为变式8的特例。

变式8：若 $a_i, b_i \in \mathbf{R}^+$ ($i=1, 2, \cdots, n$)，且 $\frac{a_1}{b_1}<\frac{a_2}{b_2}<\cdots<\frac{a_n}{b_n}$，则 $\frac{a_1}{b_1}<\frac{a_1+a_2}{b_1+b_2}<\cdots<\frac{a_1+a_2+\cdots+a_n}{b_1+b_2+\cdots+b_n}<\frac{a_2+\cdots+a_n}{b_2+\cdots+b_n}<\frac{a_{n-1}+a_n}{b_{n-1}+b_n}<\frac{a_n}{b_n}$。

"真过瘾！""可以胡思乱想，但要小心求证。"

四、题组教学

题组教学是将单一问题（例题）设计成一组或几组问题，并以"认知工作单"的形式呈现给学生，让学生自行完成"认知工作单"上的学习任务。从单一例题讲授到题组教学是教学方式的根本变革：从关注教师的"教"转到关注学生的"学"。这样一来，教师的重点不再是如何去教（例题），而是如何设计供学生学习的认知序列（题组），学生通过主动探究，最终达到理解数学知识，掌握数学方法，培养数学能力的目的。

题组教学应遵循以下原则：

（1）循序渐进：题目的编排按照"从简单到复杂，从具体到抽象"的顺序。

（2）相互联系：各个问题之间不是彼此孤立的，而是具有内在联系的。前一个问题是后一个问题的基础，后一个问题是在前一个问题的基础上的迁移，所有问题围绕一个概念或方法展开。

（3）总结规律：在解答完每个问题之后应及时总结，将这组问题体现的数学思想方法或规律写出来。

[注：概念学习也可以转化为认知序列（题组）的学习，这样所有数学知识都可以问题链的形式呈现。本书主编谢明初教授对这种方法做了深入研究，并从认知心理学的原理"陈述性知识转化为程序性知识"出发，提出"西蒙数学教学法"，同时逐步开展实验研究，取得非常显著的教学效果。]

题组教学的步骤：

第一步：教师设计题组（编写认知工作单）。

第二步：学生探索题组。

第三步：师生共同总结方法、规律。

【例9-6】"将军饮马问题"的题组编排（认知工作单）

1. 如图9-6所示，要在直线 l 上找到一点 C，使得 $AC+BC$ 最短。

作图：连接_____交_____于_____。

原理：_____。

A •
————————————— l
•B

图 9-6

2. 如图 9-7 所示，要在直线 l 上找到一点 C，使得 $AC+BC$ 最短。

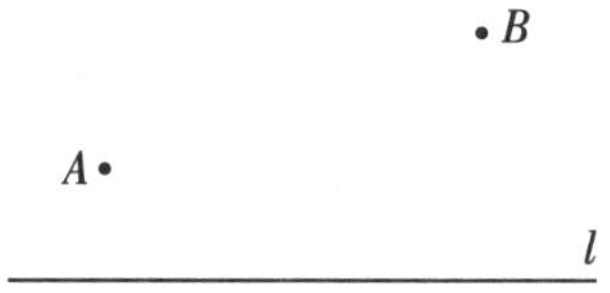

•B

A •
————————————— l

图 9-7

作图：

(1) 作 B 点关于直线 l 的对称点 B'，则直线 l 是线段 BB' 的_____，点 B 和点 B' 到直线 l 上任意点_____。

(2) 连接 AB' 交 l 于点 C。则 $AC+B'C=$_____，即 $AC+B'C$ 最短 ⇔ _____。

思考：该方法得到的 $AC+BC$ 真的最短吗？试证明。

3. （"将军饮马"模型）在 l 上任取一异于 C 点的点 C'，连接 AC'，BC'。证明：$AC'+BC'>AC+BC$。

分析：作辅助线 $B'C'$，由于 l 是 BB' 的垂直平分线，则 $AC'+B'C=$_____；$AC+BC=$_____ $=$_____；根据_____，命题得证。如图 9-8 所示。

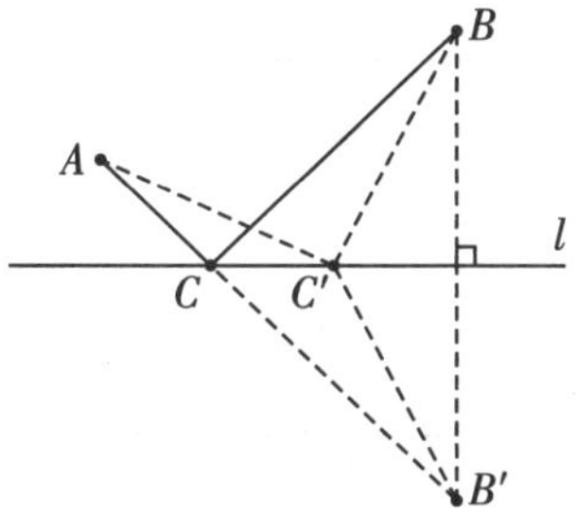

图 9-8

证明过程：

4. 如图9-9所示，正方形ABCD中，AB边上有一点E，AE=3，BE=1，在AC上有一动点P，求EP+BP的最短长度。

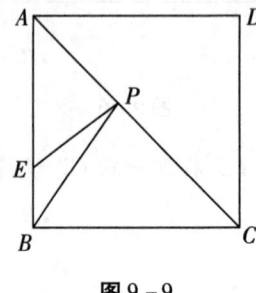

图9-9

解答过程：

作图：

(1) 作B关于_____的对称点_____。

(2) 连接_____交AC于点_____。于是EP+BP=_____=_____=_____。

小结：类似求线段和最小值问题，运用"将军饮马"模型即可解决。找_____，化折线为直线，根据_____即可求解。

模型拓展1

5. 如图9-10所示，要在直线l上确定点C和点D，使得AC+CD+DB最短，其中CD=a。

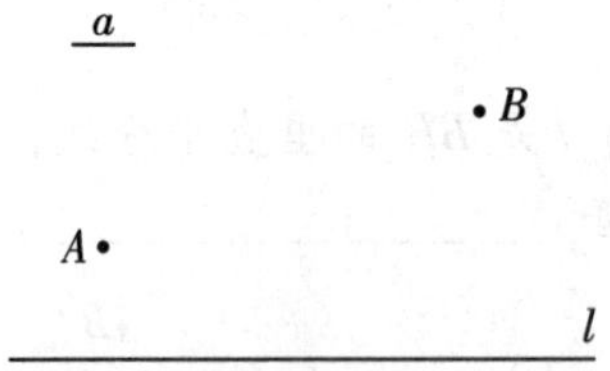

图9-10

作图：

(1) 将A点沿直线l正方向平移长度a至点A'。

(2) _____。

(3) 连接A'B'交l于点D。

(4) 将D点沿l负方向平移长度a至点C。

(5) _____。

模型拓展2

6. A、B两点位于一条河的两岸，假定河的两岸笔直且平行（如图9-11所示），现要在河上垂直于河岸建一座桥，问把桥建在何处，才能使由A点经过这座桥到B点的路程最短？

作图：

(1) 将A点沿垂直河岸方向平移长度为河宽至点A'。

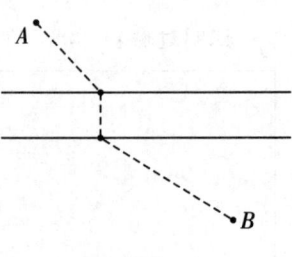

图9-11

（2）_____。
（3）建桥 CD。
（4）_____。

模型拓展 3

7. 如图 9-12 所示，要在直线 l_1，l_2 上确定点 C 和点 D，使得 $AC+CD+DB$ 最短。

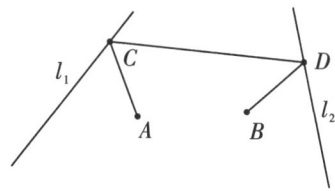

图 9-12

作图：

（1）将 A、B 两点分别以 l_1、l_2 为对称轴做对称点得到 A'、B'。
（2）_____。
（3）_____。

模型拓展 4

8. 如图 9-13 所示，如果 A、B 点的中间有两条河，假定河的两岸都笔直且平行，现要在两条河上垂直于河岸各建一座桥，问把两桥建在何处，才能使由 A 点经过这两座桥到 B 点的路程最短？

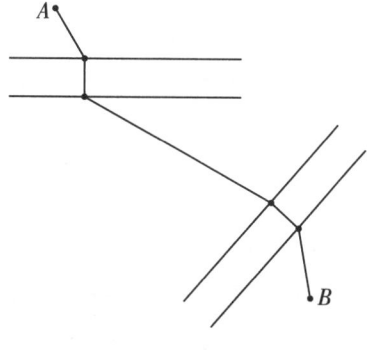

图 9-13

解答过程：

第四节
数学例题教学技能的实施要点

例题教学的环节包括例题的选择、例题的分析、例题的讲解、例题的反思。每个环节的实施情况都影响着例题教学的最终效果。下面将从例题教学的各个环节具体阐述例题教学技能的实施要点。

一、例题的选择

（一）例题的选择要切合学生的认知水平

教师要充分了解学生的认识水平、学习能力和学习习惯，能够针对学生的知识掌握情况合理地选择例题，提高例题教学的效率。在选择例题时，教师要善于换位思考，站在学生的角度考虑：例题的难度对于所教学生是否适当？学生解决这一问题的困难在哪？学生容易犯哪些错误？等等。根据学生在解决问题的过程中可能存在的问题，采取有效的措施帮助学生克服解题障碍。对于例题的设置，教师有预设的目标和教学设计，可以根据课堂的实施情况得到反馈，了解例题的内容是否符合学生的实际，教学方法是否恰当，预定的目标是否实现。

（二）例题的选择要具有鲜明的目的性

数学例题的选择应该有明确的目的，能够体现现阶段对学生知识和能力的要求，可以是加深对概念的理解，强化对定理的掌握，熟悉公式的应用或纠正学生常出现的错误，等等。例题的内容、难度和形式都应根据教学目的来确定，例如理解新概念时，应该选取较简单的、能够反映概念的本质的例题，而不能选取难度太大、解题步骤太多的问题，以免引起学生思维的混乱，反而不利于概念的掌握。教师在选择例题时，要考虑以下几个方面：例题的难度、例题涉及的知识点、解决例题的具体步骤、例题的不同解法、例题的变式或推广、例题蕴含的数学思想方法、解决例题的关键策略等。对于每一道例题，教师应该将上述因素理解透彻，才能有计划、有目的地开展例题教学，真正发挥例题的教学功能。

（三）例题的选择要体现梯度性

对于几道例题或同一道例题的若干个问题，问题之间要具有知识上或方法上的联系，使前面问题所蕴含的知识和数学思想方法能够为解决后面的问题做铺垫。例题的设置要遵循由易到难的原则，并以适当的难度梯度层层推进，既要让学生感到问题的挑战性在逐步升级，又要使学生感到问题解决的可能性，能够将解决前面问题的方法和策略迁移到新的问题情境中，不断增强数学学习的自信心。例题的梯度性，可以体现在先讨论特殊的情况，再推广到一般结论；或是先从简单的示范，到例题的变式，再到问题的开放探究等。

二、例题的分析

例题的分析，即教师指导学生进行审题。所谓审题，就是弄清楚题意，理解问题的语言陈述、表格或图象提供的信息，明确题目中的已知条件、数据和结论。审题是解题的首要步骤，只有正确审题，弄清楚题目的已知和未知，才能进行有效的分析和推导。教师通过对例题的分析，教给学生审题的步骤和方法，培养学生仔细审题的习惯。

审题不是教师自己解读题目，而是教师指导学生分析题目。教师可以通过提问，了解学生对例题的理解程度和解题的思路，例如："你从已知条件中发现了什么？""你能从图象中获得什么信息？""要得到题目中的结论，还需要什么条件？"有些例题会涉及一些学生之前没有接触过的概念，如复利、坡比、仰角、俯角等。教师要先将学生不了解的名词解释清楚，扫除审题的障碍，再引导学生明确解题的任务，回顾例题信息涉及的数学概念、定理、公式和法则等，寻找条件和结论之间的逻辑联系。

在指导学生审题时，教师应注意以下几个方面：

1. 注意挖掘题目的隐含条件

数学例题中的"隐含条件"是指已包含于题目的文字叙述、图形表示或符号当中，但又未明确指出的条件，也指在题目已知信息中没有明显呈现，但却与题目涉及的数学概念、数学知识或数学方法等有密切联系的各种数学信息。[①] 例如，讨论函数 $y = \ln x + a(1-x)$ 的单调性，隐含了 x 的取值范围为 $(0, +\infty)$ 的条件。教师要引导学生挖掘隐含条件，就要让学生对相应的数学概念、公式、法则等有准确的认识，掌握同一数学对象可能存在的不同表征方式，仔细观察条件的限制，抓住关键信息，化隐为显。

2. 运用化归思想分析题目

波利亚提到："事实上，我们在解题时总是得益于以前解过的那些题目，应用它们的结果或者方法，或是我们在解答它们当中所获得的经验。"[②] 审题教学时，教师要引导学生将复杂的问题转化为简单的问题，将陌生的问题转化为熟悉的问题，将待解决的问题转化为已解决的问题，在探索解题思路的过程中逐渐培养学生的化归能力。

3. 审题不仅是方法的指导，还应该包括心理教育和习惯培养

审题可以反映出学生的学习习惯和心理品质。有不少学生面对文字较长、条件较复杂的题目时会产生畏难心理，情绪浮躁，容易放弃；也有些学生在审题时常常丢三落四，没看清楚题意就匆忙作答，导致错误。教师应该循循善诱，引导学生将困难的问题逐步分解为简单的问题。对于信息量较大的题目，教师可以指导学生做好条件的标记，以免

---

① 马文杰，罗增儒. 数学题中"隐含条件"的解题功能研究［J］. 数学通讯，2010（16）：8－11.

② 波利亚. 怎样解题：数学思维的新方法［M］. 涂泓，冯承天，译. 上海：上海科技教育出版社，2007.

遗漏条件。通过认真阅读题目，仔细、全面地获取题目信息，培养良好的审题习惯。

【例 9 - 7】[①]

[问题] 已知奇函数 $f(x)$ 是定义在 $(-3,3)$ 上的减函数，且满足不等式 $f(x-3) + f(x^2-3) < 0$，求 x 的取值范围。

[课堂实录]

阶段一

师：题目中有哪些已知条件？

生：$f(x)$ 为奇函数；$f(x)$ 的定义域为 $(-3,3)$；$f(x)$ 为减函数；$f(x)$ 满足 $f(x-3) + f(x^2-3) < 0$。

师：这些文字信息不能直接使用，能不能用数学符号语言表达出来？

生：（沉默不语）

师：奇函数有哪些性质？

生：图象关于原点对称。

师：非常棒！这道题中的问题可以用图象解决么？

生：我画出图象了。还写出了满足题意的函数解析式！

师：你所设的函数解析式为 $y = -x$，你看看这个函数的定义域满足条件么？

生：呀！不对，我光是想着奇函数、减函数了。$y = -x$ 的定义域是 **R**，不是 $(-3,3)$。不对不对，画不出来图象，不知道解析式呢。

师：很好。那么再想想，奇函数的性质用代数式该怎么表达？

生：（看了一下笔记本）$f(x) = -f(-x)$。

师：很好。请熟记奇偶函数的图象性质和代数式表达。先把这个条件写在题目上。我们再看下一句"$f(x)$ 的定义域为 $(-3,3)$"，用数学符号语言怎么表达？

生：$-3 < x < 3$。

师：很好，写在题目旁边。"$f(x)$ 为减函数"怎么理解？

生：随着 x 的增大，$f(x)$ 减小。

师：题中的那个不等式，传递给我们什么信息？

生：（皱了皱眉头）不知道有什么信息。不知道函数的解析式，没有办法使用。

阶段二

师：看看这个不等式中，有没有和 $f(x)$ 不同形式的函数？

生：有，$f(x-3)$ 和 $f(x^2-3)$。

师：拿到一个函数，我们首先关心的是什么？

生：我记得老师说过，是定义域吧。

师：很好，是定义域。这是函数有意义的前提。那这两个新函数的定义域我们知道么？

生：不知道。（想了一会儿）但是给了 $f(x)$ 的定义域，应该可以求出来。

师：试试利用 $f(x)$ 的定义域，求出 $f(x-3)$ 和 $f(x^2-3)$ 的定义域。

[①] 白潇. 高中生解决函数问题审题环节的案例分析 [D]. 天津师范大学，2012：26 - 28.

生：（思考了一会儿，在教师的指导下列出不等式组）

阶段三

师：再看看题目要我们求什么。

生：求 x 的取值范围。

师：x 的取值范围是什么意思？

生：就是 x 在哪个区间，含 x 的不等式。

阶段四

师：很好。要求出关于 x 的不等式。题中有不等式么？

生：有。$f(x-3)+f(x^2-3)<0$，可这是关于 $f(x)$ 的，不是关于 x 的。

师：既然只有一个不等式，那我们就只能利用它得出 x 的取值范围。

生：如果能把"f"去掉就好了。

师：说得好！在已知条件中，有哪一个描述了 x 与 $f(x)$ 之间的变化关系？

生：$f(x)$ 为减函数。随着 x 的增大，$f(x)$ 减小。

师：你想想办法，该怎么利用减函数的性质，把"f"去掉，得到关于 x 的不等式？

在教师的指导下，学生完成题目的解答。

通过教师的引导，学生分析清楚了题目的已知条件和结论，理清了条件和结论之间的关系，找到了解题的方向。教师指导学生审题的过程可以分为四个阶段：

第一阶段：弄清问题。题目中有几个已知条件，按照顺序整理出来，为了防止遗漏，最好用下划线或者圆圈在题目中醒目地标出，分别用数学符号语言表述出来。为了充分利用已知条件，应该写出已知条件的多种表征形式，或者能推出的常用结论。

第二阶段：挖掘题目中的隐含条件。本阶段经常在分析题目条件时一起完成。

第三阶段：弄清所求。要求解的目标是什么？怎么理解求解目标？

第四阶段：正确理解题意。已知条件和求解目标之间有什么关系？怎么建立联系？怎样才能正确得到所求的结论？题目中有哪些条件和这个结论相关？

三、例题的讲解

（一）例题的讲解要充分展示思维过程

例题的讲解要充分展示分析问题、解决问题的思维过程。通过例题的讲解，使学生明白如何分析题意并获取有效信息，如何形成解题思路，如何找到解决问题的突破口，如何将思路简洁、有条理地表达出来，等等。教师首先要解决"怎么想到的"，再解决"怎么让学生也想到"。在探索解题思路时，教师要引导学生灵活地变换思考的方向。既可以由因导果，从已知条件出发，一步步推导，直到探索出结论；也可以执果索因，从结论出发，一步步寻找须知，直到出现已知条件；还可以两种方式综合运用，分别从条件和结论开始分析，找到沟通两者的关键点。有时候，合情推理也是解决问题的有效手段，先大胆猜想，再小心求证。例如，在求解数列的通项公式时，有时候很难从递推关系中直接推导出通项公式，教师便可以引导学生尝试利用递推关系求出数列的前几项，观察结果发现规律，猜想数列的通项公式并用数学归纳法求证。

（二）例题的讲解要师生互动，生生互动

例题教学中的师生、生生互动是指教师与学生、学生与学生之间通过问答、讨论等形式展示解决问题的思维过程，共同探究问题的解法。在讲解例题时，教师不要一讲到底，应该留给学生自主思考的时间，倾听他们的思维过程，"这一步是怎么来的？""你是怎么想到的？""其他同学还有别的想法吗？"再适时地给予引导。通过师生、生生之间的思维碰撞，提高学生学习的积极性，使学生主动地参与到解题的过程中，充分暴露自己的思维过程，避免走入"老师讲题，学生抄答案"的误区。在例题教学中，教师要营造平等、民主、自由的课堂文化氛围，使学生敢于表达，敢于质疑，相互启发，相互促进。

（三）例题的讲解要把握好预设和生成的关系

在准备例题教学时，教师会有预设的方案。但学生有各自的活动经验和思维方式，思考的方向和结果不一定会顺应教师的教学预设。当学生的思路与教师的预设不一致时，教师不要急于将学生拉回既定的教学思路上，限制学生的思维，而应该抓住课堂生成的资源，巧妙地将其融入教学活动中，激发学生探究的欲望。对于富有创造性的想法，教师要给予肯定；对于不正确、不完善的想法，教师可以引导学生自己发现问题，纠正错误，真正理解例题的解法。这需要教师对例题教学有充分的准备，能从课堂的教学生成中敏锐地捕捉到有用的教学信息，淡化无关信息。教学预设需要兢兢业业地付出，而课堂生成则考验教师的教学智慧。教师要把握好预设和生成的关系，尊重学生的想法，因材施教，演绎灵动课堂。

（四）例题的讲解要善待学生的差错

例题的讲解不一定总要一步到位，有时候也可以经历"失败"的过程，启发学生思考解题碰壁时该如何转变思维。对于学生不正确、不完善的回答，急于否定或提示都会束缚学生的思维，阻碍学生独立思考，使学生不敢表达自己的想法。教师应该以宽容的态度对待学生的差错，要舍得花时间让学生思考，要相信学生有自己纠正错误的能力，给予学生自我完善的机会。不必害怕学生犯错，错误有时候也是一种宝贵的学习资源。相比教师重复的提醒，学生在犯错之后吸取教训，会对知识产生更加深刻的印象。

（五）例题的讲解要遵循解答规范

例题的解答是指把例题的答案表述出来，可以是口头作答或书面表达。解题思路明确后，要用规范的格式、准确的数学语言进行解答，要理由充分，条理清晰，叙述准确。不同类型的数学问题，如几何证明、数学归纳法、代数问题等，它们有各自的表达方式。教师可以从条理性、简洁性以及约定俗成等角度进行分析，使学生接受相应的解答规范。初学一类问题时，教师要做出正确的解题示范，使学生通过理解、模仿习得规范的解答步骤和方法，学会科学表达。这对于培养学生严谨、流畅的数学表达与交流的能力是十分重要的。

【例9-8】一道高考应用题的深层次研究[①]

在高三立体几何复习课上,我曾和同学们一起研究了2002年北京春季高考考试卷中的一道应用题。题目是:

用一块钢板制一个容积为 4 m³ 的无盖长方体水箱,可用的长方形钢板有四种不同的规格(长×宽的尺寸如各选项所示,单位均为 m),若既要够用,又要所剩最少,则应选择的钢板规格是( )

A. 2×5   B. 2×5.5   C. 2×6.1   D. 3×5

我出示题目后,学生的一个本能想法是:要使所剩最少,水箱表面积必须最大。凭经验,学生想到,在一块矩形钢板的四个角上各截去一个全等的小正方形,然后折起,即可获得无盖的长方体水箱。

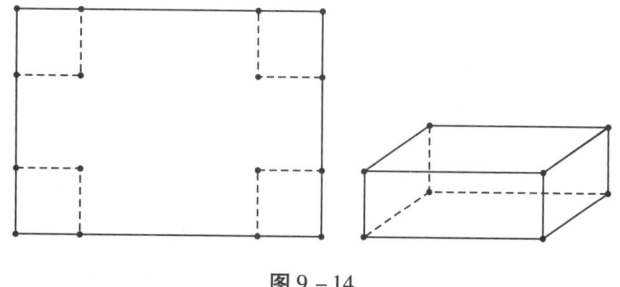

图 9-14

为选择适合条件的钢板,学生做了以下演算:

设长方形长为 x m,宽为 y m,小正方形边长为 a m,则水箱长为 $(x-2a)$ m,宽为 $(y-2a)$ m,高为 a m。

于是 $V = a(x-2a)(y-2a) = 4$,$x - 2a = \dfrac{4}{a(y-2a)}$

$S = 2a(x-2a) + 2a(y-2a) + (x-2a)(y-2a)$,即 $S = \dfrac{8}{y-2a} + 2a(y-2a) + \dfrac{4}{a}$

由此求 S 的最大值。尽管学生努力相互协作,但最终未能得到结果。

我适时提醒学生,是否思维方向错了?

学生通过反思,注意到 $S = \dfrac{8}{y-2a} + 2a(y-2a) + \dfrac{4}{a}$ 只有最小值而无最大值,但对求最小值才符合要求仍感到费解。

于是我请学生认真分析题目中"既要够用,又要所剩最少"的含意。学生通过分析研讨得出,这句话的含意应当是指"水箱表面积最小,同时所剩材料最少",这才是选择钢板的准则。于是,学生改求 $S = \dfrac{8}{y-2a} + 2a(y-2a) + \dfrac{4}{a}$ 中 S 的最小值,并且得 $S \geq 3\sqrt[3]{64} = 12$。

至此,选项似乎已经找到(标准答案提供的选项是C)。然而,我要求学生探讨一下

[①] 雷玲. 中学数学名师教学艺术 [M]. 上海:华东师范大学出版社,2007:118-119.

等号成立的条件。学生计算得，当且仅当 $\dfrac{8}{y-2a}=2a(y-2a)=\dfrac{4}{a}$，即 $a=1$，$y=4a=4$ 时取等号，此时 $x=4$，即钢板规格应当是"4×4"型。

题目中无此选项！那么问题出在哪里呢？学生又一次深感茫然。

此时我又提出一个问题：制作符合条件的水箱，是否必须在四个角上去掉四个全等的小正方形？

一石激起千层浪。学生的思维又活跃了起来。通过进一步研讨，他们决定先避开长方形的尺寸，直接设长方体水箱的长、宽、高分别为 a m，b m，c m，则 $abc=4$。于是 $S=ab+2ac+2bc\geq 3\sqrt[3]{4\,(abc)^2}=12$。

当且仅当 $ab=2ac=2bc$，即 $a=b=2c$ 时取等号，故选 C。

至此，这道题似乎已经解决了，但我并未就此罢休。我提议，请学生设计制作水箱的图纸。

通过师生共同研讨，最终设计图纸如下：

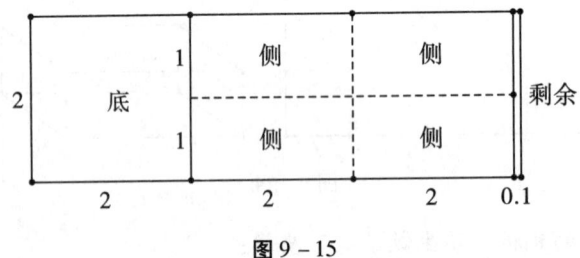

图 9-15

点评：丁益祥老师对这道例题的讲解可谓循循善诱，环环相扣，十分精彩！丁老师在学生感到茫然之际，抓住问题的关键信息"既要够用，又要所剩最少"，引导学生做出深入的思考，将求表面积的最大值转向求表面积的最小值。而在求出最小值后，学生发现找不到对应的选项！教师通过提问引导学生反思水箱的制作方案，发现制作水箱并不只有在长方体四个角上截去四个全等的小正方形这一种方法，于是避开长方形的尺寸直接考虑长方体水箱的长、宽、高，求出问题的答案。在找到选项后，教师不满足于得到答案，又提议学生设计水箱的图纸，真正发挥了这一道实际应用题的价值。

四、例题的反思

例题反思是在求解出问题的答案后，回顾解题的探索过程，对例题的结论、解题的思想和方法、解题过程中错误的成因和对策等进行思考和总结的活动。

反思可以深化对例题的理解，掌握例题所蕴含的数学思想方法，吸取解题的经验和教训，培养数学思维的严谨性和灵活性。正如波利亚所说："一个好的教师必须理解这些，并使他的学生深刻认识到：没有任何一个题目是彻底完成了的。总还会有些事情可以做；在经过充分的研究和洞察以后，我们可以将任何解题方法加以改进；而且无论如何,我们总可以深化我们对答案的理解。"① 反思是优化数学思维品质的重要途径。因此,在例题教学中,教师要有意识地培养学生形成反思的习惯。

例题的反思,可以从以下两个方面进行。

(一) 检验例题的结论

在求解出问题的答案后,教师可以引导学生对答案进行检验,尽可能地从多个不同的角度去分析结论,使学生进一步肯定结论的正确性或及时纠正错误的解答,获得题目和结论之间的本质联系,加深对结论的理解。

【例 9-9】②

假设长方体从一个顶点出发的三条边长分别为 a,b,c,那么它的对角线长为 $\sqrt{a^2+b^2+c^2}$。

你能检验这个结果吗?

"你用到所有的数据了吗?所有三个已知量 a,b,c 都在你的对角线公式出现了吗?"

"在我们的题目中,长、宽、高起了相同的作用。我们的题目对于 a,b,c 都是对称的。你得到的对角线的表达式对于 a,b,c 来说都对称吗?假如 a,b,c 互换,表达式是否保持不变?"

"我们的题目是一个立体几何题目:求一个三边 a,b,c 都给定的长方体的对角线长。这个题目和一道平面几何题目相似:求一个两边 a,b 都给定的长方形的对角线长。我们的'立体'几何题目的解答与我们的'平面'几何题目的解答是否相似?"

"假如高 c 缩短,直到最后消失,那么长方体就变成了一个长方形。如果你在你的对角线公式中令 $c=0$,你是不是就能得到长方形对角线的正确公式了呢?"

"如果高 c 增加,对角线也将变长。你的公式是否也表明了这一点?"

"如果长方形的三个量度 a,b,c 都等比例地增长,那么对角线也将以与此相同的比例增长。假如在你的公式中分别以 $12a$,$12b$,$12c$ 来代替 a,b,c,对角线长的表达式相应地也应该乘以 12,是不是这样?"

"如果 a,b,c 是以英尺为计量单位,那么你的公式给出的对角线长计量单位也应该是英尺,但是如果你把所有计量单位都改为英寸,公式仍应成立。是这样吗?"

通过上述问题的检验,"公式在细节上又获得了新的意义,并与各方面的事实发生了联系"。学生容易对长方体的对角线公式产生深刻的印象,进一步肯定公式的正确性。"在几次遇到相似的题目以后,一个聪明的学生也许会觉察出潜藏在其中的一些普遍的方法:使用所有相关的数据,改变数据,利用对称性,利用类比"。

(二) 反思例题的解法

首先,教师可以引导学生总结解答过程中运用的数学知识和数学思想方法,巩固所

---

① 波利亚. 怎样解题:数学思维的新方法 [M]. 涂泓,冯承天,译. 上海:上海科技教育出版社,2007:12.

② 波利亚. 怎样解题:数学思维的新方法 [M]. 涂泓,冯承天,译. 上海:上海科技教育出版社,2007:13-14.

学知识，提炼方法。

其次，思考解法的关键在哪里，如何进行突破；例题能否代表某一类型的题，是否有通解通法；解答的表述是否清晰、简洁。从而总结解题经验，归纳题型，提炼思想方法。

最后，教师可以引导学生思考例题是否有不同的解法，不同解法之间有什么联系和区别，哪种解法更优。通过不同解法的探究和比较，既培养学生数学思维的灵活性和发散性，也帮助学生寻找自己更擅长的解题方法和策略。

【例9-10】[①]

师：请同学们回顾一下，当直线方程中含有参数，如 $y = kx + 1$，$y = 2x + b$，k，b 变化时，直线有何变化规律？

生1：$y = kx + 1$ 当 k 变化时表示过定点 $(0, 1)$ 的一组直线，$y = 2x + b$ 当 b 变化时表示一组与 $y = 2x$ 平行的直线。

师：过圆 $x^2 + y^2 = 4$ 上一点 $A(-2, 0)$ 作两条互相垂直的直线 AP，AQ，交圆于 P，Q。请同学们观察当直线 AP，AQ 变动时，直线 PQ 有何变化规律？（教师边提出问题，边画图演示）

生2：直线 PQ 恒过定点 $O(0, 0)$。

师：那圆改为椭圆时是否还有类似的结论呢？请看下面问题：

已知椭圆 $\dfrac{x^2}{4} + y^2 = 1$ 的左顶点为 A，过点 A 作两条弦 AP，AQ 交椭圆于 P，Q 两点，$\overrightarrow{AP} \cdot \overrightarrow{AQ} = 0$。当直线 AP 变化时，直线 PQ 是否过 x 轴上的一定点，若过定点，请给出证明，并求出该定点。若不过定点，请说明理由。

因本题运算量较大，故教师需巡视并及时指出学生解题中运算的错误，帮助学生顺利完成，同时发现典型解法。

方法1：设点 $P(x_1, y_1)$，$Q(x_2, y_2)$，

当直线 PQ 的斜率存在时，设方程为 $y = kx + b$，

代入椭圆方程 $\dfrac{x^2}{4} + y^2 = 1$，消去 y 并整理得 $(1 + 4k^2)x^2 + 8kbx + 4b^2 - 4 = 0$，

则 $x_1 + x_2 = -\dfrac{8kb}{1 + 4k^2}$，$x_1 x_2 = \dfrac{4b^2 - 4}{1 + 4k^2}$。   ①

因为 $\overrightarrow{AP} \cdot \overrightarrow{AQ} = 0$，$\overrightarrow{AP} = (x_1 + 2, y_1)$，$\overrightarrow{AQ} = (x_2 + 2, y_2)$，

所以 $y_1 y_2 + x_1 x_2 + 2(x_1 + x_2) + 4 = 0$。   ②

将 $y_1 = kx_1 + b$，$y_2 = kx_2 + b$ 代入②，

得 $(1 + k^2)x_1 x_2 + (kb + 2)(x_1 + x_2) + b^2 + 4 = 0$。   ③

将①代入③，

得 $12k^2 - 16kb + 5b^2 = 0$，即 $(2k - b)(6k - 5b) = 0$，

[①] 蔡道平. 举一反三拓视界 妙不可言育能力：一道例题的教学过程实录与反思 [J]. 数学通报，2013 (8)：44-47, 50.

解得 $b=2k$（舍去），$b=\dfrac{6}{5}k$，

所以直线 PQ 为 $y=k\left(x+\dfrac{6}{5}\right)$，过 x 轴上的一定点 $\left(-\dfrac{6}{5},0\right)$。

当直线 PQ 的斜率不存在时，也过点 $\left(-\dfrac{6}{5},0\right)$，所以直线 PQ 过 x 轴上的一定点。

师：用这种方法的同学交流一下，如果有错误，分析自己错误的原因。

由学生归纳主要错误：一是运算错误，二是没有讨论斜率不存在的情况。

方法 2：设直线 AP 的斜率为 k，则 AP：$y=k(x+2)$（$k\neq 0$），

则由 $\begin{cases} y=k(x+2) \\ \dfrac{x^2}{4}+y^2=1 \end{cases}$，消去 y，化简得 $(1+4k^2)x^2+16k^2x+16k^2-4=0$。

因为方程一根为 -2，所以 $x_P=\dfrac{2-8k^2}{1+4k^2}$，$y_P=k(x_P+2)=\dfrac{4k}{1+4k^2}$。

因为 $\overrightarrow{AP}\perp\overrightarrow{AQ}$，所以 AQ 的斜率为 $-\dfrac{1}{k}$。

同理得 $x_Q=\dfrac{2k^2-8}{k^2+4}$，$y_Q=\dfrac{-4k}{k^2+4}$，$k_{PQ}=\dfrac{y_Q-y_P}{x_Q-x_P}=-\dfrac{5k}{4(k^2-1)}$，

故直线 PQ 的方程为 $y-\dfrac{4k}{1+4k^2}=-\dfrac{5k}{4(k^2-1)}\left(x-\dfrac{2-8k^2}{1+4k^2}\right)$，

化简得 $16k^4y+4(5x+6)k^3-12k^2y+(5x+6)k-4y=0$。

由 $\begin{cases} 5x+6=0 \\ y=0 \end{cases}$，得 $\begin{cases} x=-\dfrac{6}{5} \\ y=0 \end{cases}$。

所以直线 PQ 恒过 x 轴上的定点 $\left(-\dfrac{6}{5},0\right)$。

师：请用这种办法的同学讨论一下，看看自己的解答有没有错误，错误的原因是什么？其他同学予以帮助。

由学生归纳主要错误：在化简直线 PQ 方程时出错。

师：对于方法 1，能否改进解法，避开对斜率的讨论，减少失误。

生 3：由于直线 PQ 的斜率不可能为零，但斜率可能存在，也可能不存在。为避开讨论可设直线 PQ 为 $x=my+a$ 的形式。

师：有没有同学这样做的？这样做的同学展示一下你的成果。

生 4：展示方法 3（略）。

师：方法 2 运算复杂，化简容易出错。请同学们思考如何改进方法，减小运算量，避免运算错误？

生 5：方法 2 中得到直线 PQ 的方程为 $y-\dfrac{4k}{1+4k^2}=-\dfrac{5k}{4(k^2-1)}\left(x-\dfrac{2-8k^2}{1+4k^2}\right)$。然后式中令 $y=0$，易得 $x=-\dfrac{6}{5}$，所以直线 PQ 恒过 x 轴上的定点 $\left(-\dfrac{6}{5},0\right)$。

师：很好，这样确实减少了运算量，还有改进的方法吗？

生6：可以先用特例探索直线 PQ 过的定点坐标，然后再给出证明。

学生讨论完成后，教师展示学生正确的解法：

方法4：设直线 AP 的斜率为 k，则 AP：$y=k(x+2)$ ($k\neq 0$)。

则由 $\begin{cases} y=k(x+2) \\ \dfrac{x^2}{4}+y^2=1 \end{cases}$，消去 y，化简得 $(1+4k^2)x^2+16k^2x+16k^2-4=0$。

因为方程一根为 -2，所以 $x_P=\dfrac{2-8k^2}{1+4k^2}$。

当 $k=1$ 时，得 $P\left(-\dfrac{6}{5},\dfrac{4}{5}\right)$，$Q\left(-\dfrac{6}{5},-\dfrac{4}{5}\right)$，若存在定点，则此点必为 $M\left(-\dfrac{6}{5},0\right)$。

当 $k\neq\pm 1$ 时，$k_{PM}=\dfrac{y_P}{x_P-\left(-\dfrac{6}{5}\right)}=\dfrac{k\left(\dfrac{2-8k^2}{1+4k^2}+2\right)}{\dfrac{2-8k^2}{1+4k^2}+\dfrac{6}{5}}=\dfrac{5k}{4-4k^2}$，同理可得 $k_{QM}=\dfrac{5k}{4-4k^2}$。

故直线 PQ 恒过 x 轴上的定点 $\left(-\dfrac{6}{5},0\right)$。

师：上述解法做了哪些改进，有什么好处？

生7：与方法2比较运算量有所减少，还可以及时发现自己的运算错误。如果算出的 $k_{PM}\neq k_{QM}$，那就知道算错了，及时改正。

点评：教师在学生求解出问题后，让学生自行归纳出解法中可能出现的错误，从而优化问题的解法，使学生在反思例题解法的过程中总结解题经验，提高解题能力。

○实践与反思

1. 选定一个课题，可以针对某一数学概念或数学方法，编制认知工作单。

2. 选择与中小学数学内容相关的一道例题，说明该例题的作用，分析例题的解题思路、书写规范的解答过程，并对例题的结论和蕴含的思想方法进行反思。

3. 训练例题教学技能。

(1) 选择一道例题，进行微格教学活动的设计。

(2) 以小组的形式在微格室中进行训练，并进行视频录像。

(3) 结合数学例题教学技能评价单（表12-16、表12-17），小组对录像进行讨论、评价和反思。

(4) 收集反馈意见，修改教案，反复录像与评价，直至熟练掌握。

第十章 数学活动组织技能

第一节 数学活动概述

著名数学教育家弗赖登塔尔反复强调,学习数学唯一正确的方法是实行"再创造",[①] 也就是由学生本人把要学的东西自己发现或创造出来。教师的任务是引导和帮助学生去进行这种再创造的工作,通过自己的再创造而获得的知识才能被真正掌握和灵活应用;而更为重要的是,数学是人的一种活动,如同游泳一样,要在游泳中学会游泳,我们也必须在做中学习数学。可见数学活动对学习数学是极为重要的。

一、数学活动

广义的数学活动,包括数学学习、数学教学、数学研究、数学应用等活动。它既包括教师在课堂上有意设计的数学教学活动,学生在课堂上学习数学所进行的探究性活动,也包括日常生活、生产实践等与数学有关的实际活动。

狭义的数学活动,特指我们常说的教学中的数学活动。教师的课堂讲授、学生的课堂学习,是最主要的"数学活动",这种讲授和学习,应该是渐进式的、启发式的、探究式的和互动式的。此外,还有其他形式的"数学活动",例如,学生的自主学习、调查研究、独立思考、合作交流、小组讨论、探究分析、参观实践、作业练习、操作计算等。[②] 本书中,如无特别说明,数学活动均指狭义的数学活动。

---

① 弗赖登塔尔. 作为教育任务的数学 [M]. 陈昌平,唐瑞芬,等译. 上海:上海教育出版社,1995:译者序 3.

② 教育部基础教育课程教材专家工作委员会. 义务教育数学课程标准(2011 年版)解读 [M]. 北京:北京师范大学出版社,2012:120.

二、数学活动课

数学活动课，指的是学生通过数学实践活动获得数学活动的经验，了解和掌握数学在日常生活中的应用，使学生学会与他人进行数学合作与交流，从而实现新课程改革中的情感目标的课程。① 数学活动课首先关注学生积极参与的过程，激发学生对数学的好奇心和求知欲；然后引导学生积极去思考，增强学生间的交流与合作，提高学生合情推理与演绎推理的能力，以及应用数学去解决问题的能力。

三、数学活动课的类型

根据数学教学的内容和目标的不同，大体上可以将数学活动课分为如下三种类型：数学探究课、数学建模课、数学实践课。

（一）数学探究课

数学探究课是指数学探究性课题学习。"数学探究"就是综合运用所学习的数学思想、方法、知识、技能解决一些数学问题。② 一般而言，是指学生围绕某个数学问题自主探究、学习数学知识的过程。这个过程包括：观察数学现象、分析数学事实、提出数学问题、猜测或者探究数学规律、给出证明或者解释。在教学中，注重结合具体的学习内容，设计有效的数学探究活动，使学生经历数学的发生发展过程，是学生积累数学活动经验的重要途径③。例如，在统计教学中，设计有效的统计活动，使学生经历完整的统计过程，包括收集数据、整理数据、展示数据、从数据中提取信息，并利用这些信息说明问题。学生在这样的过程中，不断积累统计活动经验，加深理解统计的思想方法。为区别于数学建模，这里特指课内的数学探究。

（二）数学建模课

数学建模课是从现实问题中建立数学模型，运用数学的思想、方法、原理来解决生活和社会中的问题的过程④。数学建模可以看成是问题解决的一种形式。目前，数学建模已成为各种层次数学教育的重要内容。数学建模基本流程如图 10-1 所示：

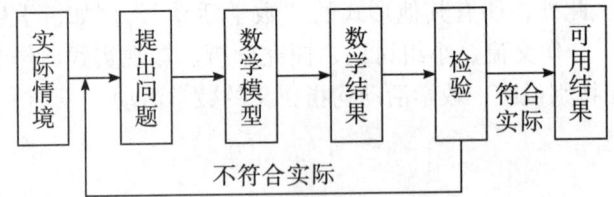

图 10-1 数学建模基本流程图

---

① 何小亚，姚静. 中学数学教学设计 [M]. 2 版. 北京：科学出版社，2012：168.

②④ 教育部基础教育课程教材专家工作委员会. 义务教育数学课程标准（2011 年版）解读 [M]. 北京：北京师范大学出版社，2012：233.

③ 教育部. 义务教育数学课程标准：2011 年版 [S]. 北京：北京师范大学出版社，2012：47.

"数学活动经验的积累是提高学生数学素养的重要标志。帮助学生积累数学活动经验是数学教学的重要目标,是学生不断经历、体验各种数学活动的结果。数学活动经验需要在'做'的过程和'思考'的过程中积淀,是在数学学习活动中逐步积累的"。[①]

(三) 数学实践课

数学实践课是在教师有目的、有计划的指导下,通过数学知识的相关实践活动,调动学生的各种感官,以获取数学知识,体验数学乐趣。《义务教育数学课程标准(2011年版)》中将"综合与实践"作为数学课程内容四大板块之一,并明确"'综合与实践'是积累数学活动经验的重要载体。在经历具体的'综合与实践'问题的过程中,引导学生体验如何发现问题,如何选择适合自己完成的问题,如何把实际问题变成数学问题,如何设计解决问题的方案,如何选择合作的伙伴,如何有效地呈现实践的成果,让别人体会自己成果的价值。通过这样的教学活动,学生会逐步积累运用数学解决问题的经验"[②]。

第二节
数学活动组织技能的类型

数学活动的形式多种多样,观察、试验、猜测、验证、抽象概括、符号表示、运算求解、数据处理、推理与交流、反思与建构等都是数学活动。在数学教学中,进行数学活动的目的是让学生通过经历探究、思考、抽象、预测、推理、反思等过程,逐步达到对数学知识的意会、感悟,并能积累分析和解决问题的基本经验,将这些基本经验迁移到后续的数学学习中去。这些经验,教师没法"教"给学生,必须由学生通过大量的数学活动逐步积累,在"做"中获得。在数学学习中,要使学生真正理解数学知识,感悟数学的理性精神,形成创新能力,就需要让学生积累丰富而有效的数学活动经验[③]。以下就数学活动中常用的组织技能做简要介绍。

一、组织学生讨论

讨论活动,是指在数学教学过程中教师提出问题或引导学生发现问题,教师并不直接给出答案,而是组织学生自主思考、讨论,达成一致结果,直至问题被解决。一般而言,如果问题的结构比较复杂、问题解决的途径比较多样、问题的结论不唯一等情况,适宜组织学生讨论。讨论活动,可以激发学生积极参与,相互启发,有利于培养学生独立思考、交流、分享、辩论、质疑、互助、合作完成任务的能力。教师需选择有意义和

[①②] 教育部. 义务教育数学课程标准:2011 年版 [S]. 北京:北京师范大学出版社,2012:46-47.

[③] 教育部基础教育课程教材专家工作委员会. 义务教育数学课程标准(2011年版)解读 [M]. 北京:北京师范大学出版社,2012:271.

讨论价值的问题，也应在恰当的时候参与到学生的讨论中，给予必要的启发和指引。

根据学生参与讨论的规模和程度，可将组织学生讨论分为：组织全班讨论、组织小组讨论、组织学生辩论。

（一）组织全班讨论

全班讨论，以教师为活动的引导者。一般由教师轮流请多名学生发言，各抒己见，教师不急于给出答案，而是启发学生深入思考，引导讨论趋向预期的目标，待学生充分表达自己的观点后，再归纳总结。全班讨论由教师组织、调控，在时间上容易保证，适合讨论简单的有明确结论的问题。

【例10-1】[①]

在引入数学归纳法时，让学生讨论：

(1) 给出一个数列的前三项，如1，2，4，能确定下一项吗？

(2) 给出数列的递推公式，如$a_n = 2a_{n-1} + 1$，数列能确定吗？

经过学生讨论，一个数列，如果给定了初值和递推关系，这个数列就确定了，由此引出数学归纳法。

（二）组织小组讨论

小组讨论，以教师为活动进程的组织者。小组讨论，将更多的自主权下放给学生，可以根据不同的讨论主题划分不同的小组，每个小组还可以指定一名小组长，由小组长来引导组内学生的发言，小组长主要负责组内秩序的维持、任务的分配、讨论的小结。各小组在讨论时，教师在课室里巡视和辅导。经过一段时间的讨论，教师请各小组派代表报告本小组的讨论结果，并总结点评各小组的讨论和汇报情况。小组讨论能够使每个学生都积极参与，但教师不易辅导，适合讨论综合性较强的问题。

【例10-2】

在"相反数"一课时，有个学生在叙述"相反数"的概念时将"只有"两字漏掉了，教师敏感地抓住这个契机让学生小组讨论，"只有符号不同的两个数"中没有"只有"行吗？

在小组里，学生讨论非常激烈，结果学生学会了用举反例的办法来澄清模糊的认识。

（三）组织学生辩论

辩论这种形式，以教师为问题提出者，也可以是由教学过程中学生的疑惑引出问题。无论是正方还是反方，对课前由教师提出要讨论的问题，指定正方或反方，然后让学生分头查找资料，准备论据，在课堂上提出论述理由，正方和反方进行辩论，最后由教师加以总结。辩论最能鼓励学生，激发学生的学习热情，但耗时会比较多。适合讨论没有标准答案，但能启迪学生发散性思维的问题。

---

① 罗碎海. 数学探究与欣赏[M]. 广州：暨南大学出版社，2010：36.

【例10-3】"平行四边形是不是轴对称图形？"辩论

在一次数学评优课上，授课教师在课堂上遇到了"麻烦"：大部分学生认为"平行四边形是轴对称图形"，只有少部分学生认为"平行四边形不是轴对称图形"。面对此种情况，教师没有无视学生的疑问，而是直面学生的问题，采用辩论的方式加以解决，获得了一致的好评。[1]

师：既然大家对平行四边形是不是轴对称图形这一问题有争论，不妨来个辩论赛，看谁能说服谁。我来当你们的主持人。

（选正、反方学生各3名）

正方1：既然你认为它是轴对称图形，那么这个图形对折后应该能够完全重合。请你给大家演示一下！

反方1：演示将平行四边形对折两次（图10-2），结果完全重合了！

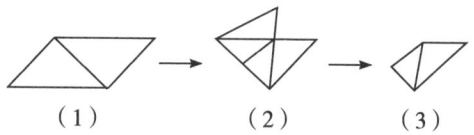

（1）　　　（2）　　　（3）

图 10-2

正方1：不错，是完全重合了，但你是在对折两次后才完全重合的，第一次对折后两边图形并没有完全重合，因此不能证明原来的平行四边形是轴对称图形，而只能说明对折一次后所得到的图形是轴对称图形！

正方1：（强调）轴对称图形，必须是"一次对折"后完全重合！

反方2：（急中生智）沿对角线将平行四边形剪开，得到完全重合的两个三角形。

正方2：我觉得你的做法更加违背了概念，判断轴对称图形的方法是沿着一条直线"对折"，而不是"剪开"！因此，你的做法也不能证明平行四边形是轴对称图形。

师：（点评）正方暂时领先！在刚才的辩论中，正方紧扣"轴对称图形"的概念与判断方法进行说理，表现很出色。

（反方学生陷入思考中）

反方3：（兴奋地）老师、正方同学，我们找到了平行四边形是轴对称图形的证据！教室走廊地面的装饰图案就是轴对称图形，它的形状也是平行四边形！

[一石激起千层浪，有的学生省悟，有的学生惊异，有的学生更加疑惑。教师通过多媒体呈现走廊地面的装饰图案形状（图10-3），唤醒学生的记忆]

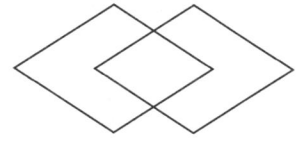

图 10-3

---

[1] 朱丽芳. 数学课堂教学中"辩论"的运用 [J]. 数学教学通讯, 2015 (1)：26.

师：（面向反方学生）你们能证明其中的一个平行四边形就是轴对称图形吗？

（反方学生跃跃欲试）

反方3：利用教师提供的"菱形"纸片进行验证，对折后折痕两侧的图形完全重合。

（这时教师水到渠成地介绍"菱形"。学生恍然大悟）

师：（面向辩论双方学生）谁能对你方辩论的观点最先做出总结？

反方2：（率先发言）普通的平行四边形不是轴对称图形，特殊的平行四边形——矩形、菱形、正方形是轴对称图形。

师：（点评）我宣布，反方最终获胜，祝贺他们！他们虽然"出师不利"，但最终用证据证实了自己的猜想。特别值得表扬的是，他们敢于在课堂上提出不同的想法！

【评析】 学生出现错误是参与学习活动的一种必然现象。此案例中，教师没有急于点拨或"包办代替"，而是把解决问题的主动权还给学生，组织学生开展了一场精彩的辩论比赛。学生在主动参与辩论的过程中，逐渐认识到自己错误的根源，找到解决问题的方法。这既加深了对知识的理解与掌握，又提高了思维能力，可谓一举多得！

不同的讨论形式，各有优缺点，教师在教学过程中，需要根据具体问题、学生水平等具体情况，选择恰当的问题，用恰当的方式，适时组织讨论。

二、组织学生探究

"探究性学习"既是一种学习观，也是一种学习方式。[①] 作为学习观，探究性学习主要指学生在教师的指引下，自主地理解、应用、探索、创新知识、解决问题。它可以是一般的课堂内外的学习，也可以是以一定的研究主题为主的"课题"型学习（注：本书主要叙述课内的）。作为学习方式，主要指在课堂教学中，师生通过共同探究来促进学生掌握知识，培养学生探究能力和科学素养的学习方式。

"探究"在科学研究与学科教学中是两种旨趣不同的活动。科学研究的任务在于生产新知识，走前人没有走过的路；学科教学的任务在于在有限的时间传递人类知识的优秀成果，同时在这个过程中培养学生的能力。作为知识"传播者"角色的教师不能消失，他们可以帮助学生更好、更有效地领会知识"生产者"的心路历程而少走弯路，达到高效地发展智能的目的。

组织数学探究学习实施步骤大体上可分为：选择问题、实施探究、展示成果。

（一）选择问题

数学中可探究的问题很多，全部内容都来探究，既不必要，也不现实。教师需要对探究问题进行遴选，选择那些既有一定探究价值的，符合学生认知水平、实际经验的，又能对学生形成一定挑战的难易适中的问题。同时，探究活动还需具有可操作性，便于学生实施。

---

① SCHWAB J. The teaching of science as inquiry [M]. Cambridge：Harvard University Press，1962.

（二）实施探究

实施探究是数学探究性学习的中心环节。实施探究主要由学生完成，学生自主确定分工和活动安排，搜集资料、实施调查或实验、推理论证、做学习或研究笔记、撰写探究报告或小论文等。

教师可以给学生适当的指导，特别是探究方法上的指导。大凡世界著名的科学家、数学家都是方法论大师，他们无一不重视和善于运用方法论来指导其研究和教学。要在课堂教学中顺利推进探究性学习，就要熟知探究性学习的基本方式。探究性学习的基本方式如下。[①]

1. 在操作活动中发现问题

【例 10-4】

在一张纸上画半径为 R 的圆 O 和圆内一定点 A，且 $OA = a$，折叠纸片，使圆周上某点 A' 正好与 A 点重合。这样如此下去，折痕形成的图形是什么？也可以在动态几何环境中模拟上述操作，从而发现问题。动作性表征、形象性表征和符号性表征是头脑对事物经验表征的 3 种方式，在操作活动中发现问题是数学经验性特征的体现。

信息时代的进步使得数学探究性学习不再局限于"一支笔、一张纸、一个脑袋"，像 GeoGebra、几何画板、超级画板等深入学科的信息技术工具就是实施探究性学习的极好手段。以超级画板为例，这个智能教育平台将动态几何、符号演算、自动推理、编程环境以及课件制作等进行了有机的集成，发展成集动态图形与动态计算于一体的逻辑动漫平台：能画、能算、能动、能变、能测，是实验探索得心应手的环境。例如，用超级画板探究圆锥曲线的垂足曲线，[②] 用超级画板探究正多边形的性质，[③] 动态探究圆锥曲线的一个充要条件。[④] 通过这些探究性学习活动，使学生获取了做数学活动的经验。

2. 在观察中发现规律，归纳总结

观察是最平常的探究方式，但却往往被人忽视，观察能力的培养也不受人重视。原因之一在于教师往往没有耐心和时间等待学生进行观察，就急着告诉他们正确的答案，以"赶"教学进度。其实，如果学生能够观察发现规律，就能起到举一反三的作用，其效率不亚于直接讲解。

【例 10-5】

在学习数列时，可以呈现各种可能的形式，让学生在观察中归纳出各种数列的特征，然后，再将其进行推广，并将推广过程中发现的问题进行修正或巩固。

3. 在比较中联想

比较可分为类比和反比。类比有利于发现共性和规律性的东西；反比则有利于发现

---

① 徐章韬，梅全雄. 论基于课堂教学的数学探究性学习 [J]. 数学教育学报，2013（6）：1-2.
② 李俊杰，徐章韬. 用超级画板探究圆锥曲线的垂足曲线 [J]. 数学教学，2011（9）：28-30.
③ 汪文，徐章韬. 用超级画板探究正多边形的性质 [J]. 中学数学，2011（10）：63-65.
④ 陈清华，徐章韬. 动态探究圆锥曲线的一个充要条件 [J]. 数学教学，2011（11）：16-18.

不同，体现出不同个体的特点。这种探究的方式在数学教学中具有相当重要的意义。例如，在学习二次根式的加减法运算时，可通过反比整式的加减法法则及理论依据，找到它的理论依据。

4. 通过猜想和验证来解决问题

哥德巴赫猜想众所周知，它对于数学教学的启示可能主要在于：教学要让学生大胆猜想，而不只是让他们直接接受教师所传递的知识。学生的猜想会引起探究性学习的欲望，是创造性的表现，而验证同样是一种探究，它有利于培养学生严谨的科学态度。"问题⟷解"是数学发展的张力。学会提出问题对数学、对数学教学的意义不言而喻。具有问题意识又具有一整套提出问题的方法，是实施探究性学习的先行条件之一。

（三）展示成果

探究的成果，可以用多种形式呈现，以鼓励学生积极的探索精神。例如：可以组织探究成果汇报展，组织数学小论文交流会，记入学生个人成长档案，有价值的成果推荐到有关刊物发表，等等。

【例 10-6】 反比例函数的图象和性质（1）教学设计选段[①]

【教学结构】

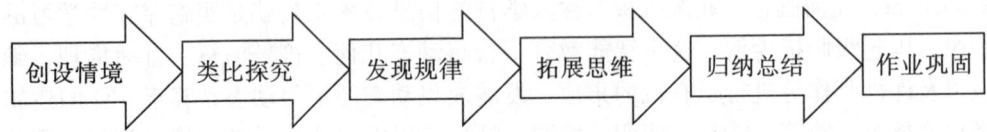

【教学过程】

活动一：情境导入，激发兴趣

<u>复习巩固</u>

1. 什么是反比例函数？（答略）

2. 作出一次函数 $y=6x$ 的图象，图象是什么形状？作图的步骤是什么？（答略）

3. 比一比，你能否找到 2 个数，使得它们的乘积是 6？利用几何画板演示找到的点以及对应的轨迹。

<u>引入课题</u>

4. 由问题2，猜测：反比例函数 $y=\dfrac{6}{x}$ 的图象是什么形状呢？我们可以用什么方法画出这个反比例函数的图象？

（学生自由猜测，教师引导学生比较反比例函数与一次函数的不同的认识）

活动二：类比联想，探索交流

1. 画出反比例函数 $y=\dfrac{6}{x}$ 与 $y=-\dfrac{6}{x}$ 的图象（如图 10-4）。

[①] 方均斌，蒋志萍. 数学教学设计与案例分析 [M]. 杭州：浙江大学出版社，2012：100-106.

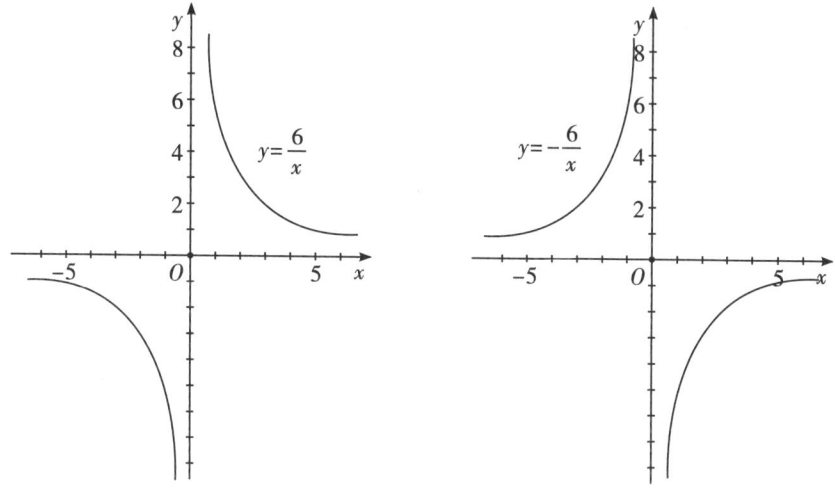

图 10-4　反比例函数 $y=\dfrac{6}{x}$ 与 $y=-\dfrac{6}{x}$ 的图象

教师先引导学生思考，示范画出反比例函数 $y=\dfrac{6}{x}$ 的图象，再让学生尝试画出反比例函数 $y=-\dfrac{6}{x}$ 的图象。

在作图过程中，启发学生类比画出一次函数的图象的过程；探索反比例函数图象作图步骤，如图 10-5 所示。

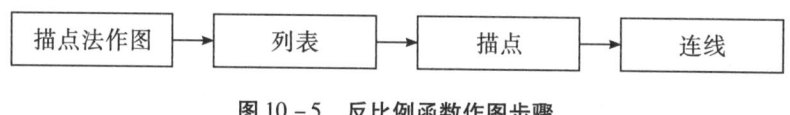

图 10-5　反比例函数作图步骤

2. 学生分组画出反比例函数 $y=\dfrac{3}{x}$ 与 $y=-\dfrac{3}{x}$ 的图象（如图 10-6 所示）。

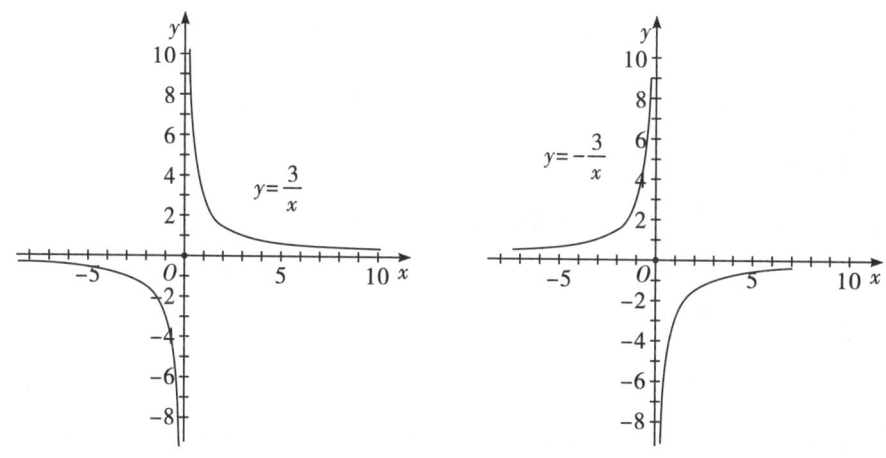

图 10-6　反比例函数 $y=\dfrac{3}{x}$ 与 $y=-\dfrac{3}{x}$ 的图象

教学中，教师可以针对学生作反比例函数图象常出现的问题（如图10-7所示），引发学生思考：

(1) 学生作图时，没有将曲线的两支断开，而是用线段将两支连在一起；

(2) 对于图象的延伸部分，学生容易画出圆的图象的一部分，没有让延伸部分逐渐靠近坐标轴，或者延伸部分与坐标轴有交点；

(3) 用线段连接图象；

(4) 图象没有画成向两坐标轴不断趋近。

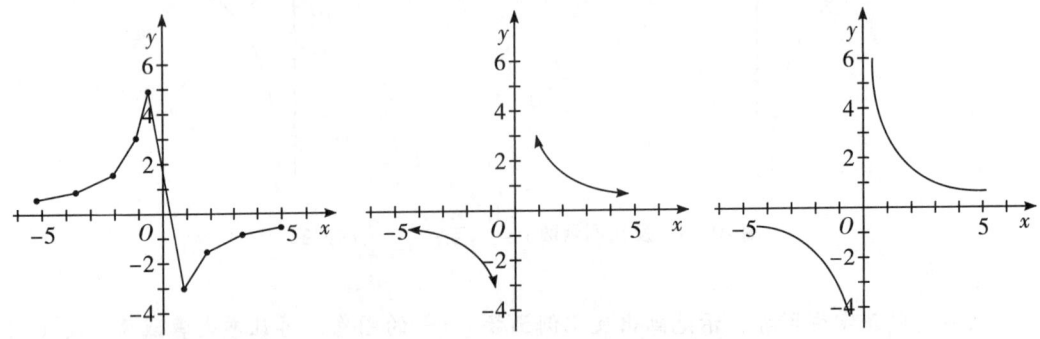

图10-7　作反比例函数图象的常见问题

3. 学生能否通过观察发现反比例函数的对称性，并利用对称性找到比较快捷的画图方法。

通过充分的讨论，师生共同总结：

(1) 反比例函数的图象是双曲线，双曲线的两支是断开的，每一支随着 x 的不断增大（或减少），曲线会越来越接近坐标轴。

(2) 反比例函数的图象是轴对称图象，图象关于一、三象限角平分线，二、四象限角平分线对称。

活动三：探索比较，发现规律

以四人小组为单位做游戏：每人手中拿一种函数的图象，观察函数 $y=\dfrac{6}{x}$ 与 $y=-\dfrac{6}{x}$ 的图象以及 $y=\dfrac{3}{x}$ 与 $y=-\dfrac{3}{x}$ 的图象，找一找它们之中谁和谁可以成为好朋友。

学生分类讨论：

分类一：观察 $y=\dfrac{6}{x}$ 与 $y=\dfrac{3}{x}$ 的图象特征（如图10-8所示）。

归纳总结1：当 $k>0$ 时，双曲线的两支分别位于第一、三象限，在每个象限内 y 随 x 值的增大而减小。

分类二：观察 $y=-\dfrac{6}{x}$ 与 $y=-\dfrac{3}{x}$ 的图象特征（如图10-9所示）。

归纳总结2：当 $k<0$ 时，双曲线的两支分别位于第二、四象限，在每个象限内 y 随 x 值的增大而增大。

分类三：观察 $y=-\dfrac{6}{x}$ 与 $y=\dfrac{6}{x}$ 的图象特征（如图10-10所示）。

归纳总结3：在同一个直角坐标系内两个反比例函数，既关于 y 轴对称，也关于 x 轴对称，具有对称关系的两个反比例函数的 k 值互为相反数。

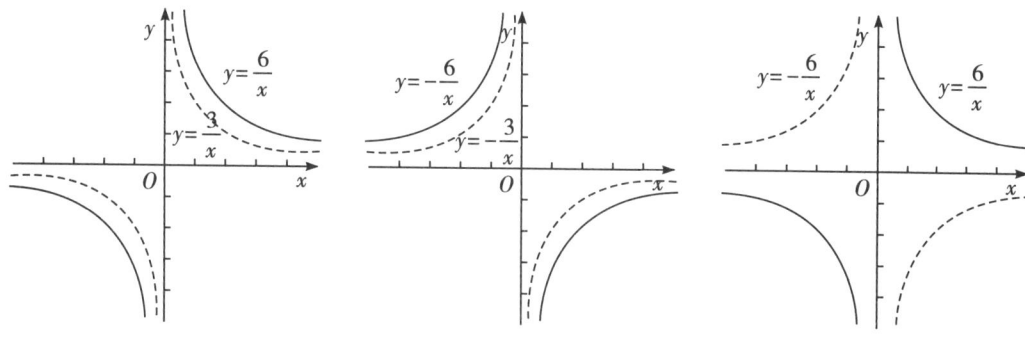

图 10-8　函数 $y=\dfrac{6}{x}$ 与 $y=\dfrac{3}{x}$ 的图象特征

图 10-9　函数 $y=-\dfrac{6}{x}$ 与 $y=-\dfrac{3}{x}$ 的图象特征

图 10-10　函数 $y=-\dfrac{6}{x}$ 与 $y=\dfrac{6}{x}$ 的图象特征

活动四：运用新知，拓展训练

问题：

1. 你问我答：请一位同学构造一个反比例函数，他的同桌指出这个反比例函数图象所在的象限，以及函数值随自变量变化的变化情况。

2. 已知反比例函数 $y=\dfrac{4-k}{x}$，分别根据下列条件求出字母 k 的取值范围。

（1）函数图象位于第一、三象限；

（2）在第一象限内，y 随 x 的增大而减小。

3. 在函数 $y=\dfrac{8}{x}$ 的图象上有三个点（-3，y_1），（-1，y_2），（2，y_3），则函数值 y_1，y_2，y_3 的大小关系如何？

4. 反比例函数 $y=\dfrac{6}{x}$ 的图象上有点 A（1，6），分别作 A 点与坐标轴的垂线，试求垂线与坐标轴围成的矩形的面积。用相同的方法求一下 B（2，3），C（-3，2）的垂线与坐标轴围成的矩形面积。

猜测一下：

（1）对于任意一个在函数 $y=\dfrac{k}{x}$ 图象上的点 M，它与两坐标轴的垂线与坐标轴围成的矩形面积有什么规律？

（2）推广：对于任意一个在函数 $y=\dfrac{k}{x}$ 图象上的点 M，它与 x 轴的垂线、原点的连线及坐标轴围成的三角形的面积有什么规律？

拓展练习是为了让学生灵活地运用反比例函数的性质解决问题，学生在研究每一个问题时，能够紧扣性质进行分析，达到理解并掌握性质的目的。

活动五：归纳总结，强化概念

归纳总结，布置作业

1. 本节课你学了哪些知识？填写表 10-1。

表 10-1 反比例函数的特征

反比例函数	$y = \dfrac{k}{x}$ (k 为常数，$k \neq 0$)	
k 的符号	$k > 0$	$k < 0$
图象		
所在象限	一、三象限	二、四象限
y 与 x 的变化情况	在每个象限内 y 随 x 值的增大而减小	在每个象限内 y 随 x 值的增大而增大
对称性	当 k 互为相反数时，对应的反比例函数图象既关于 x 轴对称，也关于 y 轴对称	

2. 在知识的运用中，要注意什么？

3. 你有什么收获？

布置作业：教材第 53 页第 3 题（人教版义务教育课程标准实验教科书数学八年级第 17.1.2 节）。

【评析】本节课的教学设计，力求在每一个环节上都能以学生为主体，让学生自己完成知识的探索，体会他们的工作是有意义的、有科学性的、有创造性的。他们在本课的学习活动中始终是主动的探索者、研究者。我们教学的目的，就是要培养具有创新思维的人才，培养学生灵活运用基本理论解决问题的能力。

三、指导学生合作学习[①]

指导数学合作学习,是指在数学合作学习过程中,教师策划选择学习题目,组织合作小组,以合作伙伴的身份参与讨论,并在恰当的时候进行必要的指导,将讨论引入深入的系列教学行为。在合作学习中,每位成员都要通过交流、互助、鼓励、质疑、讨论、解释等手段与他人共同进行探索,学生有可能体会不同的分工角色,在学习任务中的相互交流能够促进他们认知水平的提高。

(一) 策划选择学习题目

并非任何数学知识都可以由学生通过合作学习的方式获得。教师的责任就是在备课时进行必要的筛选,发现那些能够引起学生讨论,通过他们的合作交流可以得到深刻理解的数学问题。合作学习的关键是:教师提供合作学习的内容必须适合每位学生参与,使学生有话可说,有一定的争论性,能激发学生的合作兴趣。例如,一些具有探索性的题目,利于学生进行发散性思维的数学问题,比较难理解的某些数学概念,还有一些较大的数学实践活动等,也适宜采取小组合作的方式。

选好题目后,教师要做必要的准备,对所选题目进行任务分解,弄清问题关键所在和学生可能出现的思维障碍,有针对性地备课。上课时,教师对所选问题进行必要的讲解,让学生对问题概况有个了解,清楚要做什么,怎么做。明确任务,也需知道完成任务的关键和困难所在。为提高效率,可用图示或图例来增加讲述的清晰度。

【例 10-7】

在"我们认识的数"这一课中,教学"抓花生米"这一环节时,教师应讲清要求:

1. 每组派一名同学抓花生米。(出示卡片:一人抓)
2. 抓花生米时要求每人只能抓一把,但要尽可能多抓,如果抓得少了,则意义不大。(出示卡片:抓一把,尽量多)
3. 让两三个人猜一猜,这一把花生米有多少粒。(出示卡片:猜粒数)
4. 再由一个同学数一数有多少粒。(出示卡片:数一数)
5. 讨论:抓一把花生米与抓一把糖果的粒数,哪个多?为什么?(出示卡片:比一比)

这样把合作交流的步骤交代清楚,小组学习就能有条不紊地展开。提出合作交流建议或指导的目的是引导启发,提示合作的流程,让学生学会合作与交流。

这一阶段目标是:选择合作学习目标并进行必要的讲解,通过激发学生的兴趣,明确学习目标,引导学生以高涨的热情投入自主探索。

(二) 组织合作学习小组

根据国内外的实践经验,合作学习的分组依照"组际同质,组内异质"的原则进

[①] 王秋海. 数学课堂教学技能训练 [M]. 上海:华东师范大学出版社,2008:162.

行。数学合作学习要求人人参与，因而合理配置人员，达到最优化是首要条件。只有这样才能充分发挥合作学习的效应。这就要求教师全面了解每一个学生的个性特长、气质类型、组织能力等因素，将他们有机组合。一般而言，合作学习小组通常由四个成员组成：一个成绩较好的、两个成绩一般的和一个成绩较差的学生。每组的学生不仅自己独立思考，完成学习任务，还有义务帮助同组的其他成员。

大量的研究表明，合作学习要想获得成功，必须同时满足两个条件：首先，小组成员都能进行有效的个别学习；其次，全组成员朝着一个共同能够实现的组织目标前进。如果仅仅是把学生简单地分到混合能力水平的小组中，鼓励他们一起学习，未必能产生良好的学习效果。只有学生很在乎本组的成功，组员间才会互相合作，互相帮助。另外，有了合作目标，也未必能提高小组每个成员的成绩。如果是为了完成某件产品，那么，让最聪明的学生去做可能最有效，至于其他同学的想法或建议，往往被忽视，因为他们可能会妨碍高效地完成小组任务。然而，这与我们的初衷——让全体学生都得到提高是相违背的。因此，小组目标定位应为促使小组的每个成员都能在评价中得到提高。只有这样，才能最大限度地调动小组成员的积极性，成为真正的有效的合作学习。

本阶段目标：小组通过共同研究合作学习目标，明确主攻方向和需要解决的问题，根据每个组员的特点，进行分工合作，明确各自承担的责任和义务，开展自主研究和探索。

（三）以合作伙伴身份参与讨论

要使合作学习能始终卓有成效，仅仅依靠教师事先的设计是远远不够的。在开展合作学习过程中，随时都会有意外的情况出现。如果这些问题得不到及时有效的解决，往往会阻碍合作学习的顺利进行。因此，在小组活动中，教师必须对小组的合作学习进行现场观察和适当介入，为学生提供及时有效的指导。

（1）当学生对小组的任务还不清晰时，教师要有耐心，向学生反复说明任务的内容和操作程序；

（2）当小组活动出现问题时，教师应及时进行干预和指导，尽管小组出现的问题不会相同，但教师如果事先做出预测，就能及时采取措施，避免小组陷入僵局；

（3）当小组讨论偏离主题或者讨论受阻时，教师应及时发现，或提供点拨，使小组讨论顺利进行。

在合作学习时，会出现种种不平衡的现象，例如，有人总是抢先发言，争着表现，而个别同学总是失去发言的机会。对不平衡的现象要作为问题研究分析，想出解决的办法。教师应指导小组长对每个人合作的任务提出具体明确的要求，保证每个学生都有机会参与。在小组活动中，教师要加强对每个小组的监督和指导，善于启发，巧妙引导，及时调控，保障合作学习的顺利进行。尤其关注困难学生在活动中的表现，让他们多一些发言的机会。

本阶段目标：指导学生进行组内交流和小组间交流，参与小组的讨论，对各小组汇报的研究结果进行比较和评价。

(四) 指导并评价组员的工作

在以个人接受学习为主要教学形式的课堂中,形成了单纯鼓励个人竞争的做法和相应的评价方式。合作学习评价的指向是:鼓励小组成员之间的互助合作,评价的重心在于激励小组集体达标。评价的主体是教师和学生双方;评价的形式有组内评价、组际评价与教师课堂评价;评价的对象,包括评价自己、评价同学、评价教师;评价的内容主要是学习态度、学习方法、学习能力、教学的成功和不足等。

教师的评价占有重要地位。由于分组的原因,教师不可能同时了解全班学生的具体情况,但可以通过组际交流汇报对各小组做出整体评价,也可以对他所参加的小组成员进行评价。教师的评价,不仅要重视学生对知识技能的概况与运用评价,还要加强对参与合作学习成员的情感评价(包括参与态度、合作表现、完成情况、做出贡献等),使学生养成合作、分享、积极进取的个性品质。教师可以通过课堂观察、倾听小组讨论、找学生谈话等方式收集信息,针对每个小组的表现再做具体的指导和评价。

本阶段目标:在参与合作学习中,了解情况,推进合作交流,并对各小组和组内成员表现给予评价。

【例 10-8】"函数 $y = A\sin(\omega x + \varphi)$ 的图象"的学习[1]

教学目标:

本节课通过小组合作"五点法"作图以及借助计算机作图,探究参数 A,ω,φ 对函数 $y = A\sin(\omega x + \varphi)$ 的图象变化的影响,领会由简单到复杂,由特殊到一般的化归思想。在教学过程中学生小组合作探究函数 $y = A\sin(\omega x + \varphi)$ 的简图,并结合具体实例,了解 $y = A\sin(\omega x + \varphi)$ 的实际意义。在学习过程中,学生掌握从特殊到一般,从具体到抽象的思维方法,从而达到从感性到理性认识的飞跃。

学情分析:

学生已经学习了正弦曲线 $y = \sin x$ 的图象和五点作图法,以及函数 $y = \sin x$ 的性质和函数 $y = A\sin(\omega x + \varphi)$ 的周期等性质的求法,并且有了一定的读图能力,能根据图象抽象概括出一些简单的性质,所以这部分内容采取小组合作的形式。

教学活动:

【教师授课】

1. 课题导入。

通过 Flash 动画展示物理中的简谐振动(弹簧振子的摆动),形象、直观地把弹簧振子的摆动演示给学生,引导学生回忆关于 $y = \sin x$ 和 $y = A\sin(\omega x + \varphi)$ 的相关知识,并设置悬念,引出课题。

2. 小组合作任务单。

小组合作讨论解决如下问题:

问题1:利用五点法在同一坐标系中作出 $y = 2\sin x$ 与 $y = \dfrac{1}{2}\sin x$ 的简图,并指出它

---

[1] 孙晓俊. 合作教学:新课改下中学数学教学的有效途径[M]. 北京:光明日报出版社,2015:124.

们的图象与 $y=\sin x$ 的图象的关系。

问题2：利用五点法在同一坐标系中作出 $y=\sin 2x$ 与 $y=\sin\dfrac{1}{2}x$ 的简图，并指出它们的图象与 $y=\sin x$ 的图象的关系。

问题3：利用五点法在同一坐标系中作出 $y=\sin\left(x+\dfrac{\pi}{3}\right)$ 与 $y=\sin\left(x-\dfrac{\pi}{4}\right)$ 的简图，并指出它们的图象与 $y=\sin x$ 的图象的关系。

3. 定向学习。

作出函数 $y=3\sin\left(2x+\dfrac{\pi}{3}\right)$ 的图象，并指出它的图象与 $y=\sin x$ 的图象的关系。

【小组学习】

1. 合作任务。

小组合作讨论解决以下问题：

（1）如何由函数 $y=\sin x$ 的图象经过变换得到函数 $y=A\sin(\omega x+\varphi)$ 的图象？

（2）函数 $y=A\sin(\omega x+\varphi)$ 的图象与字母 A，ω，φ 的关系是怎样的？

（3）如何由函数 $y=\sin x$ 的图象经过变换得到函数 $y=3\sin\left(2x+\dfrac{\pi}{3}\right)$ 的图象？

2. 合作过程。

小组合作探究，利用计算机体验图象变化过程：

（1）探究 A 的作用。

画出问题1中的函数 $y=2\sin x$（$x\in\mathbf{R}$）与 $y=\dfrac{1}{2}\sin x$（$x\in\mathbf{R}$）的图象（图10-11），与 $y=\sin x$ 的图象做比较，探究归纳得出结论。

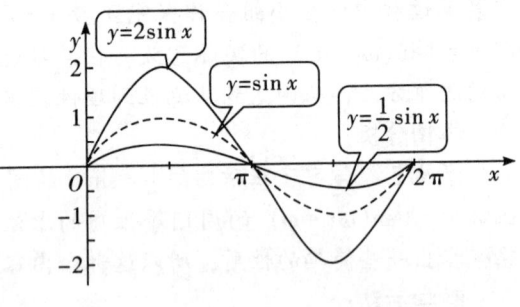

图 10-11

（2）探究 ω 的作用。

画出问题2中函数 $y=\sin 2x$（$x\in\mathbf{R}$）与 $y=\sin\dfrac{1}{2}x$（$x\in\mathbf{R}$）的图象（图10-12），与 $y=\sin x$ 的图象做比较，探究归纳得出结论。

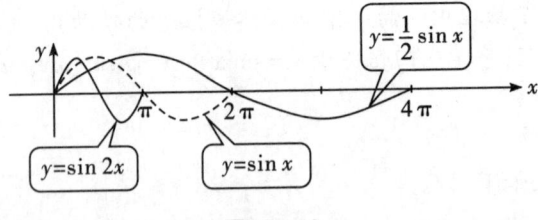

图 10-12

（3）探究 φ 的作用。

画出问题3中函数 $y=\sin\left(x+\dfrac{\pi}{3}\right)$ 与 $y=\sin\left(x-\dfrac{\pi}{4}\right)$ 的图象（图10-13），与 $y=\sin x$

的图象做比较，探究归纳得出结论。

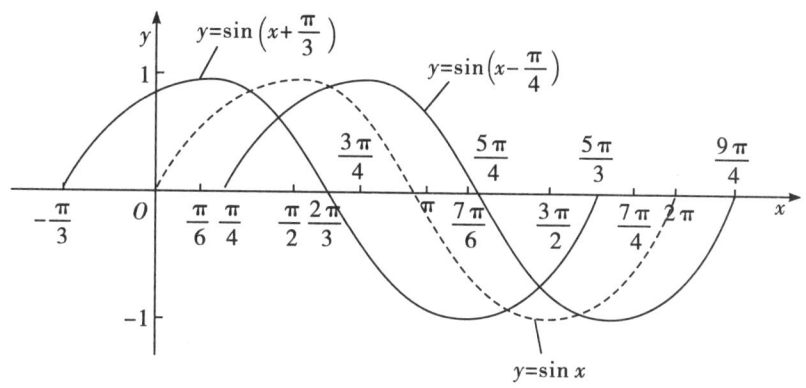

图 10-13

（4）探究如何由 $y=\sin x$ 的图象变换得到 $y=3\sin\left(2x+\dfrac{\pi}{3}\right)$ 的图象。

学生小组讨论。可自行画出草图，并在此基础上用计算机演示整个变化过程。学生通过使用几何画板软件改变系数，验证归纳的结论是否正确。教师可以引导学生进一步探究如何由 $y=3\sin\left(2x+\dfrac{\pi}{3}\right)$ 的图象变换得到 $y=\sin x$ 的图象。

3. 课后整理资源，进一步形成数形结合数学思想。

通过课上小组合作，课后搜集资料，完成图象变换的深入学习，将振幅变换、周期变换、相位变换的结论用课件展示出来。

【评价检测】

1. 课堂练习。

小组学习后，学生做随堂训练，教师将答案分发至每个小组长，他们做完后对照答案订正，其他同学做完交由他们批改。批改完后每位同学先对照答案自行订正，未解决的问题交由小组讨论。本组未解决的问题由小组代表提出来，先由班级其他小组解答，解答不了的问题由教师最后点拨释疑。

2. 个人小测。

学生独立完成测验，不允许学生间的互助活动。测验完成后由教师进行批阅，检测学生对所学内容的掌握情况。

【评析】通过生生合作学习，学生知道不仅要为自己的学习负责，而且要为其所在小组的其他同伴的学习负责，在小组活动中必须尽自己的最大努力，并尽全力帮助小组其他成员。长此以往，能增强学生团队意识和团队合作的能力，并能培养学生的责任感和学习的信心。

四、组织学生实践实验

数学实践实验，是指学生在教师的指导下，为了获得某些数学知识、形成或检验某个数学猜想、解决某类数学问题，学生应用有关工具（如测量工具、作图工具、实物模型以及计算机等），在数学思维活动的参与下进行数学验证或实践操作活动。数学实践实验的特征是实际操作，要求学生运用各种感官，动脑、动口、动手操作，这对锻炼学生的动手能力、提高数学研究意识都有很大帮助。

在教学设计与实施中，教师应特别关注四个环节，这四个环节类似于一个"微科研"的过程。①

（1）选一选、问一问（选题）。

问题引领。由教师，更希望是学生，提出一些有价值的且学生可以实际参与的问题或问题串。"问题"来源的途径可以有多种，可以是利用现有的资源（如教材、教学参考书、专业网站等），由教师选择、设计、提供；也可以是动态生成的（如学生在学习、生活过程中提出的问题，学生解决已有问题后提出的发展性问题等）。所选问题应有研究价值和可行性，考虑学生的年龄特征、知识水平、实际能力。问题的求解过程要有利于学生理解数学。

（2）想一想、说一说（开题）。

探寻解径。在教师引导下，让学生通过分析、讲解、观察、讨论，进一步明确题意，知晓相关数学知识或模型，提出比较合理、可行、有效的解决问题的思路或方案。师生之间，学生之间互相启发，互相发问，互相补充，明确求解的目标和结果的要求。

（3）试一试、做一做（做题）。

实践操作。学生通过自主探究、合作学习、实验操作、观察分享、推理验算等实际操作环节，真实具体地解决问题。在这个阶段中，教师要注意观察学生的表现，及时帮助有困难的学生和学生小组，鼓励学生思考和创新，记录学生的真实解决问题的过程，发现其中的问题和生成性的课程资源（如学生的困难点、突破难点的方法、学生之间思维碰撞的火花等），实施和落实过程性评价，进而具体落实课程标准的要求。

（4）讲一讲、评一评（结题）。

交流评价。在教师的组织下，学生将自己或小组解题的结果、求解过程的说明、求解过程的学习体会和发现等报告或介绍给大家，让大家能分享成果和收获。同时，可以方便教师和学生通过报告的过程展示，了解学生在解题过程中的思考、能力和作用、学习态度和水平，最终通过自评、互评，给出评价。

【例10-9】"认识长方体"教学设计片断②

【课题】认识长方体

【教学目标】

1. 认知目标：在观察和动手操作中，掌握长方体的特征，认识长方体的长、宽、高。

2. 能力目标：在探索长方体特征的过程中，发展学生的空间观念，积累探索问题的

---

① 教育部基础教育课程教材专家工作委员会. 义务教育数学课程标准（2011年版）解读 [M]. 北京：北京师范大学出版社，2012：243.

② 王凤桐，等. 让课堂更精彩：微格教学设计案例选编 [M]. 北京：首都师范大学出版社，2014：207.

方法和经验。

3. 情感态度与价值观：激发学生对数学的探究兴趣，培养学生用数学的眼光思考问题，享受成功的喜悦。

【教学过程】

1. 选一选、问一问。（选题）

说说你心目中的长方体有什么特征。

（引起注意，了解学生对长方体各要素的原有认识）

2. 想一想、说一说。（开题）

出示长方体。独立探究，看看你对长方体的特征有哪些新的发现。

（探寻提问，学生通过观察、测量、比较等手段独立探索特征后，第二次描述长方体的特征）

3. 试一试、做一做。（做题）

（1）动手操作。给学生提供方格纸、剪刀、胶条，让学生自己思考需要几个什么样的长方形，能拼成一个长方体。没有拼成功的在操作中调整，在失败或成功的操作活动之后，再次独立设计拼长方体需要的长方形。

（探究指导、思维指导，学生经历拼长方体的过程后，第三次描述长方体的特征）

（2）提供4种不同长度的小棒各8根、橡皮泥小球，思考需要几根几种长度的小棒搭成长方体的框架，没有搭成功的在操作中调整，在失败或成功的操作活动之后，再次独立设计搭长方体框架需要的小棒。

（探究指导、实验指导，学生经历搭长方体的框架过程后，第四次描述长方体的特征，进一步唤醒探究欲望）

4. 讲一讲、评一评。（结题）

通过这节课的学习，你能说说自己有什么新的收获吗？（反思指导，开展思维监控能力）

【教学反思】

能精心设计符合学生思维路径的数学活动，让学生经历自主观察长方体实物或模型、制作长方体纸盒和框架等活动，引导学生经过"经历、内化、概括"的学习过程，能进一步观察图形构成要素与图形之间的关系，最终做到能将其形成活动经验并进行迁移。

第三节
数学活动组织技能的实施要点

一、数学活动组织的基本模式[①]

根据数学活动、数学活动经验的基本内涵及其特征，结合新课程改革实施以来各地

---

① 王光明，等. 新理念数学教学技能训练[M]. 北京：北京大学出版社，2014：227-228.

的一些做法，提出数学活动组织的一个基本模式，供教师使用时借鉴参考。

（一）创设情境，激发兴趣

教师创设活动情境，首先能有效地将教学内容从抽象变为具体，枯燥变为生动，使得学习内容具有现实意义和挑战性，从而有利于激发学生的好奇心、求知欲，也有利于学生对新知识的理解。其次，将实际问题转化成为数学问题，有利于培养学生的应用意识，使学生体会到数学应用的广泛性。

（二）提出问题，明确规则

在创设活动情境的基础上，教师启发学生，最好能由学生发现问题、提出问题或者由教师提出问题。同时，在学生真正开始活动之前，教师还要向学生明确活动的具体规则和注意事项。

（三）自主活动，适时指导

可以开展学生自由讨论、分组合作、探究学习、动手操作、实验探索等活动，促使全部学生参与到活动中去；学生可以通过观察、实践操作、实验、归纳、比较、联想等方法来完成任务；在学生自主活动的同时，教师进行必要的指导。本环节是整个活动的关键环节，在此过程中，学生通过解决问题，不仅可以习得数学知识，形成数学技能，还可以积累数学活动经验，感悟数学思想。

（四）归纳提炼，寻找规律

学生展示活动结束，共同归纳、提炼，教师引导学生寻找数学规律。这个过程，是在教师的指导下，学生将活动的具体结果抽象、归纳出一般性的数学规律，是学生知识再建构、再创造的过程。

（五）拓展应用，深化思维

在发现规律后，教师可以引导学生应用规律，将所发现的数学规律再应用到实践中去，也就是理论回归实践的过程。通过知识的应用，学生的数学思维和技能将得到进一步的提升。

（六）师生总结，促进反思

由教师和学生共同总结活动的整个过程，也可以评价学生在活动中的表现，评价时，可采用教师评价、组内互评、学生自评等多种方式。

上面只是提供一个可资借鉴的数学活动实施方式。然而，数学活动的教学过程不是单一的、一成不变的，活动的过程是开放的、生成性的。故教师在开展数学活动教学时，可以尝试使用该流程，但不要拘泥于该流程。

二、数学活动组织的注意事项

在数学活动的组织中,无论是在设计上,还是在具体实施上,都必须考虑数学活动组织的可行性、必要性、层次性和多样性,并注意避免一些常见的误区。

(一) 注意活动的可行性

数学活动是一种学习方式,也是教学目标和内容。所以在设计时,一定要考虑是否可行,能否顺利进行,能否实现预期的教学目标。一个数学活动是否可行,以下四个方面的要素要重点关注:活动是否能促进学生对数学的理解;活动的时间是否充分;活动的素材是否可行;学生的原有知识是否够用。

【例10-10】

一位教师在教学"年、月、日"这一课时,学生认识了平年、闰年后,教师问:"既然1900年不是闰年,那么你们能探究一下这是为什么吗?"学生瞪大眼睛不知所措。

【评析】本例中,探究的问题不切合学生实际,完全超出了学生的认知水平和探究能力,学生无法通过探究得出结论。

(二) 注意活动的必要性

中小学数学教学中,倡导数学活动,探究教学,合作学习,目的是丰富教师的教学方式和学生的学习方式,促进学生的数学理解,提升数学教学的质量。但在设计数学活动时,要考虑它的必要性,不能为活动而活动。不能将"数学活动"简单归结为"动手实践",而更应强调"动脑",即积极的思维活动。在实际教学中,我们除了强调学生参与数学活动外,更应重视对这些活动意义的分析,包括通过事后的总结与反思。[①] 在探究数学规律时,是否使用现代信息技术手段,也要考虑它的必要性。信息技术在数学教学中的优势不是天然具有的,而需要从促进学生对数学本质的认识和从数学思想方法的感悟出发去应用技术。[②]

【例10-11】[③]

在一次听课活动中,听课者问一个学生:"这节数学课上什么内容呀?"他说:"上节课老师布置了,每个学生都叫爸爸或妈妈拿10元钱去商店购买几件同样的学习用品,这节课要汇报。我爸爸说,我的学习用品都有了,还要浪费钱干吗?爸爸没有给我钱,我也没有去买……"听课者找到执教老师:"课前要求学生向爸爸或妈妈要10元钱买东西,设计的意图是什么?"他说:"本节课要教学的应用题'食堂原来有50袋大米,吃了4天,每天吃8袋。还剩多少袋大米?'远离学生实际,因此布置了学生用10元钱去

[①] 郑毓信. 新数学教育哲学 [M]. 上海:华东师范大学出版社,2015:109.

[②] 张志勇. 用与不用不一样:信息技术与数学教学走向深度融合的途径与策略 [J]. 中小学信息技术教育,2016 (1):64-65.

[③] 严育洪. 新课程教学问题讨论与案例分析 [M]. 北京:首都师范大学出版社,2006:38.

商店购买几件同样的东西,这节课让学生汇报:买了什么东西? 每件价格多少元? 买了几件? 付了多少元? 找回多少元? 以此处理成两步计算的应用题。"

【评析】新课程提倡向生活世界的回归,强调课程教学与生活的联系,谋求学科世界与现实世界的和谐统一,这是十分必要的,但不能因此而做肤浅、表面的理解。强调联系学生的已有生活经验,并不等于学生要亲历、实践一切事件的过程。事实上,事事都要亲历、体验、实践,既不可能,也没必要。因此,本例中,数学教学应充分尊重和调动学生已有生活经验的同时,还要使学生超越自身环境和经验的局限,利用已知对未知数学进行探究和学习。在认知心理学看来,一个问题是真实的还是虚拟的并不是很重要,关键在于这个问题本身能否激发学生的动机,使他们参与到认知过程之中,而不在于是否源于现实生活。①

(三) 注意活动的多样性

为提高数学活动的质量,在设计数学活动教学时,必须保证活动内容要丰富、活动的方式要多样、活动的难度有层次。

数学活动的内容,不仅仅局限于共同的必修内容,在选修部分也应设计相应的活动。在代数、几何、概率、微积分等方面都可以设计活动内容。数学活动的方式也要多样灵活,不仅要设计课内的数学活动,还要设计课外的数学活动;不仅要设计动手操作的活动,还要设计数学思考的活动;不仅要设计完整的数学活动,还要设计局部的数学活动。文献探究、网络查询等方法均可纳入数学活动的范围内。

【例10-12】"圆周角"(第一课时) 教学设计片断②

1. 创设情境,导入新课

(1) 复习提问:教具中的 $\angle AOB$ 是我们前面学习过的什么角?

(2) 教具演示顶点的移动。观察:当顶点移动到 C 处时,这个角此时还是圆心角吗?

(3) 请同学们给圆周角下定义。

(4) 在教具上用皮筋依此演示下列角,请同学们结合圆周角的概念判断这些角是否为圆周角,并说明理由。

2. 师生互动,启发猜想

【探究活动一】摆一摆:一条弧所对的圆心角有几个,圆周角有几个?

【探究活动二】找一找:圆心与圆周角有几种位置关系?

【探究活动三】量一量:一条弧所对的圆周角 $\angle BAC$ 与圆心角 $\angle BOC$ 的度数,你有什么发现?

3. 动手实践,验证猜想

将学生分成三大组,每组同学摆其中一种图形,并测量角度。测量、讨论后请学生代表说出本组的猜想。由于测量存在误差,因此由实验、观察等方法得出的猜想的正确

---

① 谢明初. 后现代主义、数学观与数学教育 [J]. 教育研究, 2005 (12): 70.

② 张维忠. 中学数学课程标准与教材研究 [M]. 北京: 高等教育出版社, 2015: 75-76.

性是需要进一步验证的。学生探索发现，第二类情况最特殊，容易验证。

【讨论】如何验证第一种和第三种情况？

4. 感悟深化，归纳定理
5. 分层练习，巩固提高
6. 设计作品，交流展示
7. 畅所欲言，体验收获
8. 学以致用，分层要求

【评析】本节课根据教材本身探究性较强的特点，以探究式教学为主，讲授、发现、分组交流合作等多种方法相结合实施教学，由浅入深，鼓励学生采用观察分析、自主探索、合作交流的学习方式，让学生经历和感悟数学知识、思想和数学方法的形成与应用过程。其中涉及的数学思想有：分类和化归；数学活动经验是如何从现有知识（圆心角）中演化出新知识（圆周角）。

（四）注意避免"六个化"

数学活动进入课堂正在改变着教师的教和学生的学。在实践中，积累了不少好的经验，也出现了一些问题和困惑。例如：由于数学活动的增加，教师的负担加重，教学任务难以完成；课堂表面上轰轰烈烈，学生似乎没学到什么；在数学活动中，好的学生收获颇丰，差的学生糊里糊涂，两极分化严重；由于对数学活动的误解，在数学活动教学中存在形式化、教条化、自由化等问题，我们把发现的一些问题列表如下（见表10-2），这些问题在数学活动教学中要力求避免。

表10-2　数学活动教学中存在的一些主要问题

序号	问题	表现
1	形式化	在教学中以僵化的模式组织指导学生活动，使活动表面化，没有真正体现数学活动的本质和内涵
2	程序化	严格按照书上的程序一步一步进行，连顺序都改变，就像工厂里的流水作业
3	教条化	不分析学校、学生的实际，不考虑学生的变化、发展，只是生搬硬套现成的原则、概念进行活动教学，具体表现就是照本宣科
4	自由化	认为数学活动是学生自己的事，教师可以袖手旁观
5	陷阱化	在数学活动过程中，尤其是猜想阶段，总是把学生引导到教师预先设计好的"陷阱"中，学生稍有偏离"陷阱"，教师就会暗示学生那样不行
6	重复化	先让学生自由活动一番，教师再讲授一遍，即牵着学生的鼻子走一遍

○实践与反思

1. 设计组织数学活动的教案。

选定课题,设计组织数学活动微格教案。

设计数学活动微格教案时,应注意如下几点:

(1) 课题内容的选择,不宜包含过多的学习内容和活动要素,每次侧重某几个要素进行。

(2) 确定数学活动技能的类型后,选取相应的数学内容,进行教案设计。

(3) 数学活动的组织技能,并不排斥其他技能的应用,但学习内容和学习方法的选择要更多地体现数学活动的特征。

2. 训练数学活动组织技能。

(1) 选取中小学数学教材中的一段数学活动的内容,进行微格教学设计。

(2) 以小组的形式在微格室进行训练,并进行视频录像。

(3) 结合数学活动组织技能评价单(表 12-18、表 12-19),对录像进行评价和反思。

(4) 收集反馈意见,修改教案,反复录像与评价,直到熟练掌握。

第十一章
数学课堂结束技能

第一节
数学课堂结束技能概述

任何事物的发展过程,总是有头有尾的。要完成一件事,既要"善始",也要"善终"。课堂结束与课堂导入是相对应的一对范畴。导入是始,结束是终;导入是开,结束是合。一始一终,一开一合,构成课堂教学活动的完整过程。课堂教学结束如果不加以注意,有始无终,虎头蛇尾,草草收场,不仅导致课堂教学过程的不完整,而且直接影响到教学效果。导入要做"凤头",结束要做"豹尾"。课堂结束是课堂教学必不可少的一个环节。

结束技能是完成一项教学任务终了阶段的教学行为方式,是教师通过归纳、总结、练习、强化等手段,使学生对所学知识和技能进行及时的系统化、巩固和运用,使新知识有效地纳入学生原有的认知结构中。数学课堂教学中的一个概念、一个定理、一个公式、一个例题讲完之后,都应使用结束技能。学生认识一个新的数学事实,是在原有的认知结构基础上,反复经过重组、强化,才能在头脑中建构起对新的数学事实的正确认知结构。基于此,对任何一个学生主动建构起的新的认知结构,在一节课的教学中,进行最后一次同化,最后一次重复建构活动,就是一节课的结束技能。

教学结束技能的恰当运用,有利于学生把握学习重点,及时消化、理解所学内容,促使学习内容的系统化,理清学习思路,强化记忆,增强教学整体效果。它不仅是结束某一段教学内容,也是整个教学内容的归纳和提升,进一步突出教学重点。据研究,教师在课堂上及时帮助学生总结课堂内容,及时回忆、巩固,要比下课 6 小时以后的记忆效率高出 4 倍。[①] 一堂课的结尾如何,也是衡量教师教学基本功的要素之一。

---

① 王晓军. 数学课堂教学技能与微格训练 [M]. 杭州:浙江大学出版社,2011:153.

第二节
数学课堂结束技能的作用

从信息及其加工的角度看,结束技能是帮助学生对在新知识学习中获得的信息进行提炼、筛选、简化,有重点地记忆、储存,并通过与原有知识信息的联系,促进知识的结构化和迁移运用,使新知识有效地纳入学生的认识结构中的过程。① 完善、精要的结尾,可以给课堂教学锦上添花,余味无穷。数学课堂结束技能主要有如下作用。

一、总结提炼,系统强化

在一堂课结束的时候,教师通过小结,强调重要事实、概念、定理、公式、法则和规律,进行系统的整理、归纳,概括比较相关的知识,建立与其他知识间的联系,形成知识网络,使学生对所学新知识的理解更加清晰明确,便于学生巩固、强化知识的理解。

【例 11 – 1】带分数乘法②

在"带分数乘法"这节课结束时,教师引导学生做如表 11 – 1 所示的归纳总结。

表 11 – 1

算式	计算过程			计算结果
加减法	通分	不化成假分数	不约分	能约分的要约分,是假分数的要化成带分数或者整数
乘法	不通分	化成假分数	化后约分	

点评:由于学生会受到带分数加减法的干扰,往往将带分数的整数部分与分数部分分别相乘或把带分数部分先通分再约分。结束的时候,教师用准确简练的语言,总结归纳出两者之间的异同点,便于学生记忆和运用。

【例 11 – 2】圆的知识

在复习"圆的知识"时,把这节课要复习的内容制成图 11 – 1。

这张图反映了这部分内容的知识框架和结构,整节课的复习都是围绕这张图而展开,引领学生通过点开一个个相关链接来复习这部分的知识内容。

课堂结束时,又重新回到这张图上,让学生对该部分的知识结构再次升华,从而深化本节课的知识脉络体系。

点评:这张图提纲挈领地把圆的主要内容加以总结概括,给学生以系统、完整的印象,促使学生加深对所学知识的理解和记忆,培养其综合概括能力。

---

① 叶雪梅. 数学微格教学 [M]. 厦门:厦门大学出版社,2007:278 – 279.
② 张磊. 数学教学技能导论 [M]. 广州:暨南大学出版社,2015:198 – 198.

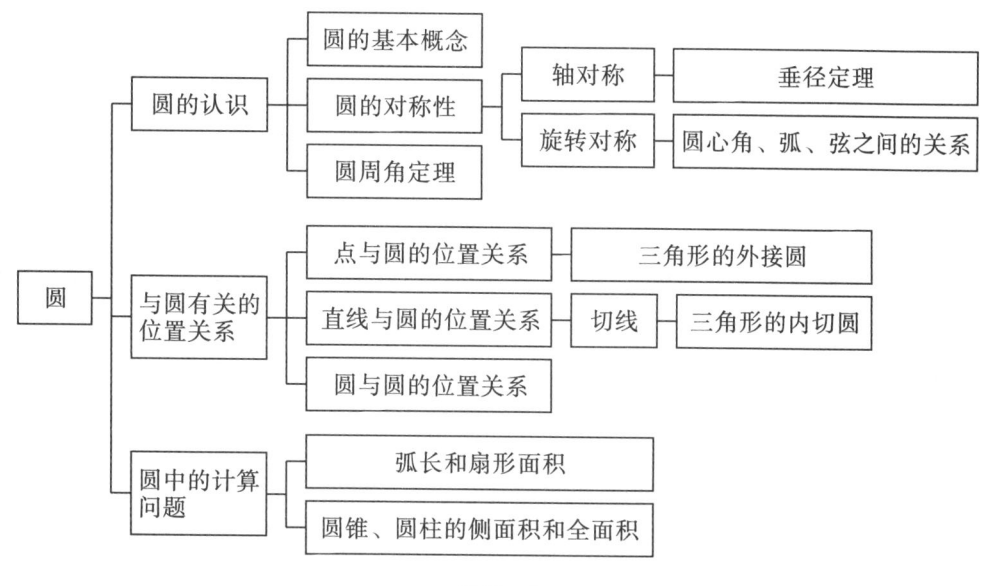

图 11-1

二、突出重点，便于理解

在一堂课结束的时候，将本节课的中心内容加以总结归纳，提纲挈领地加以强调、梳理或浓缩，使学生对所学到的新知识、新技能了然于胸，理解得更加清晰、准确，抓住重点难点，变瞬时记忆为长时记忆，使记忆更加牢固。

【例 11-3】均值不等式定理

在学习了"均值不等式 $\dfrac{a+b}{2} \geq \sqrt{ab}$（当且仅当 $a=b$ 时取等号）"之后，教师强调不等式运用的三个原则。

"一正"：两个数必须为正数；

"二定"：两正数的和为定值或积为定值；

"三相等"：必须注明等号成立的条件。

以上三个条件缺一不可。

点评：在学生学习完均值不等式定理，并对它进行深入思考之后，教师在结尾处强调定理运用的三个原则，这样既突出了教学的重点，又便于学生理解应用。

三、承前启后，架构桥梁

在一堂课结束的时候，教师对所学的知识进行概括总结，使学生对所学的知识有一个完整的印象。可以围绕单元教学目标向学生提出相关问题，为后续新课的讲授创设教学情境、埋下伏笔，诱发学生继续学习的积极性。

【例11-4】轴对称图形①

在"轴对称图形"这节课结束时，教师做如下设计：

师：这节课，我们共同研究了轴对称图形。看了这些图形以后，给你留下了一种怎样的印象？（老师将对称的"美"字贴在黑板上，将课题补充完整——美丽的轴对称图形）

生：美，漂亮。

师：轴对称图形在我们的生活中应用非常广泛。民间艺术家也利用轴对称图形的特征创造出了精美的剪纸作品！一起来欣赏。（配乐播放一组剪纸作品）猜猜他们是怎样剪出这些轴对称图形来的呢？有窍门吗？

生：将图纸对折后再剪，就行了。

师：为什么要对折后再剪呢？

生：这样剪出来的作品，两边就能完全重合了。

师：你们一定也想创造出这样精美的剪纸作品吧？告诉大家一个好消息，下节课，老师将和大家一起上一节实践活动课——"奇妙的剪纸"，到时候大家一定要大展身手，创造出更多奇妙的轴对称图形来。

点评：课尾以精美的剪纸作品的鉴赏结束，不仅让学生领略数学融入生活的对称美，还培养了学生用数学眼光观察生活的意识，更强烈地激发了后续数学实践活动课乃至课外亲自动手创作精美作品的欲望。

【例11-5】面积的认识②

在"面积的认识"这节课结束时，教师出示了较大的被分成四格的图形，如图11-2左图。

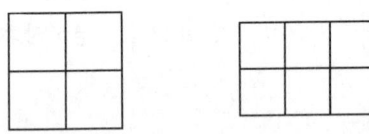

图11-2

师：第二组同学闭上眼睛，请第一组同学看，这个图形一共有几格？

生（齐）：4格。

师（再出示一个较小的被分成6格的图形，如图11-2右图）：请第二组同学看，这个图形有几格？

生（齐）：6格。

师：大家来猜一猜，哪组同学看到的图形面积大？

生1：6格比4格多，当然6格的图形大。

生2：不一定。说不定6格的图形格子小。

---

① 马伟中. 莫让课堂小结流于形式[J]. 小学数学教学设计, 2015（8）：60.
② 黄凤梅. 浅谈数学课堂结束语的设计[J]. 小学数学参考, 2013（1）：82.

师：究竟哪个图形的面积大呢？（同时出示两个图形）为什么4格的图形，面积反而大？

生1：4格的图形，每个格子大。

生2：6格的图形，每个格子小。

师：看来，用数格子的办法来比较两个图形面积的大小时，格子的大小要一样。用于测量物体表面大小的单位就是"面积单位"，我们下节课再来研究。

点评：像这样的结尾，提高了学生探究的兴趣，增强了学生对知识的渴求性，也注意了前后知识的联系，为以后学习"面积单位"埋下伏笔。

四、设计练习，巩固反馈

教师通过对教学内容的课堂问答或作业练习、课外思考等，进行小结讲评，及时收集教学的反馈信息，肯定正确，纠正错误，为下一节课或下一部分的教学内容进行改进或调整做好准备。

【例11-6】 函数 $y = A\sin(\omega x + \varphi)$ 的图象[①]

"函数 $y = A\sin(\omega x + \varphi)$ 的图象"第三课时，可用以下设计结束课堂：

1. 已知函数 $y = \frac{1}{5}\sin\left(4x + \frac{2\pi}{3}\right)$ 的图象为 C，为了得到函数 $y = 2\sin\left(4x + \frac{2\pi}{3}\right)$ 的图象，只需把 C 的所有点（　　）

   A. 横坐标扩大到原来的 10 倍，纵坐标不变

   B. 横坐标缩小到原来的 $\frac{1}{10}$，纵坐标不变

   C. 纵坐标扩大到原来的 10 倍，横坐标不变

   D. 纵坐标缩小到原来的 $\frac{1}{10}$，横坐标不变

2. 已知函数 $y = \frac{1}{5}\sin\left(4x + \frac{2\pi}{3}\right)$ 的图象为 C，为了得到函数 $y = \frac{1}{5}\sin\left(x + \frac{2\pi}{3}\right)$ 的图象，只需把 C 的所有点（　　）

   A. 横坐标扩大到原来的 4 倍，纵坐标不变

   B. 横坐标缩小到原来的 $\frac{1}{4}$，纵坐标不变

   C. 纵坐标扩大到原来的 4 倍，横坐标不变

   D. 纵坐标缩小到原来的 $\frac{1}{4}$，横坐标不变

3. 已知函数 $y = \frac{1}{5}\sin\left(4x + \frac{2\pi}{3}\right)$ 的图象为 C，为了得到函数 $y = \frac{1}{5}\sin 4x$ 的图象，只需把 C 的所有点（　　）

[①] 辛春. 高中数学课堂教学的结束设计 [J]. 教学与管理, 2011 (5): 62-63.

A. 向左平移 $\frac{\pi}{6}$ 个单位长度

B. 向右平移 $\frac{\pi}{6}$ 个单位长度

C. 向左平移 $\frac{2\pi}{3}$ 个单位长度

D. 向右平移 $\frac{2\pi}{3}$ 个单位长度

4. 由正弦曲线经过怎样的变化可以得出下列函数 $y = \frac{1}{3}\sin\left(2x - \frac{\pi}{6}\right)$ 的图象？

5. 函数 $y = f(x)$ 的横坐标扩大到原来的两倍，再向左平移 $\frac{\pi}{2}$ 个单位，所得到的曲线是 $y = \frac{1}{2}\sin x$ 的图象，试求函数 $y = f(x)$ 的解析式。

点评：这样的练习由易到难，覆盖了整节课的知识要点，能及时反馈学生的掌握情况。

五、启发思维，促进探索

在一堂课结束的时候，教师运用巧妙的结束方法，比如提出一些有深度的问题，让学生进一步思考，进行课后探索，既能引导学生总结自己学习本课内容时的思维过程和解决问题的方法，又能促进学生开阔视野，激活思维，启迪智慧，从而促使学生深入开展思维活动，提高探究能力。

【例 11-7】列方程解应用题[①]

在"列方程解应用题"的练习课教学中，教师在结束教学时，给出一道与学生在本节课学习中产生的思维定式有矛盾的练习题，以此作为课堂总结：

某班买练习册和连环画共 26 本，付款 42 元。其中练习册单价 2 元，连环画平均每本 1.5 元。练习册和连环画各买了多少本？（用方程解）

点评：在"列方程解应用题"的练习课中，不少学生经过几个习题的练习，很自然就产生了"题目问什么就设什么为 x"的思维定式。而这道题目有两个问，按照"题目问什么就设什么为 x"的思维定式，学生在认识上就产生了矛盾。这样通过问题启发的结束，既有助于学生否定自己的片面认识，又有助于开阔学生的视野，激活学生的思维，加深学生对所学知识的理解。

另外，新颖的结束技能会使课堂气氛活跃，加深师生情感交流，有助于教学活动的顺利进行。

---

① 张磊. 数学教学技能导论 [M]. 广州：暨南大学出版社，2015：197.

第三节
数学课堂结束技能的类型

按照不同的分类标准，课堂结束可以分为不同类型。若按照结束的主体去分，可以分为学生小结、教师小结、师生共同小结等；若按照结束呈现的方式去分，可以分为要点式、问题式、图表式等；若按照结束的内容去分，可以分为归纳式、拓展式、悬念式等；若按照结束的思维方式分，可以分为封闭型结束和开放型结束。其中，封闭型结束又称为认知型结束，即及时引导学生回忆、归纳所学内容，呈现教学要点，使教学内容条理化和简明化的方式。封闭型结束是传统课堂常见的结束类型，它是以知识体系的自我封闭和定位为特征。开放型结束即通过实践练习、领悟主题并设置悬念，鼓励学生求异思维的方式，留下问题供学生思考，为后续知识的学习做好准备。开放型结束近年来逐渐引人注意，因其不囿于本节课所学的知识，着眼于知识的整体结构和思维的拓展延伸。事实上，课堂结束的分类界限不是那么鲜明简单，很多课堂结束结合了多种方式。下面从实用的角度介绍数学课堂结束的常用方法。

一、自然结束法

这是最简单的结束方法，当时间紧迫或教学内容其义自明，无须多言时，一句话："这节课就到这里。"立即下课，毫不拖泥带水，十分干脆利落。当然这种方法不能经常使用。因为这种方法没有充分利用课堂结尾来深化课堂教学内容，使学生形成新的认知结构和能力结构，反而使学生产生失落的情绪。久而久之，会淡化课堂气氛，学生对教师的信任度会降低，不利于学生思维能力的培养。

二、复述记忆法

复述记忆法就是教师把本节课的主要内容梳理复述一遍，让学生再一次明确本节课的重点、难点。这种方法能迅速指明要点，节省时间，易于控制教学进程。一般适用于概念较多的教学内容。例如在任意角的概念教学中，包含正角、负角、零角、象限角和终边相同象限角等概念，这些概念既有联系，又有区别，易于混淆。在举例讲解和练习后，若能加以梳理，复述一遍，则能达到澄清概念、醒人耳目的效果。

三、归纳总结法

归纳总结法，即将前面的具体分析做高度抽象概括，把感性认识上升到理性认识的结束方法。该法符合学生的认知心理，利于培养思维的条理性，增强对知识认识的系统化、深刻化，助其理清学习思路，把握学习重点，能让学生及时查漏补缺，完善课堂笔记。不能认为归纳总结是教师的特权，应将教师的归纳总结与学生的归纳总结有机结合。让学生在发现中归纳，在归纳中发现，才能获得真实的感受，认识水平才能不断提高。

【例11-8】四边形

在"四边形"教学的结束环节，教师做出如下设计：

师：我们学了哪些特殊的四边形？

生：有平行四边形、梯形、菱形、正方形、矩形、等腰梯形、直角梯形。

师：这些特殊的四边形之间有什么关系？

教师用白色大圆片表示四边形的集合，然后让学生把代表两种相近的四边形的红纸片往上贴，注意能否重叠一部分，重叠的属什么图形，接着再叫学生贴两个代表另外两种四边形的更小的圆片，再看能不能重叠。

点评：贴完后，综观全图，一目了然，该图直观性很强地把所学的特殊的四边形之间的关系系统地总结了出来，学生注意力集中，很感兴趣，有利于巩固和记忆。

【例11-9】函数习题课

在"函数习题课"教学的结束环节，教师做出如下设计：

师：同学们，请大家总结一下，我们这节课主要涉及哪几种具体函数？

生：一次函数、二次函数、分式函数、指数函数、对数函数、幂函数等。

师：没错，我们高中阶段主要是对这几种函数进行研究。那么你们可以根据这节习题课来分析一下，我们主要针对函数的哪些方面进行知识考查吗？

生：函数三要素，图象与性质。

师：那你们可以简要说一下对应的解题策略吗？

生：（讨论）……

师：那我们一类一类来，请大家做好记录。

师生共同归纳：

1. 求解析式的方法：①待定系数法；②配凑法；③换元法；④方程组法；⑤特殊值法。

2. 定义域：

(1) 求具体函数的定义域：①分母$\neq 0$；②偶次根号下被开方数大于或等于0；③对数的真数大于0，底数大于0且不等于1；④$f(x)=\tan x, x\neq \left(k\pi+\dfrac{\pi}{2}\right)(k\in Z)$；⑤实际问题确定的函数，其定义域除使函数有意义外，还要符合实际问题的要求。

(2) 求抽象函数的定义域：①已知$f(x)$的定义域，求$f[g(x)]$的定义域；②已知$f[g(x)]$的定义域，求$f(x)$的定义域。

3. 求函数值域的方法：①直接法；②配方法；③图象法；④换元法；⑤单调性法。

点评：这样的归纳总结，使学生对函数三要素有了更加深刻的认识。

四、口诀总结法

把数学公式、定理、法则,精心提炼成口诀,让学生背诵,很容易记忆,而且可形成永久性记忆。如在学习"一元一次不等式组及其解法"时进行小结,对其解集编成口诀:"大大取大,小小取小,小大、大小中间找,大大、小小解不了";又如在学习"三角形和差化积公式"时进行小结对其编成口诀:"正加正,正在前;余加余,肩并肩;正减正,余在前,余减余,负正弦"。

五、前呼后应法

课堂导入就如一个故事的"引子",提出问题,设置悬念,课堂小结就是故事的尾声叙述。课堂结束时,对导入的悬念问题进行讲解,给出解决问题的方法,揭开谜底,使导入与小结前后呼应,整节课浑然一体,完整而圆满。

【例11-10】乘法的初步认识

在"乘法的初步认识"教学中,导入时,教师设置悬念,提出:$3+3+3+3+3=?$ $3+3+3+3+3+3+3+3+3=?$ 你能很快算出来吗?

在乘法认识学习结束时,教师可以总结:求几个相同加数的和用乘法计算比较简便,列简洁算式时,先看一看相同加数是几,就写在乘号的前面,有几个相同加数就把几写在乘号的后面,这样前言的导入问题就迎刃而解了。

点评:导入与小结前后呼应,使教学结构严密,目的清晰,利于学生思维的一贯性和完整性。

六、综合练习法

课堂结束环节所安排的练习不是一般的作业,它紧扣本节课的教学内容,既检查了学生对本节课的掌握情况,又让学生在练习中完成本节课的总结。这种练习可以是做题目,也可以是让学生活动。

【例11-11】整式的加减

在进行"整式的加减"教学时,这样结束教学:

师:同学们回忆一下今天所学的知识,你能用所学知识解答如下问题吗?

(投影显示)

已知 $A=2a^2+b^2-c^2$,$B=-3a^2+b^2+4c^2$,且 $A+B+C=0$,求 C。

(让学生板演解题过程)

$\because A+B+C=0$,

$\therefore C=-A-B=-(2a^2+b^2-c^2)-(-3a^2+b^2+4c^2)=-2a^2-b^2+c^2+3a^2-b^2-4c^2=a^2-2b^2-3c^2$

让学生对照解题过程归纳：

（投影显示，先显示题目，学生回答后再填空）

填空：

1. 整式的加减实际上就是_____。（去括号、合并同类项）
2. 整式加减的结果还是_____。（整式）
3. 整式加减的一般步骤是：

①根据题意列代数，遇到多项式应加括号；

②有括号，应先去括号；

③有同类项，先合并同类项。

学生回答，教师鼓励后说："你们课后能用今天的收获，解答如下这道题吗？一个多项式加上 x^2+5x^2-6 得 $-x-3x^2+x^2+2$，求这个多项式。请下节课带来答案，看谁正确。"

点评：这种练习法的结尾，让学生通过巩固练习的过程，归纳小结本节课所学的重点内容，从而理清知识的脉络，使所学知识条理化、系统化。

【例11-12】圆的周长

在学习了"圆的周长"后，设计如下活动：

师：请同学们用所学的知识，设计一个方案，来得到操场上的大柳树的半径，你有办法吗？

生1：用尺子量。

师：怎么量，把树砍断量，这样可行吗？

生2：不可以，这样不是破坏生态了吗？

师：提醒一句，我们今天学习了什么？

生：圆的周长！

师：如何算的呢？

生：……

师：如果知道了周长，你能得到半径吗？老师就提醒大家这些，接下来请同学们在5分钟内制订出方案，然后以小组为单位去操场上实施。

（学生们在提示下想到先测出周长后，用圆的周长公式算出半径）

点评：以实践活动的方式结束课程，巩固了本节课所学知识的同时，还培养了学生的动手实践能力。

七、图示表格法

教师指导学生用图示或者列表的方法归纳小结出本节课所学的知识，或揭示同以前所学知识的区别与联系。以小黑板或者投影的形式给出，这样的结束便于学生对知识形成整体印象，使新学的知识形成知识网络，不容易遗忘，更便于将新知识融入原有的知识结构中去。

【例 11-13】直线与平面垂直的判定

如"直线与平面垂直的判定"的第一课时，可以采用如下设计结束课堂：

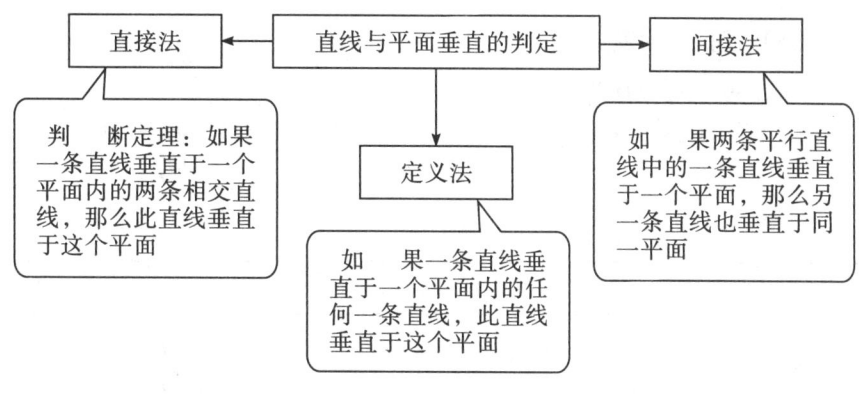

图 11-3

点评：图示表格法，结构清晰，便于记忆。

八、分析比较法

指教师利用对比分析的方法结束课程。该方法有利于沟通相关内容之间的联系，通过类比、联想、知识的迁移和应用等方式，使学生体会知识之间的有机联系，感受数学的整体性，进一步理解数学的本质，提高解决问题的能力。

【例 11-14】双曲线及其性质（一）

本节课的总结，除了总结双曲线的性质外，还可以将其与椭圆进行比较（如表 11-2 所示），边讲边板书。

表 11-2

对比项	双曲线	椭圆
标准方程	$\frac{x^2}{a^2}-\frac{y^2}{b^2}=1\ (a>b>0)$	$\frac{x^2}{a^2}+\frac{y^2}{b^2}=1\ (a>0, b>0)$
顶点坐标	$(a, 0), (-a, 0)$	$(a, 0), (-a, 0), (0, b), (0, -b)$
焦点坐标	$(c, 0), (-c, 0)$	$(c, 0), (-c, 0)$
a, b, c 关系	$c=\sqrt{a^2+b^2}$	$c=\sqrt{a^2-b^2}$
对称轴	x 轴、y 轴	x 轴、y 轴
对称中心	原点	原点

点评：通过双曲线与椭圆的对比小结，学生不但掌握了双曲线的性质，而且加深了对椭圆相应性质的理解，更重要的是使学生对两种曲线有了更清楚的认识，为进一步学习圆锥曲线打下较好的基础。

【**例 11 – 15**】反比例的意义①

反比例的意义教学可以这样小结：

除了总结反比例概念、性质外，还可以与正比例进行比较。如表 11 – 3 所示，边讲解边板书：

表 11 – 3

对比项	反比例	正比例
标准方程	$xy = k$	$\dfrac{x}{y} = k$
值	两个变量的积是定值	两个变量的商是定值
两个变量的关系	一个量随着另一个量扩大而缩小	一个量随着另一个量扩大而扩大
意义	两个相关的量，一个量变化，另一个量也随着变化，并且两个量所对应的两个数的积一定	两个相关的量，一个量变化，另一个量也随着变化，并且两个量所对应的两个数的商一定

点评：通过反比例与正比例的对比小结，学生不但掌握了反比例的相关知识，而且加深了正比例的理解。

九、悬念探究法

悬念探究法即借助学生尚存的疑虑，激发出的学习热情和深入探讨的兴趣等，将课内学习巧妙导引到课外的结束方法。课堂小结不一定是四平八稳的"大结局"，而应成为新知识的学习、探究的开始。教师可以在学生课堂学习的基础上，在学生的"最近发展区"内，向学生抛出相关的、有吸引力和挑战性的问题，学生带着问题，甚至困惑，带着思考和探究的欲望走出课堂，同学之间免不了谈论一番，从而把课堂延续到课外。这种设置悬念的方法，使学生在"欲知后事如何"时，戛然而止，从而给学生留下一个有待探索的未知领域，激起学生学习新知识的强烈愿望，使"且听下次分解"成为学生的期待。当上下两节课的内容和形式均有密切联系时，更适用悬念探究法结束课堂。

【**例 11 – 16**】认识公顷

在"认识公顷"教学中的结束环节时，教师做如下设计：

师：今天我们认识了一个新的面积单位——公顷。关于这一内容，你还有什么问题

---

① 周明. 浅析初等数学课堂教学结束方法 [J]. 数学学习与研究，2014 (9)：21 – 22.

需要提出来吗?

生1：我发现平方米、平方分米、平方厘米之间的进率都是100，为什么公顷与平方米之间的进率是10 000呢？

生2：因为边长1米（也就是10分米）的面积是1平方米（也就是100平方分米），而边长是100米的正方形土地面积才是1公顷，也就是10 000平方米。

生3：我想知道淹城公园的面积大约是多少公顷？

师：老师告诉大家的著名旅游景点——春秋淹城的占地面积大约是300公顷。老师这儿还有一条信息，会读吗？（多媒体展示：中国国土面积约是960 000 000公顷，并让学生读一读）

师：读起来感觉怎么样？你有什么想法？

生1：我发现这个数太大了。

生2：我感觉这个数有些难读。

生3：是否还有比公顷更大的面积单位呢？

师：这位同学的问题留给大家课后去了解，去问家长或上网查找，我们下节课再一起来讨论。

点评：在让学生提出问题的基础上，利用与下节课有联系的内容作为切入点，设置悬念，把学生引到了"别有洞天"的洞门口，这样既巩固了所学新知，又设置了悬念。

十、拓展延伸法

拓展延伸法，即在课堂小结时，根据不同的内容、目标以及学生的实际情况，给学生留有适当的拓展、延伸的空间和时间，对有关课题做进一步探索、研究。在课堂教学即将结束时，教师可将讲授过的知识拓展作为课程的相关内容中的延伸与补充，为后续的内容引入做些知识层面上的铺垫，以拓宽学生的知识面，扩展学生的数学视野，有利于提高学生对数学的科学价值、应用价值、文化价值的认识。

【例11-17】两点间的距离公式

学习了两点间的距离公式 $|P_1P_2| = \sqrt{(x_2-x_1)^2 + (y_2-y_1)^2}$ 后，课堂结束可做如下设计：

（1）强调公式的几何意义，指出"根据勾股定理得出的这一公式，给出了平面上两点的坐标（稍停顿）与两点间的距离的关系"。

（2）特殊情况：

当 P_2 为原点时，$|P_1P_2| = |P_1O| = \sqrt{x_1^2 + y_1^2}$；

当 P_1、P_2 都在 x 轴上时，$|P_1P_2| = |x_1 - x_2|$；

当 P_1、P_2 都在 y 轴上时，$|P_1P_2| = |y_1 - y_2|$；

当 P_1 在原点时，P_2 在 x 轴上时，$|P_1P_2| = |x_2|$；

当 P_1 在原点时，P_2 在 y 轴上时，$|P_1P_2| = |y_2|$。

可知两点间距离公式是数轴上绝对值概念的推广。

（3）若 $P_1(x_1, y_1, z_1)$，$P_2(x_2, y_2, z_2)$ 为空间中的两点，距离公式又是什么呢？

点评：通过对两点间距离公式的小结，重温公式的产生过程，使学生感悟到此公式既是对前面知识的推广，又是以后内容——空间两点距离公式的特殊情形。通过数轴上、平面内以及空间中两点距离公式的比较，揭示它们在结构和规律上的共性，开阔了学生的视野，激发了学生的学习热情。

【例 11-18】 数学活动课"线性规划问题"①

1. 小结

线性规划

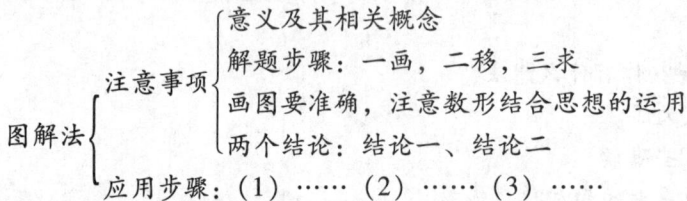

2. 延伸

（1）课后调查了解实际生活中的最优问题，并尝试用线性规划方法来解决。

（2）若将练习一中的线性目标函数变成非线性目标函数，怎么求解？

点评：这样的结束不仅对线性规划的内容要点进行了复习巩固，而且把所学的知识向其他方向延伸，以拓宽学生的知识面，引起学生浓厚的兴趣。

十一、故事讲述法

一堂课的末尾学生往往精神疲倦，注意力不集中。这时如能结合教学内容讲述一个小故事来结束课堂教学，对知识的理解，应用于娱乐之中，让学生感到数学的妙趣。这就要求教师在讲授数学知识的同时，要有意识地将数学知识和学生的现实生活相联系，有意识地让学生了解数学史，了解数学在其形成、发展过程中凝聚着世界各族人民的智慧，尤其是中华民族曾对数学发展做出了杰出的贡献，从而激发学生的民族自豪感和爱国热情。

【例 11-19】 勾股定理

在讲"勾股定理"一节时，其证明的方法较多，计算题也多，学生容易感到枯燥，不妨这样结尾：古希腊人毕达哥拉斯首先发现了这个定理，故又称"毕达哥拉斯定理"。还可向学生讲述"毕达哥拉斯学派"及其伟大成就。其实，在我国古代数学巨著《周髀算经》一书中就有"勾三股四弦五"的记载，因此这个定理在我国称为"勾股定理"，而且我国学者发现这一定理比毕达哥拉斯早500多年。也就是说，当时我国数学研究成果处于世界领先地位。

点评：这样的结尾，能够端正学生的学习动机，增强学生为国争光和献身科学事业的决心。

---

① 王秋海. 数学课堂教学技能训练［M］. 上海：华东师范大学出版社，2008：51.

【例11-20】列方程解应用题

讲"列方程解应用题"时，可讲古希腊数学故事：古希腊数学家丢番图（公元3—4世纪）临死前留下一道数学题：他一生的$\frac{1}{6}$是童年，又过了一生的$\frac{1}{12}$开始长胡须，再过一生的$\frac{1}{7}$娶妻成家，5年后喜得贵子，但这个孩子只活了他一半年龄就过早地离开了人世，儿子死后4年他与世长辞，请同学们算一算他到底活了多少岁。

点评：这样的结尾，把故事带进课堂小结里，容易引起学生的注意。

十二、借题发挥法

借题发挥法，即利用某些知识的特点，在结束阶段对学生不失时机地进行道德价值观教育的方法。数学知识中，不乏思想品德、人生观、价值观、生活态度、理想追求等方面教育的好素材。运用得法，能教书又育人，能触动学生心灵，能将数学知识与人格品质的培养有效结合起来。

【例11-21】可能性和概率[①]

在进行"可能性和概率"教学时，设计如下结束语：

我们都生活在一个充满概率的世界里，当我们慎重地迈出人生的第一步时，你有选择生存的方式和权利，但你不能使概率达到100%。

有的同学有99%帮助别人的概率，但他却选择了1%的麻木不仁的概率，因为他还没有领会生命的真谛——帮助别人，快乐自己。

有的同学有99%的好好学习的概率，但他却选择了1%的不思进取的概率，因为他不懂得对青春的珍惜——少壮不努力，老大徒伤悲。

有的同学有99%对父母说"我爱你"的概率，但他却选择了1%的沉默的概率，因为他还没读懂父母对他的希冀——只要你过得比我好。

这样的话题还有很多，可以说是举不胜举，在生活中，我们往往忽视了自己所拥有的，殊不知这正是人生所要追求的最高境界。同学们，请珍惜自己的每一天和每一份拥有，用爱去拥抱生活，也许收获的不仅仅是赞誉，这便是概率的真谛。

点评：结合现实生活的实例结束课堂，让学生对"可能性和概率"有了更加深刻的理解。

【例11-22】反比例函数的定义

学习"反比例函数定义"后，让学生举例说明反比例函数的生活实例。同学们所举例子都是生活中熟悉的数学问题，如用一定金额购买一样物品的数量与单价成反比例函数，又如某人打印一篇文章，则其打字速度与所需时间成反比例函数，再如家里到学校的路程一定，同学们来校所需时间与骑车速度成反比例函数等，最后我做了小结：大家

[①] 崔克忍. 中学数学教学论 [M]. 北京：北京师范大学出版社，2010：288.

有没有发现，我们的数学知识来源于生活，又能服务于生活。希望同学们能留心生活，关注数学，用我们对数学的热爱来热爱我们的生活，热爱我们的祖国，用我们的聪明才智来建设我们的祖国，使我们的祖国更加繁荣昌盛。

点评：在课堂教学中，教师除了要教会学生学习知识之外，更要对学生进行思想教育。而在日常的教学中，我们对学生进行思想教育的学科大多选择在文科上，理科只是一种渗透，而在这堂数学课上，我们却听到了这令在场人动容的话语，这着实让我们所有听课教师耳目一新，如沐春风，让所有的学生备受感动与鼓舞。

总之，丰富多彩、形式多样的"课堂结束"方式，是唤起学生浓厚学习兴趣的一个重要契机。由于偶发事件或者时间把握不好，导致"结课"时间紧张时，教师也可以灵活机智，随机应变，伺机弥补，仍会收到预想不到的效果。但是这不仅需要教师从容不迫，更重要的是端正认识，切不可马虎，需要教师对教材、对学生有深入的研究。因此，教师应重视平时的积累，不断丰富自己的知识，灵活掌握各种课堂结束的方式，尽量追求完美，充分发挥课堂结束技能的作用。

第四节
数学课堂结束技能的实施要点

在实际的教学活动中，课堂结束技能运用得当，能够突出重点，把握知识脉络，促进学生理解。但是如果课堂结束技能运用不当或者课前没有进行周密的教学设计，则可能产生一些副作用。许多数学教师在导入方面十分下功夫，掌握了很多技巧，而对课堂内容小结却不够重视，往往留下"美妙引入，草草收场"的遗憾。所以，在教学过程中，要充分重视结束环节，如下实施要点可供参考。

1. 紧扣重点，不蔓不枝

应在课堂结束之前，再次"篇末点题"，明确本课学习的重点，帮助学生理清学习思路，把教学内容系统化、条理化。

2. 强调能力，重视素养

要从数学学科特点出发，运用结束技能体现和完成培养数学能力的教学目标，尤应加强对学生智力、审美、价值观等整体素养的提升。

3. 语言精练，干净利落

结束语言应是整堂课教学内容的高度概括，不应对主要内容做简单重复，切忌多次重复相同语句以提醒学生注意的做法。

4. 方式简便，方法灵活

简便而灵活的结束为上，故弄玄虚、烦琐花哨的结束为下。应使课尾既给人以深刻印象，又实实在在，简短有力。

5. 按时下课,保证时间

要有时间观念,既不过早结束课程,也不拖堂。那种没完没了的总结归纳是令人厌弃的。

○实践与反思

1. 谈谈数学课堂结束技能在课堂教学中的作用。
2. 结束技能与建构学生的数学认知结构的关系是什么?
3. 自选观看一段数学课堂结束技能的录像,说出在这段教学过程中,教师是如何运用结束技能的。
4. 选择一个教学片断,对结束技能进行实践,并说明:教学目的是什么;为什么选用这种类型的结束。请结合课堂结束的原则,对自己的结课进行评价。

# 第十二章
微格教学的操作

微格教学自 1963 年在美国提出后,很快推广到世界各地。多年来的实践也证明,微格教学在帮助教师掌握教学技能方面确实是一种行之有效且简单易行的方法和途径。英国微格教学专家 G. 布朗(G. Brown)在他的著作中列出了 5 项实验结果很好的例证(见表 12-1),其结果表明,微格教学对师范生课堂教学技能的训练有明显的效果。

表 12-1　五项实验结果[①]

实验时间	样本(师范生)/人	显著程度	统计测试
1964 年	30	$P<0.001$	通过卡方检验
1966 年	60	$P<0.001$	通过卡方检验
1966 年	114	$P<0.01$	通过卡方检验
1969 年	27	$P<0.01$	相关 $Cr=0.5$
1973 年	34	$P<0.01$	相关 $Cr=0.84$

师范院校引进微格教学,不仅可以提高师范生的教学技能培训质量,而且对其他各门课程(尤其是教育学、心理学以及各科教学法)的教学带来积极的影响。但在实践操作中也发现了许多尚待进一步研究及解决的问题,如:怎样组织观摩示范?怎样进行微格教学课的设计?如何进行反馈评价?怎样发挥教师的主导作用?微格教学课应怎样安排?等等。结合我国师范院校的特点,我们认为在实践操作过程中应着重解决以下三个问题:一是微格教学理论的学习与研究;二是教学技能训练过程中的示范、角色扮演与评价;三是师范院校微格教学的课程安排。

第一节
微格教学理论的学习与研究

微格教学是建立在现代教学理论、视听理论和技术的基础上系统训练师范生教学技

---

① 孟宪恺. 微格教学基本教程 [M]. 北京:北京师范大学出版社,1992:17.

能的方法。要使学生理解和自觉运用这种方法,事前的理论学习是非常重要的。在开始介绍微格教学理论时,不少教师认为,微格教学与师范生实习前的试教差不多,所不同的是多了用录像机记录试教的过程罢了。这说明不少教师对这种新的培训理论及方法缺乏透彻的认识。认识上的局限性必然会降低使用这种培训方法的积极性,进而会影响教学技能训练的效果。在实践过程中发现,学生不懂得如何编写微格教学教案,不知道怎样进行教学观察;指导教师没有提供典型的示范课例,也没有发挥好积极的指导作用等,这些问题的出现表明,在组织实施微格教学课程时理论学习必不可少。

根据教育心理学的理论,技能是可以通过学习来掌握的,是在练习实践中得到巩固和发展的。学习与练习过程受到许多因素的影响,其中,知识的理解和掌握是技能学习掌握的必要条件。师范生在进行教学技能训练之前,应首先学习掌握教学技能理论知识。

事前的理论学习与研究的内容主要有:

(1)微格教学的基本理论:了解微格教学的起源、特点、理论依据、教学步骤等基本理论知识。

(2)教学技能:熟悉中小学课堂常用的教学技能,掌握各种技能的要求、类型以及应用要点、评价指标等。

(3)教材的分析与教案的编写:微格教学的课堂与一般的课堂有很大的区别,微格教案也有其独特的特点。师范生在确定培训的技能后,就要学会选择恰当的教学内容,根据教学目标进行教学设计,并编写较为详细的教案。

(4)微格课的观察与评价:反馈评价是微格教学的重要步骤,反馈评价的效果既有赖于能否客观准确记录教学过程,也有赖于师范生对课堂教学的观察与评价方法的掌握。

(5)微格教学实验室的特点及设备的操作使用:微格教学实验室是进行教学技能学习培训的专门场所,师范生应了解实验室的特点及各种现代教学设备的性能及操作,否则,将会直接影响微格教学活动的顺利完成。

第二节
微格教学中教学技能的示范

一、教学示范的意义

在微格教学的程序中,"提供示范"是一个极其重要的步骤。班图拉认为:人的社会化、人的行为和个性主要是通过观察学习形成的,而人的行为的复杂性、人的个性的多样性又是由榜样信息决定的。在示范信息的作用下,人们可以形成某种行为,示范信息的行为特征不同,能够形成不同的甚至相反的行为。为此,班图拉确信,示范作用的影响,遍及人类的各种日常行为。

美国另一位心理学家加涅在《学习的条件》一书中也指出:研究学习的条件,既要研究学习的内部条件,也要研究学习的外部条件。他指出,动作技能的学习的外部条件包括语言的指导、图像的直观（照片、挂图及运动的电影、电视等）、具体的示范、反复的练习与反馈强化等，其中"具体的示范"是技能学习的重要条件之一。

教学技能是一系列复杂的行为方式，它不仅具有动作技能的特点，而且兼有心智技能的特点。在进行教学技能训练时，为师范生提供科学而有效的指导，创造并提供有效练习的条件，使师范生掌握正确的练习方法，是十分重要的环节。英国微格教学专家乔治·布朗认为"展开具体的教学实例的示范很有成效"，澳大利亚微格教学专家科力夫·特尼认为"微格教学的成效取决于好的示范（音像示范为最好）"。这些都说明了在微格教学培训中提供示范的重要性。

二、教学示范的作用

以下具体分析教学示范在教学技能训练中的作用。

1. 提供模仿的范例

动作技能的操作是依据知觉的表象来进行的。如果学生在头脑里没有形成正确的知觉表象，动作的操作也将是错误的或是不符合要求的，而帮助学生形成正确的知觉表象的最佳途径是提供正确的示范。教学技能的训练也是如此。师范生通过观摩示范，知道了"做什么"和"怎么做"，将技能形成的正确映象保存在头脑中，抑制或清除了学生已形成的对该技能的不正确的知觉映象，并以此来调节和控制教学技能的方式。由此可见，师范生通过模仿范例，学习教学技能更有成效。

2. 明确学习的重点

示范提供了具体的目的和解释，使学习更加有重点。克劳斯（Claus）的研究指出：教学示范对明确重点有重要贡献，教学技能的示范是实现行为改变的最有效的方法。由于示范是按设计的要求集中阐述某一教学技能的特征，因而有助于师范生对所训练的技能的感知和理解，促进对某一教学技能的掌握。

3. 促进理论的学习

师范生对教学技能的学习大多数只是停留在从书中获得的理性知识。通过观摩示范，可以丰富学生的感性认识，从而进一步帮助学生理解和印证课堂上学到的理论知识。

4. 提高培训的效率

由于时间和条件的限制，事实上不可能对每个师范生进行充分的"角色扮演"训练。在学习阶段，师范生通过观摩示范，尤其是观摩研讨示范录像课例，就可以对各种技能的要求、应用等有一定的认识和了解，在以后的实习乃至走上工作岗位之后，就有了明确的方向和目标，并在教学实践中自我熟练和完善各种教学技能。这在一定程度上弥补了在训练中没有进行充分"角色扮演"而带来的缺陷，也因此提高了教学技能训练的效率。

三、教学示范的方式

给师范生提供教学示范的方式主要有以下几种：

1. 现场教学示范

让学生在一个教学现场中学习与观摩。教学现场可以是真实的，也可以是模拟的。现场教学示范又可以细分为以下三种方式。

（1）师范院校教师的教学示范：可以创设一个模拟的教学现场，由指导教师按照教学技能的特征来示范。这种示范方式可以随时进行，易于与学生产生情感共鸣，学生接受较快。但这种示范对师范院校的教师要求很高，指导教师不仅要有丰富的理论知识，而且要熟悉中小学教学，且具有较高水平的教学技能，一般教师很难做到这一点。

（2）中小学一线教师的教学示范：可以组织师范生到中小学去听课，直接观察中小学教师是怎样运用教学技能的。由于教学现场是十分真实的，学生易获得生动的、真实的、水平较高的印象，但这种方式也费时，不经济，而且不利于突出某一教学技能的重点。

（3）同学之间的教学示范：可以创设一个模拟的教学环境，让学生相互间进行示范。由于学生在学习生活中建立了稳固的同学友情，这种示范学生最容易接受。但这种形式的示范水平不是很高，易使学生形成不正确的知觉表象。

以上三种示范方式都是力求提供一个教学现场。由于在现场教学示范中，师范生对示范者进行直接观摩，所以学生获得的知觉表象比较真实、鲜明。但这种示范方式也有其局限性：在示范过程中，往往难以突出教学技能的特征，而且不利于师范生重复观摩。

2. 音像教学示范

音像教学示范即制作教学示范片进行示范。教学示范片是根据某一教学技能的特点、类型及应用要求，选择某一典型的教材内容，由高水平的教师进行试教之后录制而成；或者是从优秀教师录像课的课例中编辑教学片段而制成。教学录像片与其他形式的示范相比较有以下优点：范例的水平高；利于突出某一教学技能的特征，明确学习重点；易使师范生获得生动鲜明的知觉印象；可以重复播放，便于师范生反复观摩学习。教学录像片因具有以上的优点，已成为微格教学重要的示范手段，但教学录像片毕竟没有现场教学那么逼真，所以在使用时尽可能与现场教学示范结合起来。

3. 图片、黑板的示范

对板书技能来说，运用黑板、图片或投影片向学生提供示范不失为一种简便、经济、实用的示范方式。

四、教学示范的注意事项

提供教学示范的目的主要在于给师范生提供模仿范例，使之形成正确的知觉表象，使学习更加有重点。为确保这一教学环节的效果，要注意处理好以下几个关系：

（一）示范与指导的关系

师范生在观察教学示范过程中，如果缺乏教师的指导，就会影响学习的效果。微格教学实践也表明，提供如何去观摩示范的书面提示和解说比不提供提示和解说的观摩示范，在效果上要好得多。指导教师指导观摩教学示范的方式一般有以下3种。

1. 示范与讲解相结合

指导教师可以先讲解后示范,也可以一边示范一边讲解。先讲解就是在让师范生观察教学示范之前,指导教师向师范生讲述某一教学技能的理论知识,目的是让学生掌握这些基本知识和运用要领,有助于学生在观察教学示范时看清教学技能的特点,形成正确的知觉表象,使学习更加有重点。如果示范之后再进行讲解,容易使学生在观察活动中处于被动地位,学生不能准确地捕捉到示范的教学技能,并且容易与过去的知识经验相混淆。指导教师也可以一边组织观看教学示范一边进行讲解提示,在制作示范录像时,可在录像画面中出示字幕提示重点,这样,学生在观看录像时就可做到突出重点。

2. 整体示范与分解示范相结合

采用整体示范(一堂完整的课)的目的在于使师范生在头脑里形成一个完整的教学技能的映象,但是只靠教师的整体示范不能解决学生对教学技能细节的了解,这时指导教师可进一步让师范生观看某一教学片断,把注意力集中在某个特殊的教学技能上。采用整体示范与分解示范相结合的方法可使观察取得较好的效果。

3. 教给学生观察的方法

教师对师范生的观察方式必须加以指导,让学生学会重点观察。因为一种教学技能的运用往往需要其他一种甚至多种教学技能的配合,无论是教学录像还是现场示范一般都兼用几种教学技能。师范生只有学会重点观察,才能在教学录像或者现场示范中看到自己所需要的东西。

(二)模仿和创新的关系

示范观摩是微格教学的必要环节。但是如果在观察中缺乏独立思考,又会使师范生停留在对教学示范的简单模仿上。指导教师在指导学生观看教学示范时,应要求师范生理解教学技能的实质,在体现教学技能的基本要点的基础上做到灵活运用、勇于创新。

第三节
微格教学示范片制作

一、教学示范片的结构

教学示范片是为教学技能训练而设计的录像教材,其中心内容是为教师讲解与说明教学技能实施方法提供正面示范。教学示范片的结构一般由导言、主体、结尾三个部分构成。

(1)导言部分:力求开门见山,以字幕形式点明主题,介绍该项教学技能的定义、应用要点。

(2)主体部分:根据该项教学技能常用的实施方法、类型,通过教学片断示例依次做出演示，通过画面反映出来；该项教学技能的基本结构则随着教学的进程用叠印字幕加以说明。

（3）结尾部分：用概括性语言对实施该项教学技能做简要总结。

为了对画面加以说明及深化，同时帮助画面的串联和组接，对技能的定义、应用要求采用字幕和解说相结合的方式，解说词力求言简意明。

二、教学示范片的制作过程

制作教学示范片是一个相当复杂的过程，一个高水平的教学录像示范片更是多方共同努力、相互配合的结果。其制作过程大致有以下7个步骤。

（1）成立教学示范片制作协作组。成员由学科指导教师、示范教师、摄制人员组成。

（2）协作组学习与研讨微格教学的基本理论，对所示范的技能取得共识。示范教师和摄制人员应熟悉微格教学的基本理论和过程，熟悉拟摄制的教学内容、教学过程和教学方法并彼此密切合作，这是搞好教学录像片制作的重要条件和保证。

（3）分头选择教材内容片断，撰写教案。

（4）集体备课，确定教案。

（5）试教、评议、修改教案。

（6）录制原始教学示范片。

（7）编辑制作教学示范片。

在教学实践中，示范某项教学技能要涉及多种其他的教学技能。如导入的技能，往往要涉及讲解、提问、演示、板书等几项技能。因此，录制教学示范片时，在注意突出某项要示范的技能的同时，力求与保证其他教学技能的规范。

三、教学示范教师的聘请

应聘请教学能力强的教师作为教学示范的教师。此外，教学示范的教师还应具有乐于接受新生事物，勇于创新，对微格教学有兴趣、肯钻研、勇于奉献，乐于团结协作等品质。根据师范院校的特点，我们认为聘请有教学经验的中小学一线教师作为教学示范教师比较合适。

四、制作教学示范片的技术要求

为引导师范生迅速、准确地掌握有关教学技能，教学示范片必须提供每个技能的正确视觉形象，其中包括技能动作的方向、位置、幅度、速度、节奏、持续与变化行为等，因为视觉形象感受的形成是师范生掌握技能过程的第一步，所以对师范生技能的形成来说是十分重要的。教学示范片制作的技术要求有很多，主要的有以下几点。

1. 画面结构

课堂教学有四个要素——教师、教材、媒体和学生，这些要素的任何一个都可以作为画面的主体，然而示范片是表现教学技能的，因此示范教师当然成为绝大多数画面的主体。

2．摄像距离

依视距的远近，摄像距离一般可分为远景、中景、近景、全景和特写。中景是示范片中常用的一种景别，它是摄取人物膝盖以上或物体的大部分，可以清楚地观察到人物的动作和周围的部分景物。中景的最大特点是以其生动的动态来吸引学生的注意力，动态的表现要特别注意画面中人物的动作姿态、手势或人物间的形体线条的组织与交流，以充分表现人物之间谈话和感情交流以及人与物或物与物之间的相互关系。在拍摄时，一定要提示富有典型意义的特征，抓住要害，展现事物的特殊性和典型性。

除中景外，近景也是使用较多的一种景别。近景重在表现人物的神情态势和物体的局部细节特征。例如，就示范教师而言，近景画面中教师上半身活动和面部表现占据显著地位，视觉效果鲜明、强烈，因此它最宜于对教师的表情手势、头部动作做较细致的刻画。

有时也要采用特写镜头。特写是把被摄对象的某一部分充满画面，对其做更细致的交代，给人强烈、突出的印象。特写镜头可以把不易看清或容易忽视的细小东西加以放大，形成强烈而清晰的视觉形象。但要注意特写的运用一定要得当，要有明确的目的性，一般不宜过分频繁使用，每个镜头的持续时间也不可太长，一般适宜在其他景别的镜头中穿插使用，在关键时刻出现，才能产生特殊的感染力。

3．摄像角度

一般来说，依人们观察景物的视觉特点，摄像角度可分为：平摄、仰摄、俯摄、顶摄和偏斜拍摄。生活中，正常人观察景物以平视为主，它可以给人以正常的视觉感受，所以示范带大部分镜头都是平摄的。根据不同的表现需要，平摄有正面、侧面、斜面和反面四种情况，这四种表现形式要灵活使用。正面对强调物体的对称性和相互位置关系时是最合适的；侧面主要用于表现人或物的某种动势，适合于表现人物间的感情交流；斜面有利于表达空间透视感和物体主体感；反面则给人以积极的联想和对画面的思考。

俯摄有时也使用到，如放在桌面的物体、材料等。

4．镜头长度

镜头的长短主要有以下几点：

（1）镜头本身的内容要求和技能要求是否完成。

（2）运动镜头要有始有终，不宜在推、拉、摇、移、跟的运动中途剪断。按一般习惯，推拉的过程需3秒以上，运动镜头的起幅和落幅各需3秒以上，因此，运动镜头最短也要9~10秒的长度。

（3）全景一般应控制在8秒以上，中景5秒以上，近景3秒以上，特写2秒以上，这是人能"看清楚"镜头所需的最短时间。

5．镜头组接

镜头组接的目的是为了突出和强化被摄对象的本质特征。镜头组接应注意以下两点：

（1）逐渐过渡。在两个以上的景别的不同镜头组接上，一般应从远景接中景，再接近景、特写，或者倒过来，也可以是同一景物相接或相近景物相接，这样的组接符合视觉由远及近、由近及远的循序渐进规律。

（2）动接动，静接静。如果两个镜头中的同一主体或不同主体的动作是连贯的，可以动作接动作，达到顺畅、简单过渡的目的，这称为"动接动"。如果两个镜头中主体物的运动不是连贯的动作，则必须在前一镜头主体做完一完整动作后的静止点切断，再组接另一镜头，这一镜头的动作也必须选一个动作的起始静止点开始，这称为"静接静"。

6．声音示范

声音示范一般是声画同步的，即声音与画面中的发声体同时呈现而又同时消失。另外，同步录音可使示范显得真实，有现场感。

7．镜头的运动

镜头拍摄过程的操作要领是平、稳、匀、准。平，指画面中的地平线要平；稳，指摄取的所有镜头都应消除任何不必要的晃动；匀，指运用技巧的速度要均匀；准，指画面的取景构图要准确。

运动镜头的形式很多，但基本方法大致为推、拉、摆、移、跟、转、虚、甩、晃等等。推镜头即由远而近向主体推进拍摄，取景范围由大变小，主要部分逐渐占满屏幕，常用于从全局到局部，由整体到个别，或起头开场，能够引人注目。推镜头具有一定的强制性，它引导学生去看什么，以引起下文。拉镜头与推镜头正好相反，画面形象由局部扩大到全部，从而把学生的视线从主体引向整个环境，逐渐看到主体的上下左右，了解它与周围环境的关系和所处空间位置。摆摄速度的快慢要根据学生是否可以看清画面内容的节奏来确定。移镜头与摆镜头类似，但效果却不尽相同。跟镜头即摄像机始终对准运动着的拍摄对象。转镜头使用的目的主要是：介绍环境，交代事物，刻画事物的细节，表现人物的情绪，客观描述主体的运动情况，补救画面固定比例表现景物的局限性，等等。

第四节
微格教学的设计与教案的编写

一、教学设计方法概述

教学设计是运用系统的方法对教与学的活动进行设计。它是一个分析教学问题、设计解决问题的方法、方案并在实施中加以评价、修改和使之优化的过程。将教学设计的范围缩小到课堂教学方面，便是课堂教学设计。课堂教学是教学的主要组织形式，提高教学质量首先要抓好课堂教学，搞好课堂教学设计。因此，课堂教学设计的好坏是教学能否成功的关键。

教学设计的内容包括教学对象分析、教学内容分析、教学目标的编写、教学活动的组织、教学形式和教学方法的运用、教学媒体的选择与运用、教学评价设计等诸方面。对教学设计过程的内容分析，视角不同，会出现不同的理论模型。美国著名学者马杰指出：任何一种教学过程的设计，都可以概括为三个问题：

第一，教与学什么？

第二，如何教与如何学？

第三，教得怎样与学得怎样？

这实质是目标，策略、途径和方法，评价等三个方面的问题。

我国教育心理学家邵瑞珍将完整的课堂教学的过程分解成如下六个基本环节：

第一，明确教学目标；

第二，分析学习任务；

第三，确定学生原有水平；

第四，进行课堂教学设计；

第五，施教；

第六，对照教学目标评价教学效果。

完整的教学过程的基本环节如图 12-1 所示。

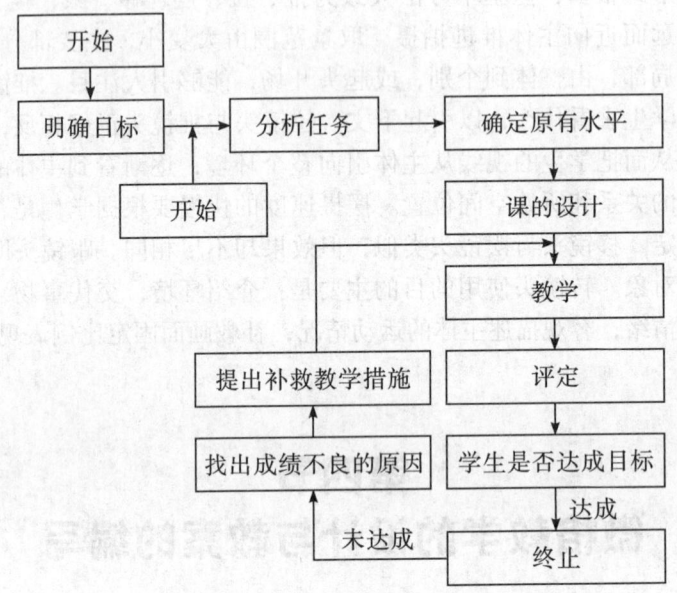

图 12-1　完整的教学过程的基本环节

二、微型课的教学设计

根据微格教学的基本理论，我们知道在学习每一种教学技能之后，就需要组织一个微型课堂，让受训者进行角色扮演，对所学的教学技能进行训练。要使这种教学实践富有成效，就应该对构成微型课的各个要素进行系统的安排和计划，也就是说要搞好微型课的教学设计。

微格教学为训练教学技能构建了一个练习的环境，它具有真实教学的一切要素和特点,其教学设计当然也要符合教学设计的一般原理与方法,但微格教学不等同于一般的课堂教学,这就必须研究微格课的特点,并在此基础上提出符合微格教学特点的设计方法。

(一) 微型课教学设计的内容与程序

从微格教学的特点可以知道,微格课通常是比较简短的,教学内容只是一节课的一部分,并以此作为对某种教学技能训练的基础,因此,在教学设计时就不能像一般课堂教学设计那样从宏观的结构要素来考虑。在微格教学设计中,我们把学生学习一个事实、一个现象、一个概念等当作一个过程,在这个过程中会涉及教学技能、教学对象、教学内容、教学目标、教学方法、教学评价等诸因素,因此在微型课的教学设计中要充分考虑这些因素,具体要求简述如下。

1. 教学技能的分析

微格教学的主要目的是让师范生掌握教学技能。因此,师范生在角色扮演、进行教学设计时,应对该项教学技能做深入透彻的分析,理解该技能的目的、类型及应用要点。教学技能分析是教学设计前期的一项分析工作,它为训练目标的制订提供了依据。

2. 教学对象的分析

在一般的课堂教学设计中,教师是十分重视教学对象的分析的,因为学生是认识活动的主体,是学习活动的主人,教师必须认真分析学生各方面的特征,包括原有的知识基础、技能基础及认识特点,在此基础上制订教学目标,处理教材内容,选择教学策略、教学媒体及教学方法。由于微格课堂主要是培训受训者的教学技能,且参加角色扮演的学生大多数情况下是由师范生扮演的,在教学对象的分析上不是分析参加角色扮演的学生的实际,而是分析与教学内容相应的学生的年龄特征,这是微型课教学设计与一般课堂教学设计的重要区别。当然,在这里,也要让受训者明白,将来在实习或工作岗位上,应重视分析教学对象,这是教师工作灵活性与创造性的体现。

3. 教学内容的分析

教学技能由于分类不同,对教学内容的分析也有所不同。以教学内容来划分的教学技能如概念教学技能、例题教学技能等应着重分析教学内容的重点部分、难点部分,分析这部分教学内容在整本教材中的位置与联系等,为训练目标的确定,为施教程序的设计提供依据。对以教学活动方式来划分的教学技能如讲解、导入、结束、提问等教学技能,在教学内容分析上应着重分析教学内容内部的要素如题材、结构等,以便选择恰当的教学技能类型、方式。以导入技能为例,如果教材内容前后知识联系较密切,可以采用旧知识导入的方式;如果是有数学的发明史或发现史的内容,则可以选用故事导入的方式,向学生选讲中外数学史实中的故事片断,可收到寓教于趣之效。总之,要根据教材内容的特点和需要来选择导入的方式。

4. 教学目标的确定

微型课的教学目标实质上是指技能的训练目标,一个明确、具体的训练目标是在对教学技能、教学内容、教学对象进行分析的基础上提出来的。

5. 相关教学技能的选择

要达到某一项教学技能训练的目标，往往需要其他相关的教学技能的配合，如导入技能，往往要用到语言技能、提问技能、板书技能、讲解技能等。在微型课的教学设计中，在突出某单项的教学技能时，仍要保证相关的其他教学技能的规范性。这就要求受训者在设计中要充分注意选择与区分。

6. 教学媒体的选择

教学媒体是指在传播知识或技能过程中显示信息的手段或工具，它包括传统的教学工具（如书本、语言、黑板、图片等）与现代化的电教工具（如录音、投影、电影、录像、电脑等）。现代教育传播理论认为，教学过程是教师按教学目标选定教学内容，通过各种教学媒体，向特定的教学对象传播知识、技能与思想意识的过程。微格课也一样，要完成教学技能的训练目标须借助一定的教学媒体。如提问技能，可借助投影片设置一个问题情境，然后提出问题。又如讲解技能，可根据幻灯片、投影片或录像片来进行讲解。因此在教学设计过程中，必须了解各种教学媒体的功能、特点和局限性，考虑教与学的各种因素后，加以选择和运用。教学媒体只是一种教学手段，不要滥用，也不能认为现代的教学工具一定比传统的教学工具要好。媒体选择的基本思想是要尽可能降低需要付出的代价，提高媒体产出的功效，简单地说，就是选用代价小、功效大的媒体。

7. 教学评价的设计

及时反馈与评价是微格教学中的一个重要步骤。微型课评价的具体设计将在下一节做详尽的阐述。

以上概要地阐述了微型课教学设计的内容，根据这 7 个方面的内容，教学设计的程序可用图 12-2 来表示。

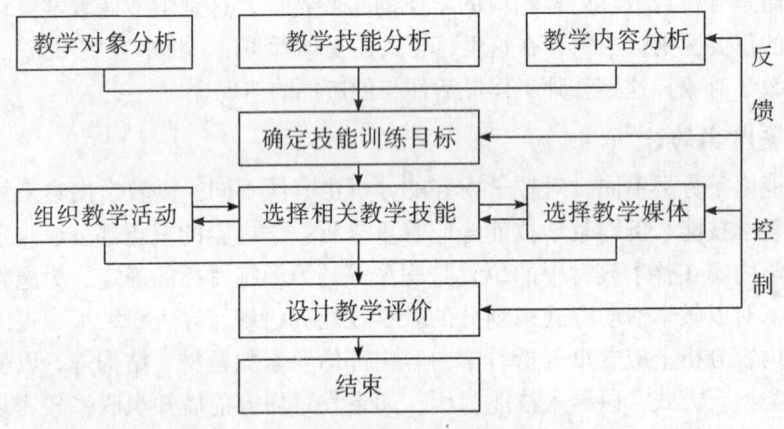

图 12-2　教学设计流程图

（二）微型课教学设计实例

【例 12-1】 小学数学第一册 " '0' 的认识" 一课的导入设计

1. 教学技能的分析

本课要训练导入技能。课的导入类型多种多样，要针对教材的内容和学生的实际采用适当的导入方式。无论是采用哪一种导入方式，都要引起学生的注意，激发学生的学习动机，使学生明确学习目的，建立知识间的联系。

2. 教学对象的分析

从学生的心理特点来看，一年级学生以具体形象思维为主，注意仍是以无意注意占优势。因此在教学中要加强直观性和启发性，突出教学重点，通过直观教学，使学生在获得数学知识的同时，掌握"0"的概念，促使学生从具体形象思维向抽象逻辑思维过渡。从学生已有的知识经验来看，小学一年级的学生在日常生活中已能认出数"0"，但往往是跟具体的实物图形联系在一起，还不能真正理解"0"的意义。

3. 教学内容的分析

学生在学习"0"的认识之前已学习了认数 1~5 以及 5 以内的加减法。本课主要是让学生理解"0"的意义、"0"的读法与写法，同时渗透空集的思想。

4. 训练目标的确定

在以上分析的基础上确定导入技能的训练目标：在复习 1~5 各数的基础上，通过学生的操作练习，将学生的学习引入到特定的问题情境之中，引起学生的好奇心理，激发学生的学习动机，从而导入"0"的认识。

5. 导入教学过程设计

（1）本课采用旧知识导入的方式。导入的过程是谈话引入。

我们已经学过哪些数？（1，2，3，4，5）对，大家学得都很好。今天我们学习一个新的数。以此引起学生的惊奇心理。

（2）提供材料，组织学生动手操作。

指名一个同学把学过的 1~5 各数在磁性黑板上按照从小到大的顺序摆出来，其他同学按教师的要求把自己手中的卡片摆好 1~5 各数，并让学生读出 1~5 各数。

（3）启发谈话。

提出三个问题，将学生一步步引入问题情境之中：

a. 这 5 个数中哪个数最大？哪个最小？

b. 比 2 多 1 的数是几？比 2 少 1 的数是几？

c. 比 1 多 1 的数是几？有没有比 1 少 1 的数？它是几？

（4）总结谈话，揭示课题。

上面三个问题学生会顺利答出前两个问题，第三个问题后半部分会出现困难，教师在学生"愤""悱"的状态中揭示出课题。

6. 相关教学技能分析

本课的导入还将应用到提问的技能。

7. 教学媒体的准备

本课导入需要磁性黑板1块；1~5各数的图片一套；每个学生准备好1~5各数的卡片。

三、微型教案的编写

教案是课堂教学组织、设计的具体方案，它是完成教学任务的重要保证。在微格教学中，教案的编写是一个重要的环节。它是用文字把微型课的教学设计表达出来，是微格教学中"角色扮演"之前的准备过程，它使师范生在教学行动上，标准、有效地掌握教学技能，并将教学设计付诸实施，以期达到提升师范生教学实践能力的目的。

微型课的教案如何编写？从理论上看，它与一般的课堂教学的教案相似，但又要根据微格教学的理论、方法和特点来编写。

从一般课堂教学的教案的内容格式来看，其格式一般可分为两部分：一是一般情况，二是教学内容和教学过程。一般情况是指每一节课的教案都应写得规范化的内容，它包括：上课班级、学科和课题名称、上课日期、教学目的、重点难点、课的类型、教学方法、教具等。教学内容和教学过程是指一课时应完成的教学内容和采取的具体方法措施，以及进度的安排。它是教案的正文，是重点。它的行文方式可分为两种情况：一种是将教学内容与教法混合起来写，以教学内容的逻辑顺序为讲授的次序，与教学内容相对应的教学方法和进程写在相应的括号里。另一种是把教学内容和方法过程分开来写，教学内容写在左边，与教学内容相对应的教法和过程写在右边，中间可用直线或空隙隔开。

从微格教学的理论、方法和特点来看，微格教学是训练教学技能的一种方法。所以微型课的教案一定要突出要训练的教学技能。要求教案中将教学过程中每处教师所应用的主要教学技能标明，说明每一步骤有什么目的，与要训练的教学技能的目的是否相符。这项内容正是以教学技能培训为中心的微格教学的教案的最大特点。它要求师范生要学会感知教学技能，识别教学技能，应用教学技能。微型课教案应便于讲授，便于检查，便于总结经验改进教学。

根据以上分析，我们认为，微型课教案的内容格式包括以下内容：班级、科目、受训人、课题、培训技能、培训时间、培训目标、需应用的其他技能、教学媒体、教学过程、说明、备注等。其中，培训目标、教学过程、说明是教案编写的重点。

下面是两个微型课教案的范例：

【例12-2】训练导入技能的微型课教案

班级：一（3）班	科目：数学	受训人：张三	培训时间：　年　月　日
课题："0"的认识		培训技能：导入的技能	
培训目标：在复习1~5各数的基础上，通过学生的操作练习，设置问题情境，引起学生的好奇心理，激发学生的学习动机，从而导入"0"的认识			
教学媒体：磁性黑板1块，1~5各数图片			
需应用的其他技能：提问的技能			

续上表

教学过程	说明
1. 教师谈话：同学们，我们已经学过哪些数？（1，2，3，4，5）对。大家学得很好！今天，我们学习一个新的数。在学习新知识之前，先复习一下过去学过的内容。	在复习旧知识的基础上，设下悬念，引起学生的求知欲
2. 练习：指名一个同学把学过的 1~5 各数在磁性黑板上按照从小到大的顺序摆出来，与此同时全班同学都动手用自己手中的卡片按照老师的要求摆好 1~5 各数。摆毕，师生共同订正。	练习起承上启下的作用 注意教学的直观性
3. 提问： 指名读 1~5 各数（要求先顺读，后倒读）读后老师问： (1) 这 5 个数中哪个数最大？哪个数最小？ (2) 比 2 多 1 的数是几？比 2 少 1 的数是几？ (3) 比 1 多 1 的数是几？有没有比 1 少 1 的数？它是几？ 4. 总结提问，揭示课题。 学生会顺利答出前两个问题，第三个问题的后半部分可能会有学生答不出。如果有人答出比 1 少的数是"0"，老师立即肯定：对，比 1 少 1 的数是"0"，这就是今天要学习的新内容。板书："0"的认识	运用到了提问的技能。问题的提出，注意从易到难，让学生从旧知识进入新知识的学习 第三个问题有一定的难度，符合学生的认知水平，易于启发学生积极思考，激发学生的求知欲 在总结提问的基础上，自然地揭示出新的课题

备注：本课采用旧知识的导入

【例 12-3】训练提问技能和讲解技能的微课教案

科目	数学	主讲人	×××	单位	×××××	日期	×年×月×日
课题	一元二次方程根与系数的关系							
教学目的	通过一元二次方程根与系数关系的教学，培养训练教师角色的提问技能及讲解技能							

时间分配	教师的教学行为 （讲授、提问等内容）	应用的 教学技能	学生学习行为 （预想的思考、回答等）	教学媒体
1′	1. 请同学们快速心算，解一元二次方程： $x^2 - 7x + 10 = 0$ $(x-2)(x-5) = 0$ $x_1 = \_\_\_\_$，$x_2 = \_\_\_\_$ 谁来回答？	导入技能 （促进参与） （演绎） 板书技能 （副板书） 提问技能 （探查）（回忆）	通过十字相乘得 $x_1 = 2$，$x_2 = 5$ （约有半数学生动笔算得）	

续上表

时间分配	教师的教学行为（讲授、提问等内容）	应用的教学技能	学生学习行为（预想的思考、回答等）	教学媒体
2.5′	2. 请仔细观察，这个过程中你发现了什么有趣的巧合？古代一位数学家，据说叫韦达，经过观察发现一个重要结果，看看咱们谁能发现？ $x_1 + x_2 = 7$——一次项系数的相反数 $x_1 \cdot x_2 = 10$——常数项 （答得太好了）	提问技能 （停顿）（分析） 讲解技能 （讲解）（引导） 强化技能 （语言）	通过十字相乘得 $x_1 = 2$，$x_2 = 5$ （约有半数学生动笔算得）	
3′	3. 那么一般一元二次方程，是否也有这样的结果？有没有敢断言的？或有类似的结果？ 我们来探索这个有趣的问题	提问技能 （探查，分析）	一些学生没有注意到 $a \neq 1$ 的情况。有的学生想到 $a \neq 1$ 但还不知怎么处理	
6′	§11.5 一元二次方程根与系数关系 $ax^2 + bx + c = 0$（$a \neq 0$） $x^2 + \dfrac{b}{a}x + \dfrac{c}{a} = 0$ 这两个方程同解，根为 $x_1 = \dfrac{-b + \sqrt{b^2 - 4ac}}{2a}$ $x_2 = \dfrac{-b - \sqrt{b^2 - 4ac}}{2a}$ 请同学们研究： $x_1 + x_2 = ?$ $x_1 \cdot x_2 = ?$	板书技能 （主板书） （结论，推理） 讲解技能 （推理，逻辑） 提问技能 （结构，理解）	认识到必须一般性讨论 大部分同学算出 $x_1 + x_2 = \cdots = \dfrac{-b}{a}$ $x_1 \cdot x_2 = \cdots = \dfrac{c}{a}$	
7′	4. 请同学们分析、叙述一下这一结果？ 这个问题中的方程 $ax^2 + bx + c = 0$，如何用语言叙述它的根与系数的关系呢？	提问技能 （探查，综合） 提问技能 （措辞，综合）	两根之和等于 $\dfrac{-b}{a}$ 两根之积等于 $\dfrac{c}{a}$ 部分学生仍与前一问的回答一样，部分学生从形式上 a，b，c 的位置去认识 $x_1 + x_2 = \dfrac{-b}{a}$，$x_1 \cdot x_2 = \dfrac{c}{a}$	

续上表

时间分配	教师的教学行为 （讲授、提问等内容）	应用的 教学技能	学生学习行为 （预想的思考、回答等）	教学媒体
9′	5. 说得对！！ 一元二次方程 $ax^2+bx+c=0$ 的两个根之和等于它的一次项系数除以二次项系数的相反数，两根之积等于常数项除以二次项系数（重复一次）。 这一结论也称为韦达定理	讲解技能 （语言，总结） 强化技能 （语言）	学生记忆，在头脑中重复老师的语言	

第五节 微格教学的反馈与评价

一、教学评价概述

（一）教学评价的概念

教学评价（instructional evaluation）是指教学活动中按照一定的标准或预计目标，对受教育者的发展变化及构成其变化的诸因素进行价值判断。这一定义包括三个方面的内涵：

第一，教学评价的范围包括教学的全部领域。

第二，教学评价的标准是"按照一定的目标"，即教学目标。

第三，教学评价的本质是进行价值判断，即要求评价结果必须指出前期教学的成功与否。教学评价与教学测量、教学评定是三个不同的概念，它们既有区别又有联系。测量是对事物赋予数值，它着眼于客观地将教学结果加以数量化的描述，测量是评价的手段，但不是唯一的手段。评定是对教学结果进行分等或资格证明，主要用于学习者。教学评价的定义，至今仍有争议。

（二）教学评价的作用

教学心理学的研究早已指出，教学评价对提高教学效果具有明显的促进作用。它们可概括为以下四个方面。

1. 诊断作用

对教学效果进行评价，可以了解教学各方的情况，从而判断它的质量和水平、优点和缺点、矛盾和问题。诊断作用是教学评价的基本作用,其他作用都是由此而来的。

2. 强化作用

这就是通常所说的监督作用和鼓舞作用。目标是评价的基准,它可以明确教学工作中需要努力的方向,同时,对学习者的学习动机具有很大的激发作用,有效地推动了课堂学习。

3. 调节作用

学习者和教学人员根据反馈信息修订原来的计划和重新拟订计划,不断调整自己下一步的学与教的活动,从而有效地达到所规定的目标。

4. 教学作用

评价本身也是一种教学活动,在这种活动中,学习者的知识技能将获得长进,智力也会有所发展。

美国教育评价先驱者拉尔夫·泰勒提出了教育评价的行为目标模式。

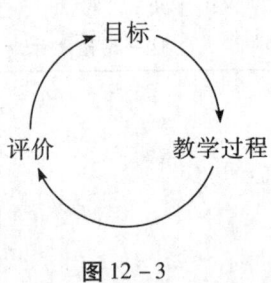

图 12-3

他认为,一个教育活动应围绕着一个明确的目的。该活动的成功与否,应以学生行为达到目标的程度为基础来判断。有人曾经用图 12-3 表示目标、教育过程和评价三者的关系。这一关系图表明了教育评价在教育活动中的地位和作用。

(三) 教学评价的类型

教学评价的分类繁多,在这里主要介绍两种分类。

1. 按价值标准分类

按价值标准分,教学评价可分为绝对评价、相对评价和自我评价。

(1) 绝对评价:即目标到达度评价。指学习者与一客观标准相比较而进行评价。这种评价的标准是在团体之外,与评价对象的学习团体无关。如果设被评价对象的集合中的元素是 $A_1, A_2, A_3, \cdots, A_n$,而客观标准是 M_0,则绝对评价可以用图 12-4 来表示。

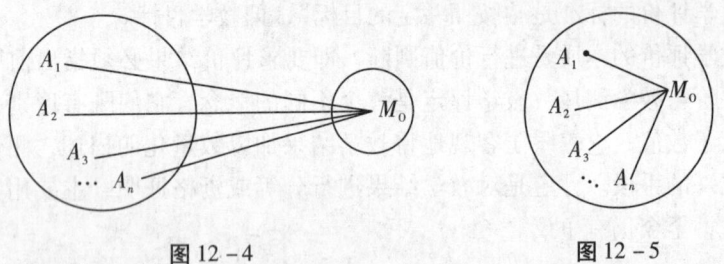

图 12-4   图 12-5

(2) 相对评价:指学习者与其团体中的其他成员相比较而进行的评价。这种评价的价值标准设在团体之内,即要求把个人成绩同其他成员的成绩相比较,从而明确某个人的相对地位,达到在全体成员中评价学习成果的目标。设被评价对象的集合元素是 $A_1, A_2, A_3, \cdots, A_n$,而选定的基准是 M_0,则相对评价可以用图 12-5 来表示。

采用标准分数进行评价就是相对评价,Z 分数实际上是表示考察的对象在总体上处于什么位置。所以用 Z 分数进行评价是相对评价。

（3）**自我评价**：指个体内部的不同方面进行纵横比较所做的判断。纵是指把被评价对象的过去和现在相比较，横是指把被评价对象的某几个侧面进行比较，考察其强弱。设被评价集合中的元素是 A_1，A_2，A_3，…，A_n，元素过去的状态用 A_1'，A_2'，…，A_3'，A_n' 表示，则自我评价可以用图 12-6 来表示。

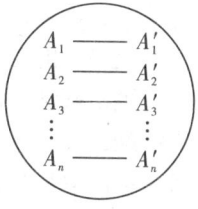

图 12-6

2. 按评价功能分类

按评价的功能来分，教学评价可分为诊断性评价、形成性评价和总结性评价。

（1）**诊断性评价**：指在教学活动开始之前，为使计划更有效地实施而进行的评价。通过诊断性评价，可以了解学生的准备情况，也可以了解学生学习障碍的性质和原因。

（2）**形成性评价**：指在教学活动过程中，为使教学效果更好而修正其本身的轨道所进行的评价。通过形成性评价，可以使教师明确下一步该如何教，使学生明确下一步该如何学，从而帮助师生完成既定的目标。

（3）**总结性评价**：是指教学活动告一段落时，为把握最终的教学成果而进行的评价。其目的在于确定综合目标的达到程度和对较大成果进行全面的评定、评分等。

二、微格教学中教学评价的特点

在微格教学过程中，教学技能的获得可以分为 5 个阶段：学习技能、观察技能、练习技能、评价技能、改进技能（如图 12-7 所示）。从图 12-7 可以看到，在教学技能的学习和改进这一过程中，教学技能评价起重要作用。在教学技能评价这一环节里，主要是评价受训者教学技能表现和掌握的水平情况、问题和困难及其原因，也是对学习者的各种教学技能做出诊断性判断的过程。

图 12-7　教学技能获得的 5 个阶段

从以上的分析可知，微格教学中教学技能的评价实质是形成性评价，它是在微格教学实践过程中进行的。通过评价，能使学习者及时地发现在学习教学技能中掌握的水平及存在的问题，以便进一步的学习和提高。另外，从评价的价值标准来看，微格教学中的教学评价属于绝对评价，这种评价的客观标准就是教学技能的训练目标。

三、微格教学评价单的制作

在进行微格教学评价时，总是要依据一定的评价标准来进行。怎样设计一个客观、科学又符合微格教学特点的评价标准（评价单）？这是在微格教学实践中要加以解决的问题。

一直以来，学校对教学活动是有评价的，不过这种评价进行得不够科学，往往有很大的随意性和主观性，评价的标准也因过于笼统、抽象而无法执行。比如评价一个教师的课，多凭个人印象观察其学历，看其仪表，或者看其对本人的态度，或者只讲优点不讲缺点，这种评价是不客观的，这种评价比不评价还坏，上课效果好的教师得不到鼓励，上课效果差的受不到督促，不利于课堂教学质量的提高。

微格教学实践也是一样。如果没有端正对反馈评价的认识，没有一个全面客观的评价标准，没有采用恰当的评价技术，没有组织好评价的活动，反馈评价无疑成为一句空话，难以取得预期的效果。所以，我们在进行微格教学评价时，需要制作一个客观的、符合微格教学特点的评价单，评价单的制作要充分考虑各个教学技能的特点，不同的教学技能使用不同的评价单；评价单中的评价指标要比较全面、客观；评价单中的评价技术、评价单的设计要符合微格教学的教学评价的特点。

（一）评价标准的确定

教学活动是有目的的活动，微格教学是以训练课堂教学技能为中心的活动。微格教学评价就是以教学技能实际状态与预定目标相比较，从而作为价值的判断，所以每个教学技能的目的及运用要点应成为评价该技能的依据。

（二）评价技术的选择

教学评价的方法与技术有很多，主要有以下两种。

1. 封闭式评价法

这种方法的特点是提供几个固定反映的项目，由评价者从中选择填写，对回答的问题有一定的限制，故又称限定式评价法。

下面是几种常见的封闭式评价法形式：

（1）描述性评价。

它是在提出问题之后，用一组形容词描述或修饰语提供几种答案供评价者选择，可以打钩或填空。

【例12-4】 在教学语言评价中，对各项目给出三个描述性语言供选择

吐字：
①吐字清楚、简明，没有语病，话锋犀利。
②语言明而不简，啰唆。
③语言简而不明。

声音：
①声音洪亮，教室任何位置都能清楚听见。
②教室最后一个位置能勉强听见。
③只有教室前几排位置能听到。

速度：
①快慢适中，抑扬顿挫。
②速度平稳。
③速度该快不快，该慢不慢。

普通话掌握：
①能讲标准的普通话。

②讲方言式普通话。
③只讲方言。

（2）图示式评价。

它是用尺度标线定序的方式给出供选择的答案，评价者在其任一序号上画记号，做出评价。

【例12-5】在课的导入中，评价演示的目的

与本课内容 □□□□□□□ 与本课内容
完全不相关 1 2 3 4 5 6 7 非常相关

或者：

与本课内容 □ □ □ □ □ □ 与本课内容
完全不相关 -3 -2 -1 0 1 2 3 非常相关

（3）等级评价：用简单的形容词表示每一个等级。

【例12-6】在提问技能中，评价内容是否明确，重点是否突出

内容明确　较差　一般　较好　很好
重点突出　□　　□　　□　　□

封闭式评价法具有以下优缺点：

优点：一是标准化，材料易于进行量化、统计与分析，人与人之间可以进行比较；二是容易回答，使用起来省时、简便。

缺点：一是由于评价的等级化，没有给评价者留下发挥其创造性或自我表达的机会，不利于受训者获得全面、丰富的反馈资料，不利于受训者发现自己在教学技能运用方面存在的问题以利于进一步改进技能；二是评价指标的确立不易全面、具体，指标之间难以互相独立。

2. 开放式评价法

这种方法的特点是让评价者自由发挥，充分发表自己的看法。

【例12-7】

导入是否具有启发性？是____否____。
理由是：_____。

【例12-8】

假如你教同样的课，你会如何改进？
A：_____。
B：_____。
C：_____。

【例12-9】

本课在运用提问技能的同时，还运用了哪些相关的技能？
A：_____ B：_____ C：_____

开放式评价法具有以下优缺点：

优点：给评价者以较多的创造或自我表达的机会，可以使受训者获得比较深入、全面的资料，以利于技能的改进。

缺点：一是回答的内容常常非标准化，故难以进行量化和比较；二是评价者要花费一定的时间和精力，使用起来不够简便。

任何有效的评价必须是依靠最佳的技术和手段。以上介绍了两种常用的评价方法和技术，微格教学实践中教学技能的评价应该选择哪一种技术呢？微格教学的教学评价是形成性评价，所以，评价方法应该有利于受训者最大限度地了解他在学习教学技能中掌握的水平及存在的问题，有利于受训者最大量地获得改进技术和手段。

根据以上分析，我们认为，微格教学评价的目的不是简单地打分，给一个成绩，而是为了提高受训者的教学技能和教学实际效果。对于师范生来说，对每项技能分好、中、差是不重要的，重要的是让学生去做，让他们知道自己做了没有。因而微格教学实践中的教学技能评价，宜综合运用开放式评价法和封闭式评价法，侧重开放式评价法。

（三）评价单的制作

根据各项教学技能训练的目标及运用要点，综合运用开放式评价法和封闭式评价法的评价技术，我们制作了本书前面介绍的 10 种教学技能评价单（含质性评价单、量化评价单），供微格教学实践中评价人员、学员使用时参考。（见本章附录）

四、微格教学技能评价的实施

（一）教学技能评价方法的学习

在进行微格教学评价之前，师范生应掌握各种课堂教学技能的特征、应用要点，学会使用各种教学技能的评价单。学会观摩、识别各种教学技能并做简要的评课记录。在学习教学技能基本理论的基础上，可以选择一段教学录像让师范生尝试观摩、记录和评价，然后组织他们讨论，让师范生初步掌握评价的各种方法。

（二）教学技能的观摩与记录

当进行微格教学的角色扮演时，用摄像机将讲课的过程准确真实地记录下来。由指导教师及听课的其他教师和学员组成的评价人员，观摩整个角色扮演的过程，并依据评价单进行评价。

（三）录像的重放、分析讨论

角色扮演完成之后要重放录像，教师角色、学生角色、评价人员和指导教师一起观看录像，进一步观察受训者达到培训目标的程度。重放录像应及时进行，看完录像后，教师角色要进行自我分析，检查实践过程是否达到了自己所设定的目标，所培训的教学技能是否掌握。然后，作为学生角色，评价人员和指导教师从各自的立场来评价实施的过程，肯定优点，讨论所存在的问题，指出需改进的方向，并提出改进的措施和方案。

还应特别注意的是评价应从正、反两方面着手进行。只讲优点不讲缺点，或只提缺点不提优点都是不客观的。最优秀的教学也有缺点，最差劲的教学也有优点。只提优点不提缺点，会使师范生骄傲自满、不思进取，不利于教学水平的提高；只提缺点不提优点，会使师范生丧失自信心，缺点提得太多，师范生抓不住要害，在重教时很难把握改进的重点，这同样也不利于师范生教学水平的提高。我们认为，在一次评价中对受训者的教学正面的肯定和反面的意见各提两三点就足够了。

（四）评价活动的组织和指导

指导教师应加强对评价活动的组织和指导。指导教师要参与整个微格教学过程，组织好评价前的学习活动，划分好角色扮演小组和评议小组，明确各项活动的目的要求，评议以小组评议为主要方式。指导教师应尽自己所能帮助受训者提高教学技能水平，可以在总控制室进行介入评价，对各小组的活动进行监控，也可以组织全班学生观摩个别典型录像课例，教师进行具体详尽的示范评述。在评议过程中，要引导学生创设一个自由、宽松的评议气氛，大家各抒己见，集思广益。评议活动之后，教师对评议的结果提出修改的要求，让受训者准备进行微格教学再循环或进入教学实习阶段。

五、微格教学实践中应注意的几个问题

在微格教学实践中，为了使教学技能的培训取得预期的效果，除了按微格教学的理论和步骤之外，还应注意以下几个问题。

1. 坚持以师范生为主体

以师范生为主体就是要确认师范生在微格教学中是实践的主体，是具有独立性和很大教学潜能的实践者。微格教学的整个过程就是培养和提高师范生各种教学技能和教学能力的过程，把所学的教育教学理论、教学技能知识转化为教育教学能力，这要靠师范生本人的积极自觉和实践活动来完成。指导教师要注意激发师范生参与微格教学实践的积极主动性，把提高教学技能的主动权交给师范生。要提倡独立钻研教材、教法和教学技能，要让师范生学会教学设计和编写教案，要鼓励他们大胆进行角色扮演，积极参与反馈和评价，虚心向别人学习，及时修改教案准备重教。如果师范生只是随便应付，即使按微格教学程序做一遍，也仅仅是走过场而不会有多大的提高。

2. 充分发挥指导教师的主导作用

"指导教师为主导"是要确认指导教师在微格教学过程中处于组织领导、支配的地位。指导教师的这种领导和支配地位必须以尊重师范生的主体地位为前提，要善于调动师范生的积极性和主动性，把师范生引导到最有利于他们的教学技能发展的情境中去。指导教师的主导作用主要体现在以下几个方面：

（1）示范者。微格教学的"示范"除了观看教学示范片、观摩中小学现场课堂教学之外，指导教师的"现身说法"是一种最直接、最经济，也是最有效的"示范"。教师在讲解各种教学技能、基本理论时，多举实例、言传身教，对各项教学技能予以示范，使学生在上课、听讲过程中耳濡目染，直观、自觉不自觉地学到许多有用的东西。

(2) 组织者。要达到有效地提高各项教学技能的目的，关键要抓好微格教学的全过程，包括理论学习、提供示范、学生分组、编写教案、反馈评价和修改教案诸环节。上述环节环环相扣，联系密切，削弱其中某个环节都会影响训练的总成效。每一个环节，指导教师要针对师范生的实际提出新的要求，每一个环节结束时要讲评，表彰优秀，对不符合微格教学要求的现象，要及时提醒并予以纠正。在整个微格教学过程中，尤其要注意组织好师范生的"角色扮演"，在班多人多的情况下，如果微型课堂教学组织得不好，就会出现混乱局面。指导教师必须精心安排、周密组织，将师范生按一定的标准分成若干小组，根据各自的特点和学习优劣进行搭配，分派"教师角色"和"学生角色"的人选；再确定教学任务，设置教学情境，提供教材、教具，制定评价标准，确定反馈方式；还要与电教人员取得协调，安排好场地和器材。只有这样，才能保证微格教学按预定的目标进行。

(3) 辅导者。在组织编写教案时，教师要加强对学生的辅导，与师范生一起交换看法，切磋教学技能，选择教学方案。对师范生的教案最好采取逐个"面批"的方式；在自我分析和讨论评价中，指导教师要及时收集反馈信息、数据，给师范生提出中肯的评价意见，评价应侧重提出建议，帮助师范生克服缺点与不足，对下一步重教提出明确的具体要求，这样才有利于保证教学技能训练的质量。

教师在辅导中还要注意进行个别辅导、因人而异，对不同的人采取不同的方法。师范生的教材处理能力、语言表达能力、教学板书技能和教学评议能力等都有所不同，所以，有时是给他们点拨引导，商讨疑难，鼓励创新；有时是指导他们扬长避短，明确目标，增强应变能力；有时是帮助他们修改指正，具体演练，归纳分析。要注意发现和培养各环节中的好典型，以点带面。如师范生从来没上过讲台，其中会有一部分人跃跃欲试，希望先讲为快；而另一些人是扭扭捏捏，怕在同学们面前丢丑。针对这一情况，我们一方面鼓励师范生勇于参与、大胆实践；另一方面采取自愿报名的办法，让部分胆子大、表达能力强的学生先带个头，在同学之间进行观摩，并经常进行角色对换，让人人都有实践的机会。

3. 以训练为主线

教学技能是教师在教学过程中，运用教育教学有关的知识和经验，促进学生学习的教学本领，是在教学实践中形成和发展起来的。师范生要发展教学能力，从多方面改进原有的课堂教学，离不开教师有目的、有计划的特定技能训练。训练包括在指导教师指导下对教学技能的分析、教案的编写、教师角色与学生角色的扮演活动，自我分析和讨论评价，修改教案和重教，等等。如果没有训练，就失去了微格教学的作用。注重训练是微格教学的重要特点之一。

附录

表 12-2　数学课堂导入技能之质性评价单

受训者：_____　　　　　　　日　期：_____

1. 本课导入的方式是什么？

2. 本课导入的方式恰当吗？
   （恰当_____，不太恰当_____，不恰当_____）
   理由是：

3. 根据导入技能的运用要点，你对本课的导入有何看法？
   较好的地方：（1）_____
   　　　　　　（2）_____
   　　　　　　（3）_____
   不足的地方：（1）_____
   　　　　　　（2）_____
   　　　　　　（3）_____

4. 本课还运用了哪些教学技能？运用得恰当吗？

5. 你认为重教时应做哪些改进？

表 12-3　数学课堂导入技能之量化评价单

受训者：_____　　　　　　　日　期：_____

序号	评价项目	权重	自评	他评
1	引入能引起学生兴趣和积极性	20		
2	引入自然衔接恰当	15		
3	与新知识联系紧密，目的明确	15		
4	确实将学生引入了学习的情景	20		
5	讲话情感充沛，语言清晰	10		
6	引入用时恰当、紧凑	10		
7	面向全体学生	10		
	总评			

表 12 – 4　数学课堂讲解技能之质性评价单

受训者：_____　　　　　　　　日　期：_____

1. 本课讲解方式是什么？运用得恰当吗？

   _____

2. 本课讲解的方式恰当吗？

   （恰当_____，不太恰当_____，不恰当_____）

   理由是：

   _____

3. 根据讲解技能的运用要点，你对本课有何看法？

   较好的地方：（1）_____

   　　　　　　（2）_____

   　　　　　　（3）_____

   不足的地方：（1）_____

   　　　　　　（2）_____

   　　　　　　（3）_____

4. 你认为本课还运用了哪些教学技能？运用得恰当吗？

   _____

5. 你认为重教时应做哪些改进？

   _____

表 12 – 5　数学课堂讲解技能之量化评价单

受训者：_____　　　　　　　　日　期：_____

序号	评价项目	权重	自评	他评
1	讲解重点突出，目标明确	10		
2	讲解内容丰富，直观形象	10		
3	讲解逻辑性强，条理清晰	10		
4	讲解内容、方法符合学生认知水平	10		
5	讲解用词确切，讲解关键点到位	10		
6	讲解善于举例，激发学生兴趣	10		
7	讲解善于启发，师生互动好	10		
8	讲解声音洪亮，感染力强，速度恰当	10		
9	讲解面向全体，善于调动学生	10		
10	注重学生反馈	10		
	总评			

表12-6 数学课堂提问技能之质性评价单

受训者：_____ 日　期：_____

1. 本课运用了哪几种形式的提问？

　　_____

2. 本课提问的方式恰当吗？

　　（恰当_____，不太恰当_____，不恰当_____）

　　理由是：

　　_____

3. 根据提问技能的运用要点，你对本课有何看法？

　　较好的地方：（1）_____

　　　　　　　　（2）_____

　　　　　　　　（3）_____

　　不足的地方：（1）_____

　　　　　　　　（2）_____

　　　　　　　　（3）_____

4. 你认为本课还运用了哪些重要的教学技能？运用得恰当吗？

　　_____

5. 你认为重教时应做哪些改进？

　　_____

表12-7 数学课堂提问技能之量化评价单

受训者：_____ 日　期：_____

序号	评价项目	权重	自评	他评
1	提问主题集中，紧扣教学重点难点	10		
2	提问富有启发，促进学生数学思考	10		
3	提问有层次性，符合学生认知水平	10		
4	提问时机恰当，化解学生认知冲突	10		
5	提问方式多样，激发学生学习兴趣	10		
6	提问涉及面广，照顾各类学生需求	10		
7	提问停顿适当，留足学生思考时间	10		
8	提问语言准确，便于学生理解题意	10		
9	及时引导学生，善于应变突发事件	10		
10	恰当评价答问，适时调控教学进程	10		
	总评			

表12-8　数学教学语言技能之质性评价单

受训者：＿＿＿＿＿＿＿＿　　　　　　　日　期：＿＿＿＿＿＿＿＿＿＿

1. 本课运用了哪些语言技能？

2. 本课语言技能的运用恰当吗？
   （恰当＿＿＿＿＿，不太恰当＿＿＿＿＿，不恰当＿＿＿＿＿）
   理由是：

3. 根据语言教学技能的运用要求，你对本课有何看法？
   较好的地方：（1）＿＿＿＿＿＿＿＿＿＿＿＿＿＿＿＿＿＿
   　　　　　　（2）＿＿＿＿＿＿＿＿＿＿＿＿＿＿＿＿＿＿
   　　　　　　（3）＿＿＿＿＿＿＿＿＿＿＿＿＿＿＿＿＿＿
   不足的地方：（1）＿＿＿＿＿＿＿＿＿＿＿＿＿＿＿＿＿＿
   　　　　　　（2）＿＿＿＿＿＿＿＿＿＿＿＿＿＿＿＿＿＿
   　　　　　　（3）＿＿＿＿＿＿＿＿＿＿＿＿＿＿＿＿＿＿

4. 本课还运用了哪些重要的教学技能？

5. 你认为重教时应做哪些改进？

表12-9　数学教学语言技能之量化评价单

受训者：＿＿＿＿＿＿＿＿　　　　　　　日　期：＿＿＿＿＿＿＿＿＿＿

序号	评价项目	权重	自评	他评
1	普通话发音准确	10		
2	吐字清楚，声音洪亮，速度节奏恰当	10		
3	语言通顺、连贯，音调有起有伏	10		
4	语言表达的教学内容准确、规范、条理性好	10		
5	语言的情感性好，有激励作用	10		
6	语言的目的性强，主次分明，表达恰当	10		
7	语言有启发性、应变性	10		
8	善用体态语，与口头语言配合得当	10		
9	与学生互动性强	10		
10	语言简明形象，生动有趣	10		
	总评			

表 12-10　数学教学板书技能之质性评价单

受训者：_____　　　　　　　日　期：_____

1. 本课采用了哪些形式的板书？

_____

2. 板书形式的运用恰当吗？
   （恰当____，不太恰当____，不恰当____）
   理由是：

_____

3. 根据板书技能的应用要点，你对本课板书的运用有何看法？
   较好的地方：（1）_____
   　　　　　　（2）_____
   　　　　　　（3）_____
   不足的地方：（1）_____
   　　　　　　（2）_____
   　　　　　　（3）_____

4. 本课还运用了哪些重要的教学技能？

_____

5. 你认为重教时应做哪些改进？

_____

表 12-11　数学教学板书技能之量化评价单

受训者：_____　　　　　　　日　期：_____

序号	评价项目	权重	自评	他评
1	板书设计紧扣内容，结构合理	20		
2	板书条理清晰，简洁明了	15		
3	板书书写规范整洁	10		
4	板书、板画大小合适，直观好看	10		
5	板书、板画与讲解结合恰当，速度适宜	10		
6	板书、板画让语言更富有表达力	10		
7	板画做到简、快、准，激发兴趣和思考	10		
8	应用了强化信息的板书（如使用彩笔），重点更突出	15		
	总评			

表 12 – 12　多媒体应用技能之质性评价单

受训者：_____　　　　　　　　日　期：_____

1. 本课运用了哪些多媒体手段？

   _____

2. 本课多媒体的运用恰当吗？
   （恰当____，不太恰当____，不恰当____）
   理由是：
   _____

3. 根据多媒体应用技能的运用要点，你对本课有何看法？
   较好的地方：（1）_____
   　　　　　　（2）_____
   　　　　　　（3）_____
   不足的地方：（1）_____
   　　　　　　（2）_____
   　　　　　　（3）_____

4. 你认为本课还运用了哪些重要的教学技能？

   _____

5. 你认为重教时应做哪些改进？

   _____

表 12 – 13　多媒体应用技能之量化评价单

受训者：_____　　　　　　　　日　期：_____

序号	评价项目	权重	自评	他评
1	选题恰当，符合课程标准要求及学生实际	15		
2	突出重点，突破难点，深入浅出	15		
3	以学生为主体，促进学生思维	10		
4	内容正确，逻辑严密，层次清楚	10		
5	模拟仿真形象；场景设置、素材选取、操作示范恰当	10		
6	图像、动画、声音、文字设计合理	15		
7	交互设计合理、智能性好	5		
8	媒体选用恰当，节奏合理	5		
9	画面悦目，声音悦耳	5		
10	界面友好，操作简单、灵活	10		
	总评			

表 12-14　数学概念教学技能之质性评价单

受训者：_____　　　　　　日　期：_____

1. 本课采用的是具体—归纳式还是抽象—演绎式概念教学？

   _____

2. 本课采用的教学方式恰当吗？请简述理由。

   _____

3. 根据概念教学技能的运用要点，你对本课有何看法？
   较好的地方：(1) _____
   　　　　　　(2) _____
   　　　　　　(3) _____
   不足的地方：(1) _____
   　　　　　　(2) _____
   　　　　　　(3) _____

4. 本课还运用了哪些重要的教学技能？

   _____

5. 你认为重教时应做哪些改进？

   _____

表 12-15　数学概念教学技能之量化评价单

受训者：_____　　　　　　日　期：_____

序号	评价项目	权重	自评	他评
1	教学目标明确，突出重点，突破难点	10		
2	引入概念的情境恰当，引起学生兴趣	10		
3	提供丰富的感性材料为概念的形成做铺垫	15		
4	让学生理解概念的来龙去脉及意义	15		
5	善于举例，明确概念的内涵与外延	15		
6	善用变式突出概念的本质特征	10		
7	善用例题促进学生对概念的理解	15		
8	新概念与相关概念建立联系，形成良好的数学概念网络	10		
	总评			

表 12-16 数学例题教学技能之质性评价单

受训者：_____　　　　　　　　日　期：_____

1. 本课采用哪种例题的教学方式？

2. 本课采用的教学方式恰当吗？请简述理由。

3. 根据例题教学技能的运用要点，你对本课有何看法？
   较好的地方：(1) _____
   　　　　　　(2) _____
   　　　　　　(3) _____
   不足的地方：(1) _____
   　　　　　　(2) _____
   　　　　　　(3) _____

4. 本课还运用了哪些重要的教学技能？

5. 你认为重教时应做哪些改进？

表 12-17 数学例题教学技能之量化评价单

受训者：_____　　　　　　　　日　期：_____

序号	评价项目	权重	自评	他评
1	教学目标明确，体现对某一知识或方法的要求	10		
2	例题的难度和形式符合学生的知识和能力水平	10		
3	例题的设置或讲解由易到难，体现梯度性	10		
4	善于引导学生理解题意，培养良好的审题习惯	10		
5	师生共同探索解题思路，充分展示思维过程	10		
6	渗透数学思想方法，提升数学思维能力	10		
7	充分挖掘例题的教学功能和教育价值	10		
8	师生、生生互动良好，预设与生成把握恰当	10		
9	严格解题规范，培养数学表达与交流的能力	10		
10	反思例题解法，总结解题经验，提炼思想方法	10		
	总评			

表 12-18　数学活动组织技能之质性评价单

受训者：_____　　　　　　日　期：_____

1. 本课采用哪种数学活动组织技能？

   _____

2. 本课采用的教学方式恰当吗？请简述理由。

   _____

3. 根据数学活动组织技能的运用要点，你对本课有何看法？

   较好的地方：（1）_____

   　　　　　　（2）_____

   　　　　　　（3）_____

   不足的地方：（1）_____

   　　　　　　（2）_____

   　　　　　　（3）_____

4. 本课还运用了哪些重要的教学技能？

   _____

5. 你认为重教时应做哪些改进？

   _____

表 12-19　数学活动组织技能之量化评价单

受训者：_____　　　　　　日　期：_____

序号	评价项目	权重	自评	他评
1	数学活动目标明确	15		
2	课题的选取适合开展数学活动的需要	20		
3	问题情境的设置适合学生的能力水平	20		
4	对学生的指导具有启发性，体现数学学科的研究方法	20		
5	数学活动能激发学习动机，促进学生交流	15		
6	发挥教师主导、学生主体作用，反馈调控及时准确	10		
	总评			

表 12-20　数学课堂结束技能之质性评价单

受训者：_____　　　　日　期：_____

1. 本课结束的方式是什么？

   _____

   _____

2. 本课结束的方式恰当吗？

   （恰当____，不太恰当____，不恰当____）

   理由是：

   _____

   _____

3. 根据结束技能的应用要点，你对本课结束技能的运用有何看法？

   较好的地方：（1）_____

   　　　　　　（2）_____

   　　　　　　（3）_____

   不足的地方：（1）_____

   　　　　　　（2）_____

   　　　　　　（3）_____

4. 你认为重教时应做哪些方面的改进？

   _____

   _____

表 12-21　数学课堂结束技能之量化评价单

受训者：_____　　　　日　期：_____

序号	评价项目	权重	自评	他评
1	结课环节目的明确，紧扣教材内容	15		
2	结课有利于巩固所学的内容	15		
3	结课环节及时反馈了教学信息，指明要点	15		
4	结课有利于促进学生思维	10		
5	结课安排的学生活动恰当、合理	10		
6	结课语言清晰、简明扼要	5		
7	布置的作业及活动面向全体学生	10		
8	结课活动进一步激发学生兴趣	10		
9	结课环节时间安排紧凑	10		
总评